GÊNERO E EDUCAÇÃO: 20 ANOS CONSTRUINDO CONHECIMENTO

GÊNERO E EDUCAÇÃO: 20 ANOS CONSTRUINDO CONHECIMENTO

Cláudia Vianna e Marília Carvalho

(Orgs.)

autêntica

Copyright © 2020 Programa de Educação para a Diversidade – ProEx/UFOP

Todos os direitos reservados pela Autêntica Editora Ltda. Nenhuma parte desta publicação poderá ser reproduzida, seja por meios mecânicos, eletrônicos, seja via cópia xerográfica, sem a autorização prévia da Editora.

COORDENADORA DA SÉRIE
CADERNOS DA DIVERSIDADE
Keila Deslandes

CONSELHO EDITORIAL
Adriano Nascimento – UFMG
Alcilene Cavalcante de Oliveira – UFG
Carla Cabral – UFRN
Érika Lourenço – UFMG
Keila Deslandes – UFOP
Mônica Rahme – PUC Minas
Richard Miskolci – UFSCar

EDITORAS RESPONSÁVEIS
Rejane Dias
Cecília Martins

REVISÃO
Lúcia Assumpção
Júlia Sousa
Samira Vilela

CAPA
Alberto Bittencourt

PROJETO GRÁFICO
Tales Leon de Marco

DIAGRAMAÇÃO
Larissa Carvalho Mazzoni

Dados Internacionais de Catalogação na Publicação (CIP)
(Câmara Brasileira do Livro, SP, Brasil)

Gênero e educação : 20 anos construindo conhecimento / Cláudia Vianna, Marília Carvalho (organizadoras). -- 1. ed. -- Belo Horizonte : Autêntica, 2020.

Bibliografia
ISBN 978-85-513-0796-0

1. Comportamento 2. Desigualdade social 3. Educação 4. Educação sexual 5. Identidade de gênero 6. Política educacional 7. Relações de gênero I. Vianna, Claudia. II. Carvalho, Marília.

20-33601   CDD-370.1934

Índices para catálogo sistemático:
1. Desigualdades sociais : Sociologia educacional : Educação 370.1934

Maria Alice Ferreira - Bibliotecária - CRB-8/7964

GRUPO **AUTÊNTICA**

Belo Horizonte
Rua Carlos Turner, 420
Silveira . 31140-520
Belo Horizonte . MG
Tel.: (55 31) 3465 4500

São Paulo
Av. Paulista, 2.073 . Conjunto Nacional, Horsa I
23º andar . Conj. 2310 - 2312 . Cerqueira César
01311-940 . São Paulo . SP
Tel.: (55 11) 3034 4468

www.grupoautentica.com.br

Sumário

Prefácio 7
Marilia Pontes Sposito

Apresentação 11
Cláudia Vianna e Marília Carvalho

Entendendo a "interseccionalidade": abordagens e desafios 17
Cinthia Torres Toledo

Da homologia entre sexo e raça: um esboço de
aproximação conceitual 31
Luciana Alves

É possível fazer uma análise de gênero a partir de
dados quantitativos? 45
Adriano Souza Senkevics

O uso de bases de dados na compreensão das desigualdades
por sexo e cor/raça na educação brasileira: desafios e potencialidades 57
Amélia Artes

Yo no creo en brujas, pero que las hay, las hay: pânicos morais sem
fronteiras e formação do campo político e educacional antigênero
no Brasil da virada do século XX 73
Keila Deslandes

As agendas feministas, LGBT e antigênero em disputa nos Planos
Estaduais de Educação (2014-2018) 81
Cláudia Vianna e Alexandre Bortolini

O que velam e revelam as ilustrações dos livros
didáticos do PNLD/2013 para a Educação do
Campo: um olhar sobre o gênero 103
Neide Cardoso de Moura

Quando elas batem: relações sociais de gênero e a violência escolar....... 119
Paulo Rogério da Conceição Neves

Um olhar para a socialização na construção
das desigualdades de gênero no contexto escolar.. 133
Sandra Unbehaum, Thais Gava, Elisabete Regina B. Oliveira (in memoriam)

O que nos ensinam meninas e meninos
quando escapam das fronteiras de gênero?.. 147
Daniela Finco

Relações de gênero e práticas escolares... 163
Edna de Oliveira Telles

Ofício de aluno: análise das configurações
de aluno sob o olhar das relações de gênero 175
Fábio Hoffmann Pereira

Quilombolas, homens e negros:
identidades, masculinidades e educação... 187
Alan Augusto Moraes Ribeiro

As professoras e a nova gestão pública:
entre o cuidado e as metas 201
*Marília Carvalho, Ivana Gonçalves de Oliveira,
Ângela Esteves Modesto, Cláudio Marques da Silva Neto*

Referências... 237

Sobre os autores e as autoras 265

Prefácio

Marilia Pontes Sposito

*Feliz aquele que transfere o que sabe
e aprende o que ensina.*

Cora Coralina

Ao iniciar o prefácio do livro *Gênero e Educação: 20 anos construindo conhecimento*, organizado por Cláudia Vianna e Marília Carvalho, não posso deixar de registrar este momento que atravessamos. Vivemos tempos difíceis, que têm exigido mudanças em nossas vidas, criado incertezas, perplexidades e novas tensões. Testemunhamos, também, experiências de resistência coletiva e de solidariedade que interpelam, na prática, as desigualdades múltiplas e os individualismos dos modelos neoliberais. O futuro está à nossa frente e, talvez, possamos extrair dessa travessia aprendizados que orientem nossas escolhas e modos de vida.

Resgato, no conjunto de fragmentos constituintes da memória, o título do belo romance de Gabriel García Márquez, *O amor em tempos de cólera*. Sim, apesar do cotidiano atual, território inexplorado a percorrer, reconheço "A alegria em tempos de Covid-19" diante do generoso convite para redigir breves palavras, prefácio desta bela iniciativa.

A pandemia expõe feridas profundas da nossa sociedade, sobretudo a dilacerante desigualdade social que condena milhões de brasileiros à fome, ao desemprego e à persistente exclusão de direitos básicos consagrados nas sociedades democráticas. A vida cotidiana em tempos de distanciamento social evidenciou fraturas, frequentemente submersas, tornando mais públicas as desigualdades ainda presentes nas relações de gênero. A violência doméstica atinge em maior proporção as mulheres; o *home office*, para a maioria daquelas que atuam no mundo profissional, revelou-se de difícil conciliação com as atribuições diárias dedicadas à manutenção da casa, ao cuidado com os filhos e, muitas vezes, à atenção aos idosos e idosas. Revelou, também, o silencioso e não reconhecido grupo de trabalhadoras domésticas, babás e cuidadoras que asseguram a estabilidade de famílias e possibilitam o trabalho feminino nas mais diversas áreas.

O lançamento de um livro que traz a temática das relações de gênero nesta conjuntura é extremamente oportuno, ao reiterar a importância da continuidade e aprofundamento dos estudos, pois, como afirmam as organizadoras, trata-se de um processo em permanente construção.

Conheci as jovens Cláudia e Marília nos anos 1990, quando ambas estavam enfrentando os desafios do mestrado. Desde aquele momento, acompanhei a trajetória de duas pesquisadoras competentes e dedicadas. Iniciei em 1994 minhas atividades como orientadora de doutorado da Faculdade de Educação da USP, sendo ambas minhas primeiras alunas, e com elas compartilhei as emoções das duas primeiras teses defendidas.

Ambas iniciaram sua carreira como docentes da Faculdade de Educação da USP muito jovens, enfrentando um desafio importante ao buscar novos caminhos e temas para a pesquisa, inaugurando na instituição, de modo sistemático, os estudos sobre as relações de gênero na área da Educação.

O empenho em viabilizar suas orientações foi acompanhado por um significativo e bem-sucedido esforço para alcançar densidade teórica e metodológica, condições essenciais para o reconhecimento acadêmico. As disciplinas oferecidas por ambas consolidaram a formação de profissionais e pesquisadores(as) ao lado de um número significativo de dissertações e teses por elas orientadas. Seminários e atividades de extensão integraram também a trajetória de trabalho por elas desenvolvida. Em suma, professoras competentes e dedicadas.

Mas ainda outra característica se agrega ao que foi brevemente enunciado. A prática profissional de ambas, sempre em parceria, contemplou um traço fundamental para a consolidação da área de estudo: a capacidade de despertar e agregar novos pesquisadores e pesquisadoras por meio do trabalho coletivo. Seus alunos e alunas encontraram nas professoras incentivo e apoio para desenvolver seus projetos, participando do Grupo de Estudos de Gênero, Educação e Cultura Sexual (EdGES) a partir de 1999. Cláudia e Marília estiveram sempre presentes e, certamente, extraíram dessa convivência contínua novos aprendizados.

A prática da pesquisa requer o estudo sistemático, o debate das ideias, a crítica construtiva e o aprendizado do rigor na produção do conhecimento. Após 20 anos de existência, a experiência do EdGES constitui exemplo bem-sucedido desse projeto voltado para a formação de profissionais. Estudantes que participaram das atividades do grupo nesses 20 anos exercem agora importantes atividades em instituições diversas no país. A partir do esforço incansável de Marília e Cláudia, os estudos de gênero encontraram guarida na FEUSP, ao lado de fecunda interlocução com pesquisadores e pesquisadoras de instituições nacionais e internacionais. Esse esforço corajoso e persistente demanda continuidade no interior da instituição, de modo a preservar parte significativa de suas conquistas em termos de relevância social e reconhecimento acadêmico.

Comemorando duas décadas de muitos desafios e lutas, o livro *Gênero e Educação: 20 anos construindo conhecimento* exprime aspectos muito significativos dessa trajetória. A contribuição das organizadoras, de seus parceiros e parceiras para o desenvolvimento dos estudos de gênero na área da Educação certamente ultrapassa aquilo que é possível reunir em um único livro. A seleção dos textos certamente não esgota a riqueza do trabalho desenvolvido, mas ilustra de modo claro aspectos relevantes de suas orientações.

A obra reúne contribuições daqueles e daquelas que já conviveram com suas mestras e ainda mantém vínculo com as atividades do EdGES, ao lado das novas gerações que estão em processo de formação. No livro, os aspectos teóricos tratados inicialmente, o cuidado com as questões metodológicas e o amplo leque de investigações são exemplos da importância do trabalho desenvolvido nos estudos das interfaces entre gênero e educação. Além de uma celebração que resgata múltiplas trajetórias de pesquisa, os capítulos aqui reunidos oferecem aspectos importantes e extremamente atuais para o estudo das relações de gênero, perscrutando novas possibilidades e novos desafios.

Tem sido uma honra, na condição de colega e amiga, acompanhar as trajetórias das pesquisadoras e professoras. Certamente Marília e Cláudia testemunham, mais uma vez, o enlace entre o ensinar e o aprender, como intuiu a poeta Cora Coralina.

Julho de 2020.

Apresentação

Cláudia Vianna
Marília Carvalho

Esta coletânea foi organizada para marcar os vinte anos de trabalho ininterrupto do Grupo de Estudos de Gênero, Educação e Cultura Sexual (EdGES). Cadastrado no Conselho Nacional de Pesquisa (CNPq) desde 1999 e vinculado à Faculdade de Educação da Universidade de São Paulo (FEUSP), o grupo é coordenado por Cláudia Pereira Vianna e Marília Pinto de Carvalho. Reúne também pesquisadoras/es vinculadas/os à Fundação Carlos Chagas; Universidade Estadual Paulista (UNESP) de Presidente Prudente; Universidade Federal da Fronteira Sul (UFFS); Universidade Estadual do Norte do Paraná (UENP); Universidade Federal de Ouro Preto (UFOP); Universidade Federal de Lavras (UFLA); Universidade Federal de São Paulo (UNIFESP); Universidade Federal de Alagoas (UFAL) e Universidade Federal do Oeste do Pará (UFOPA). Parte dessas/es pesquisadoras/es formaram-se no âmbito do grupo e estão entre os mais de oitenta estudantes de graduação, mestrado, doutorado e pós-doutorado que orientamos, além de participar de nossas pesquisas e seminários. Atualmente, são oito iniciações científicas, doze mestrados e sete doutorados em andamento.

Além das investigações levadas a cabo por cada uma/um das/os pesquisadoras/es e suas equipes, em 2006/2007, o grupo desenvolveu coletivamente a pesquisa "Democratizando o conhecimento: uma base de dados sobre mulheres, gênero e educação formal", financiada pelo CNPq e Secretaria Especial da Mulher, que resultou numa base de dados com 1.213 resumos de teses, dissertações e artigos acadêmicos, disponibilizada ao público.

Foram muitas as atividades de extensão, entre cursos, palestras, rodas de conversa e seminários, dentro e fora da Faculdade de Educação da USP (FEUSP). O mais recente curso intitulado Diálogos de gênero na Educação Básica foi realizado em parceria com o Departamento de

Educação da Fundação Carlos Chagas. Também recebemos e debatemos com pesquisadoras/es de diferentes países, como Montserrat Moreno Marimon e Genoveva Sastre Vilarrasa (Universidade de Barcelona); Hilary Povey, Rosemary Preston e Carol Adams (Grã-Bretanha); Nelly Stromquist (University of Maryland); Sonsoles San Roman (Universidade Autônoma de Madri); Raewyn Connell (Universidade de Sidney); e José Ignacio Pichardo Galán (Universidade Complutense de Madri).

Todo esse trabalho, em sua riqueza e diversidade, não caberia em uma coletânea e tivemos que fazer opções. Estão aqui representadas as principais linhas de investigação abrigadas no grupo, com a participação de autoras e autores que no momento mantêm atividades conjuntas e diálogo com a equipe.

A preocupação com o aprofundamento teórico e a discussão metodológica marcou o EdGES desde suas origens e está presente nos quatro capítulos que abrem o livro, embora não exclusivamente neles. Os textos de Cinthia Torres Toledo ("Entendendo a 'interseccionalidade': abordagens e desafios") e de Luciana Alves ("Da homologia entre sexo e raça: um esboço de aproximação conceitual") buscam enfrentar teoricamente a complexa relação entre as desigualdades de gênero e outras desigualdades, especialmente a racial. Já os capítulos "É possível fazer uma análise de gênero a partir de dados quantitativos?", de Adriano Souza Senkevics, e "O uso de bases de dados na compreensão das desigualdades por sexo e cor/raça na educação brasileira: desafios e potencialidades", de Amélia Artes, refletem sobre dimensões teóricas e metodológicas da pesquisa quantitativa em gênero e educação. Pensamos que esses quatro capítulos permitem vislumbrar alguns dos caminhos futuros da construção de conhecimento em gênero e educação, não apenas porque três de suas/seus autoras/es são jovens doutorandas/os, mas principalmente pelo caráter inovador da forma como esses capítulos desenvolvem duas questões que são relativamente antigas no campo e também no EdGES, mas ainda estão em aberto: a interseccionalidade e os usos da pesquisa quantitativa.

O tema das políticas educacionais, tão caro ao grupo e sempre presente em nossa agenda, está representado pelo capítulo de autoria de Keila Deslandes, intitulado "*Yo no creo en brujas, pero que las hay, las hay*: pânicos morais sem fronteiras e formação do campo político e educacional antigênero no Brasil da virada do século XX"; e pelo de Cláudia Pereira Vianna e Alexandre Bortolini, "As agendas feministas, LGBT e antigênero em disputa nos Planos Estaduais de Educação (2014-2016)".

Sintonizados nas mudanças recentes do debate sobre gênero na escola, esses textos enfocam as ofensivas conservadoras antigênero como um fenômeno transnacional, também presente no âmbito das políticas de educação brasileiras, e a disputa em torno dos significados de gênero e de valores como a laicidade e o respeito à diversidade.

Os três artigos que se seguem versam sobre aspectos diversos da Educação Básica e constituem ótimos exemplos da importância de um enfoque de gênero na análise de diferentes objetos. Neide Cardoso de Moura aborda os livros didáticos para a escola do campo, em "O que velam e revelam as ilustrações dos livros didáticos do PNLD/2013 para a Educação do Campo: um olhar sobre o gênero"; já Paulo Rogério da Conceição Neves, no capítulo "Quando elas batem: relações sociais de gênero e a violência escolar", discute situações de violência na escola em que as meninas são protagonistas.

Completando esse conjunto, Sandra Unbehaum, Thais Gava e Elisabete Regina B. Oliveira refletem sobre os fundamentos teóricos que permitiriam compreender, em sua complexidade, os processos de aproximação e afastamento das meninas às carreiras científicas. Articulado à pesquisa "Elas nas Ciências", o capítulo "Um olhar para a socialização na construção das desigualdades de gênero no contexto escolar" é também nossa forma de homenagear a querida Elisabete Regina B. Oliveira (Betinha), falecida em 2018.

O livro se completa com cinco capítulos que sintetizam pesquisas empíricas qualitativas sobre os diferentes níveis da escolarização. A Educação Infantil é o foco de Daniela Finco, no texto "O que nos ensinam meninas e meninos quando escapam das fronteiras de gênero?". Já Edna de Oliveira Telles e Fábio Hoffmann Pereira abordam o Ensino Fundamental, nos capítulos "Relações de gênero e práticas escolares" e "Ofício de aluno: análise das configurações de aluno sob o olhar das relações de gênero", respectivamente. Esses três estudos não apenas retratam meninos e meninas em ações de conformidade e de transgressão às normas de gênero, como revelam elementos dos simbolismos de gênero que marcam o cotidiano das escolas, seus espaços e suas práticas.

Na sequência, Alan Augusto M. Ribeiro, em "Quilombolas, homens e negros: identidades, masculinidades e educação", nos fala das complexidades sociais vividas por diferentes homens negros, por meio de pesquisa com estudantes universitários. E, finalmente, a equipe formada por Ivana Gonçalves de Oliveira, Ângela Esteves Modesto e Cláudio

Marques da Silva Neto, liderada por Marília Pinto de Carvalho, analisa o trabalho das professoras do Ensino Fundamental 1,[1] entrecruzando gênero e classe, no capítulo "As professoras e a nova gestão pública: entre o cuidado e as metas". Ambos os textos exemplificam bem nosso esforço de articular o gênero com outras desigualdades sociais, assim como a importância que atribuímos a uma fundamentação teórica sólida que dê consistência às análises.

O leitor notará que, em sua diversidade temática, os capítulos desta coletânea mantêm diálogo entre si, resultado de nossas intensas discussões teóricas. Por essa razão, decidimos manter uma única lista de referências bibliográficas ao final, de forma a destacar que se trata de capítulos de um livro e não apenas peças avulsas agrupadas. Há uma grande diversidade de referenciais, claro, e estamos convencidas de que a uniformização não é boa amiga do conhecimento científico. Mas tomando as obras cujas citações mais se repetem nos diferentes capítulos, duas autoras se destacam como referência teórica no conjunto do livro: Raewyn Connell e, principalmente, Joan Scott.

Marca nossa produção a perspectiva de tomar o gênero não como objeto de estudo empírico em si mesmo, mas como categoria de análise, tal como sugerido por Scott (1995). Assim, procuramos entender as marcas de gênero na educação e perceber em que aspectos pensar a partir do gênero pode contribuir para compreender temas candentes do campo educacional, tais como a violência escolar, o ofício de aluno, as políticas educacionais e o trabalho docente, por exemplo, temas que à primeira vista não seriam generificados. Para nos aproximarmos desses objetos, lançamos mão de diferentes estratégias de pesquisa empírica – quantitativa, qualitativa, documental – com uso de observações, entrevistas, questionários, levantamentos textuais e bases de dados demográficos.

Embora atentas/os às possibilidades de ação dos sujeitos, nossa ênfase não recai sobre a identidade individual e sua construção, mas sobre os esquemas simbólicos, as ações coletivas, as estruturas e as instituições. Nossa leitura de Scott busca resgatar as diferentes dimensões apontadas pela autora e a necessidade de considerar todas elas, uma vez que "o gênero implica em quatro elementos inter-relacionados": "os símbolos

---

[1] O Ensino Fundamental se divide em anos iniciais (do 1º ao 5º ano) e finais (do 6º ao 9º ano). No cotidiano das escolas, essas etapas são frequentemente chamadas de Fundamental 1 e Fundamental 2. Usamos neste livro ambas as nomenclaturas.

culturalmente disponíveis"; os "conceitos normativos que expressam interpretações dos significados dos símbolos"; a política, as instituições e a vida social; e "a identidade subjetiva" (Scott, 1995, p. 86-7).

Por sua vez, Raewyn Connell (1987) nos ajuda a reafirmar que considerar as dimensões estruturais não significa negar a mudança histórica, nem a ação dos sujeitos, pois se as estruturas constituem o pano de fundo sobre o qual cada um/a pode agir, elas não são fixas, nem constituem determinações inescapáveis. Pelo contrário, as estruturas têm uma história a partir de tensões e contradições sobre as quais os sujeitos atuam o tempo todo.

Essa abordagem tem nos permitido colocar o exame das relações sociais de gênero em diálogo com outras formas de desigualdade – classe, raça, idade, sexualidade, identidade de gênero etc. –, preocupação que transparece neste livro não apenas nas reflexões teóricas, mas também no esforço das análises empíricas em considerar como a articulação entre diferentes desigualdades modula cada uma delas, fazendo com que o gênero seja múltiplo em sua transversalidade.

Enfim, num tempo em que tantos desafios estão colocados para a produção de conhecimento – do corte de recursos aos ataques ideológicos à universidade pública – e em particular para o debate de gênero, que vem sendo demonizado e distorcido, temos muito orgulho e alegria de trazer a público este livro. Como ponto de encontro da história com o futuro, ele é somente uma pequena mostra do que fizemos nesses vinte anos de trabalho e um breve anúncio do que ainda vem por aí.

Entendendo a "interseccionalidade": abordagens e desafios

Cinthia Torres Toledo[1]

O termo "interseccionalidade" tem sido amplamente utilizado para se referir à articulação entre gênero, raça e classe. Podemos destacar como ponto comum em abordagens interseccionais a noção de que as análises devem buscar compreender os entrelaçamentos entre as relações sociais ou categorias. A partir dessa perspectiva, a compreensão das identidades e desigualdades sociais se daria de forma integrada, tendo em vista que a falta de atenção para as articulações não resultaria em análises simplesmente incompletas, mas também em possíveis distorções (HIRATA, 2014; BIROLI; MIGUEL, 2015, p. 29).

Em comum entre diferentes perspectivas existe também o pressuposto da não primazia de qualquer dos eixos de opressão, sejam elas de raça, classe ou gênero. Há ainda autoras e autores que ao lado da tríade gênero-raça-classe incluem outras categorias como *sexualidade, idade/geração* e *nacionalidade*. Se outras variáveis devem ou não ser incluídas é um dos tópicos de discussão e divergência entre perspectivas.

Além dessa explicação sucinta, o termo "interseccionalidade" acaba por apresentar múltiplos sentidos e abordagens que trazem desafios tanto para a sua definição quanto para possíveis usos acadêmicos. Considerando esses desafios, apresento a seguir uma sistematização sobre o tema, percorrendo sua origem no feminismo negro estadunidense e o surgimento de outras propostas entre autoras/es de outras localidades e tradições acadêmicas.

---

[1] Este capítulo é parte da pesquisa de doutorado financiada pelo processo nº 2017/23325-3, Fundação de Amparo à Pesquisa do Estado de São Paulo (FAPESP). As opiniões, hipóteses e conclusões ou recomendações expressas neste material são de responsabilidade da autora e não necessariamente refletem a visão da FAPESP.

Sobre a origem da "interseccionalidade" no contexto estadunidense

Cunhada pela estadunidense Kimberlé Crenshaw (1989) para pensar o entrelaçamento entre gênero e raça, a noção de interseccionalidade foi proposta pela teórica do direito com o objetivo de reconceitualizar a ideia de discriminação vigente nas leis estadunidenses. Partindo de casos em que as reivindicações das mulheres negras não foram consideradas pelas cortes, Crenshaw (1989) demonstrou que a noção de discriminação em voga, por adotar apenas um eixo de análise (a raça ou o sexo), acabava por admitir como parâmetro de julgamento apenas a experiência daqueles e daquelas que constituíam um grupo "privilegiado" entre os discriminados. Em outras palavras, ao considerar discriminações de "gênero", a legislação adotava como perspectiva a situação das mulheres brancas, e quando se referia à discriminação de "raça", acabava tendo como referência os homens negros, desconsiderando, nas duas situações, as experiências das mulheres negras.

De acordo com a autora, as situações de discriminação poderiam ser comparadas com acidentes ocorridos em um cruzamento: um carro vindo de apenas uma das quatro direções poderia provocar um acidente; também poderiam ocorrer acidentes pela colisão de carros provenientes de duas ou mais direções. Além disso, os carros de direções distintas, juntos, poderiam ferir uma pessoa, sem que fosse possível distinguir especificamente o que cada um dos carros teria provocado. Crenshaw (1989) explicita o seu posicionamento:

> Trazendo para um nível não metafórico, estou sugerindo que mulheres negras podem experienciar discriminação de maneiras que são tanto similares quanto diferentes daquelas experienciadas por mulheres brancas e homens negros. Mulheres negras são discriminadas de jeitos similares ao de mulheres brancas; às vezes elas compartilham experiências muito parecidas com homens negros. Ainda frequentemente experienciam dupla discriminação – os efeitos combinados de práticas discriminatórias com base na raça, e com base no sexo. Às vezes, elas são discriminadas como mulheres negras – não a soma de discriminação racial e sexual, mas como mulheres negras (CRENSHAW, 1989, p. 149, tradução minha).

No trecho acima podemos ver um exemplo da forma como a interseccionalidade é elaborada em contraposição à ideia de adição de variáveis. Nessa perspectiva, as experiências de mulheres brancas e mulheres negras não são diferentes apenas em relação à cor/raça pensada como um elemento a mais – em que compartilhariam o "ser mulher" e se diferenciariam apenas em relação às experiências com o racismo. Também a experiência sobre o que é "ser mulher" pode ser distinta. Argumentar que mulheres negras são discriminadas como mulheres negras significa tanto enfatizar a heterogeneidade interna ao grupo de mulheres quanto pensar em experiências que são *simultaneamente* raciais e sexuais, e por isso, interseccionais.

Kimberlé Crenshaw também demonstrou como "sexo" e "raça" eram considerados nos julgamentos apenas quando incidiam em algum tipo de desvantagem, revelando, assim, a masculinidade e a branquidade como pressupostos implícitos e normativos (CRENSHAW, 1989, p. 151). Contraditoriamente, como o foco da autora é justamente uma forma de desvantagem – a discriminação –, suas proposições às vezes acabam por invocar uma imagem estática de interseccionalidade, como um atributo da experiência de mulheres negras, localizadas na intersecção dos eixos de opressão. A partir da leitura de seu texto, é possível ficar com a impressão de que a interseccionalidade seria algo importante apenas para as mulheres negras ou "de cor",[2] parecendo limitada a possibilidade de conceber uma abordagem interseccional para analisar também o entrelaçamento das relações sociais de gênero, raça e classe que conformam a vida de homens brancos e ricos, por exemplo.

Mas o que hoje parece um "limite" só pode ser adequadamente entendido quando relacionado aos objetivos de Crenshaw. Naquele momento, a autora pretendia demandar, da justiça e das políticas públicas, respostas adequadas às formas de discriminação vividas pelas mulheres negras. Nesse sentido, é preciso reconhecer que a crítica à imagem estática de interseccionalidade pressupõe a passagem de uma noção elaborada com o objetivo de visibilizar a experiências das mulheres negras para a interseccionalidade como uma estratégia analítica mais ampla. Assim, além de entender os propósitos da autora, é preciso compreender também o contexto de surgimento da noção de interseccionalidade no âmbito dos movimentos de mulheres até a sua difusão no meio acadêmico.

Crenshaw (1989) afirma ter tomado como ponto de partida de sua crítica o livro *All the Women Are White, All the Blacks Are Men, But Some*

---

[2] "Mulheres de cor" no contexto estadunidense faz referência a mulheres latinas, asiáticas, indígenas e negras (COLLINS, 2015b).

of Us Are Brave: Black Women's Studies (HULL et al., 1982).³ O título do livro faz alusão à ideia posteriormente explorada pela jurista: as mulheres brancas e os homens negros eram tomados como referência de "mulheres" ou "negros". Muito além do título, o livro apresenta um estado da arte dos *Black women's studies,* área em desenvolvimento ao longo da década de 1970 e que representava a institucionalização do feminismo negro no ensino superior (JONES; EUBANKS; SMITH, 2014).

É reconhecido que Crenshaw (1989) cunhou o termo, mas a noção de interseccionalidade foi produzida no âmbito do movimento social de mulheres entre as décadas de 1960 e 1970. Frequentemente, a sua origem é relacionada estritamente ao feminismo negro estadunidense, mas para Patricia Hill Collins (2017) seu desenvolvimento ocorreu em um movimento de "mulheres de cor", incluindo também mulheres latinas, indígenas e asiáticas que, ao transitarem entre diferentes movimentos políticos, reivindicavam as relações entre raça, classe, gênero e sexualidade em suas experiências.

Panfletos, poesias, ensaios, entre outros materiais, foram produzidos no contexto da luta política e nos permitem ver o surgimento das ideias que posteriormente foram levadas para a academia por meio da inserção de mulheres ativistas em carreiras universitárias (COLLINS, 2017, p. 9). Um desses materiais é o Manifesto do Coletivo Combahee River. Escrito originalmente em 1977 por um coletivo de mulheres negras de Boston, o manifesto também foi republicado no livro de 1982 citado por Crenshaw (1989).

A noção de interseccionalidade não só aparece, mas assume centralidade nessa declaração, tendo em vista que as ativistas assumiam como desafio a realização de análises integradas e de uma atuação política baseada na interligação dos sistemas de opressão:

> A declaração mais genérica de nossa política atual é a de que estamos ativamente comprometidas com a luta contra a opressão racial, sexual, heterossexual e de classe; encaramos como nossa tarefa particular o desenvolvimento de análises e práticas integradas baseadas no fato de que os principais sistemas de opressão estão interligados. A síntese dessas opressões cria as condições de nossas vidas. Como mulheres negras, vemos o feminismo negro como o movimento

---

³ O livro não está traduzido para o português. Seu título poderia ser entendido como "Todas as mulheres são brancas, todos os negros são homens, mas algumas de nós somos corajosas".

político lógico para combater as múltiplas e simultâneas opressões que todas as mulheres de cor enfrentam (COLETIVO COMBAHEE RIVER, 2019, p. 197).

Podemos ver que o coletivo considera tanto a ideia de que os sistemas de opressão são interligados quanto a simultaneidade das opressões de raça, sexo e classe nas experiências de mulheres negras. Cabe destacar que o Combahee River também era um coletivo lésbico e incluía explicitamente a "opressão heterossexual" entre os eixos que deveriam ser admitidos nas análises. Considerando que naquele momento o próprio conceito de gênero estava em fase inicial de desenvolvimento, independentemente de considerarmos que temas relativos à sexualidade estão ou não contidos na discussão de "gênero", ao menos no campo político podemos afirmar que foram desenvolvidas noções de interseccionalidade que já destacavam a "sexualidade".

Diferentemente do que podemos ver em Crenshaw (1989, 1991, 2010), como o coletivo também se definia como socialista, a classe aparece com uma importância maior na declaração. As ativistas anunciam que a formação do grupo ocorreu a partir da cisão na Organização Nacional de Feminismo Negro (National Black Feminist Organization – NBFO), em decorrência da perspectiva burguesa daquele grupo. Explicitam ainda a necessidade de ampliar a compreensão sobre classe levando em conta a posição das mulheres negras:

> Percebemos que a libertação de todos os povos oprimidos exige a destruição dos sistemas político-econômicos capitalistas e imperialistas, bem como do patriarcado. Somos socialistas por acreditarmos que o trabalho deve ser organizado para o benefício coletivo daqueles que trabalham e criam os produtos, e não para o lucro dos patrões. Os recursos materiais devem ser igualmente distribuídos entre aqueles que os criam. Não estamos convencidas, contudo, de que uma revolução socialista que também não seja uma revolução feminista e antirracista garantirá nossa libertação. Chegamos ao ponto de precisar desenvolver uma compreensão das relações de classe que leve em conta a posição de classe específica das mulheres negras. [...] Embora concordemos, em essência, com a teoria de Marx, uma vez aplicada às relações econômicas muito específicas por ele analisadas, sabemos que sua análise deve ainda ser expandida para que possamos compreender nossa situação econômica específica enquanto mulheres negras (COLETIVO COMBAHEE RIVER, 2019, p. 201).

Ao comentar sobre o Combahee River, Barbara Smith[4] relata a presença de militantes marxistas, a realização de cursos e estudos sobre Lenin, Marx e Trotsky, e um forte comprometimento com a perspectiva de classe nas ações do coletivo (JONES; EUBANKS; SMITH, 2014, p. 56). Trago essas considerações porque frequentemente as abordagens interseccionais de feministas negras estadunidenses são mencionadas como perspectivas que atribuem pouca importância à classe. Flávia Biroli e Luis Felipe Miguel (2015), por exemplo, afirmam que feministas negras estadunidenses priorizariam o par gênero–raça (BIROLI; MIGUEL, 2015). Também para Patrícia Hill Collins a classe é frequentemente mencionada nos trabalhos, mas "permanece subutilizada como categoria analítica para explicar as desigualdades sociais complexas" (COLLINS, 2015b, p. 13, tradução minha). A autora cita ainda a interpretação de Acker de que a ausência da classe estaria relacionada ao desenvolvimento dos feminismos pós-estruturalista e pós-moderno que teriam levado a uma ênfase maior em estudos sobre cultura, identidade e representação. Nessa perspectiva, a classe apareceria mais como uma categoria descritiva de estratificação e menos como uma categoria analítica de relações econômicas (ACKER, 1999 *apud* COLLINS, 2015b). Para Mara Viveros Vigoya (2016), embora o Combahee River e outras autoras atribuíssem importância para a classe, deveríamos considerar que no contexto estadunidense a raça aparece como aspecto de diferenciação, mas existiria uma percepção majoritária de uma sociedade sem classes, com igualdade de oportunidades e desigualdades causadas por diferenças individuais (p. 9).

Apesar dessas interpretações, seria interessante direcionar um olhar mais atento à quase ausência da classe nas abordagens acadêmicas. Esse seria o custo da "tradução" de ideias gestadas no âmbito de movimentos sociais mais radicais para a academia? Aqui tomo emprestada de Patrícia Hill Collins a reflexão sobre as implicações das "traduções". Baseada na reflexão de Edward Said, de que as teorias poderiam perder a criticidade conforme viajavam de um domínio ao outro, a autora tem escrito sobre características que foram enfatizadas e outras que foram rebaixadas no trânsito da noção de interseccionalidade dos movimentos feministas às instituições acadêmicas (COLLINS, 2015b, 2017). As reflexões de Collins,

---

[4] Barbara Smith foi uma das ativistas do Coletivo Combahee River. Ela construiu uma carreira acadêmica (COLLINS, 2017; JONES; EUBANKS; SMITH, 2014) e foi uma das editoras do livro *All the Women Are White, All the Blacks Are Men, But Some of Us Are Brave: Black Women's Studies* (HULL et al., 1982).

no entanto, não estão necessariamente relacionadas à questão que coloco aqui sobre a classe, mas, sobretudo, à "interseccionalidade" como um projeto político de justiça social. Como podemos perceber no trecho do *Combahee River Collective Statement* destacado anteriormente, as autoras consideravam a interligação dos sistemas de opressão como importante para as análises, mas também para a ação política.

De toda forma, é possível avançar que a reflexão sobre interseccionalidade realizada ainda no âmbito do feminismo negro não parece ter acontecido em analogia às categorias marxistas, tal como aconteceu com feministas europeias. Mesmo as ativistas do Combahee River que se declaram socialistas não parecem ter realizado um movimento de construção analítica nessa direção, ao menos na declaração aqui analisada, e são as discussões sobre "política identitária" que mais abertamente demarcam os méritos e deméritos de sua abordagem.

No *Combahee River Collective Statement,* as ativistas defendiam a política identitária e atribuíam a radicalidade daquele movimento a esse conceito. Ao mesmo tempo em que reafirmavam o protagonismo das mulheres negras, buscavam demarcar um posicionamento político que se pretendia inclusivo, porque envolveria o fim das opressões de gênero, raça e classe – o que, na perspectiva do coletivo, seria benéfico a todos os grupos oprimidos. Barbara Smith *et al.* (2014) afirma que embora a política identitária tenha se tornado um campo tenso em função das abordagens de direita, sua radicalidade naquele momento só pode ser entendida retomando o contexto de desvalorização vivido pelas mulheres negras que haviam crescido ao longo das décadas de 1950 e 1960:

> Todo lugar que você olhava, sentia que você não contava, que sua voz não era ouvida [...]. Da nossa posição no *Combahee* construir a *política de identidade nos dava uma plataforma*, uma análise, certo senso de confiança que nós merecíamos fazer parte do diálogo [...]. Nós nos empoderamos olhando a nossa situação. Fazendo observações sobre isso, tirando conclusões, e dizendo "Nós estamos aqui, nós merecemos estar aqui, nós entendemos do que estamos falando, nós falamos a partir dessas *experiências diferentes". Nossa experiência é complexa [...]. O que estávamos dizendo é que nós temos uma constelação de múltiplas opressões, quando elas combinam isso não é apenas aritmético, isso é geométrico. Quando levanta de manhã, você não decide qual das suas identidades deixará de lado. Você é o pacote todo* (JONES; EUBANKS; SMITH, 2014, p. 43-44, tradução e grifos meus).

Mesmo sabendo que o Combahee River não representa necessariamente o conjunto do movimento feminista negro e de "mulheres de cor" nos Estados Unidos da América (EUA), ao menos em suas declarações e nas afirmações de Barbara Smith *et al.*, a origem da ideia de interseccionalidade parece bastante associada não só com a luta por justiça, mas também com o desenvolvimento da política identitária.

É a partir da política identitária que a experiência das mulheres negras assume um estatuto epistemológico fundamental entre autoras e abordagens estadunidenses sobre interseccionalidade. Assim, o foco nas experiências parece ter permitido uma discussão maior sobre a interseccionalidade por meio de análises identitárias, o que pode ter contribuído para a subutilização da classe como categoria analítica.[5] Parece ainda que é esse foco que acabou contribuindo para que a discussão sobre interseccionalidade no contexto estadunidense tivesse como tendência a incorporação de outras categorias, tais como idade/geração, habilidade, nacionalidade, religião, assumindo o que Helena Hirata chama de "interseccionalidade de geometria variável" (HIRATA, 2014, p. 66).

Arriscaria afirmar que apesar das intenções anunciadas pelo Combahee River, a presença reduzida da classe nas análises não necessariamente constitui um problema de "tradução", pois pode ser também uma decorrência de formas de percepção tão enraizadas quanto fundamentais para a luta política do feminismo negro naquele contexto de desvalorização extrema. Nessa perspectiva, também me parece significativa a distinção feita por Patricia Hill Collins que usa o termo "interseccionalidade" para se referir à articulação de opressões nas experiências de vida dos indivíduos e o termo "matriz de dominação" para a organização social (BILGE, 2010). Enquanto o *Combahee River Collective Statement* é reconhecido como uma das origens da noção de interseccionalidade no âmbito do movimento feminista e Kimberlé Crenshaw (1989) como a autora que cunhou o termo em si, para Sirma Bilge (2011), Patrícia Hill Collins foi a primeira a se referir à interseccionalidade como um paradigma.

---

[5] A relação entre estrutura e indivíduo é um tema que permeia toda a literatura sociológica. Não quero afirmar que trabalhos sobre identidade necessariamente precisam ignorar a "classe", mas arrisco afirmar que a facilidade de adotar uma perspectiva que considere a classe me parece maior quando a discussão sobre as estruturas assume centralidade, tal como parece ter ocorrido entre feministas francesas.

Se analisarmos um artigo escrito por Collins ([1989] 2015a)[6] no mesmo ano da publicação de Crenshaw (1989), podemos identificar uma contribuição para a discussão sobre "interseccionalidade", apresentada não como um atributo específico da experiência de mulheres negras, mas como um sistema múltiplo de opressão que enquadraria a vida de todas as pessoas: "Para dirigir-se a essas questões, insisto que temos que adquirir novas teorias de como raça, classe e gênero moldaram as experiências não apenas de mulheres negras, mas de todos os grupos" (COLLINS, 2015a, p. 16).

Collins (2015) entende cada uma das categorias como "sistemas paralelos e imbricados", cujas conexões deveriam ser desveladas. Tendo em vista a tarefa de redefinir a opressão considerando esse entrelaçamento, Collins (2015) vai defender a existência de três dimensões a serem observadas: (1) institucional; (2) simbólica; (3) individual. Para eleger essas três dimensões, Patrícia Hill Collins se baseou no trabalho de Sandra Harding, para quem essas dimensões estruturariam a opressão de gênero.

A dimensão institucional é definida por Collins (2015a) como "relações sistêmicas de dominação e subordinação estruturadas por meio de instituições sociais, tais como escolas, negócios, hospitais, locais de trabalho e agências governamentais" (COLLINS, 2015a, p. 20). Para exemplificar essa dimensão, a autora utiliza a organização das *plantations* nos Estados Unidos, abordando os lugares que homens e mulheres, brancos/as e negros/as ocupavam. Em seguida, propondo que a *plantation* seja utilizada como metáfora da opressão institucional, questiona se os *campi* universitários também são organizados como uma "*plantation* moderna", provoca a pensar, por exemplo, qual o lugar institucional ocupado pelos homens brancos, se eles estão em maioria nas instâncias de decisão e gestão, onde estão as mulheres negras, quem são as estudantes e os estudantes em maior presença, etc. Patrícia Hill Collins é categórica ao afirmar que no ensino superior estadunidense geralmente "sobrevive uma versão modificada da *plantation* como metáfora para a dimensão institucional da opressão" (COLLINS, 2015a, p. 24).

Já a dimensão simbólica da opressão estaria mais relacionada ao uso "estereotipado de imagens de grupos de raça, classe e gênero". Nesse tópico, a autora aborda o quanto as imagens de masculinidade e feminilidade normalmente dizem respeito a grupos muito restritos, geralmente

---

[6] O texto foi traduzido e publicado em português em 2015, mas a versão original em inglês é de 1989.

mulheres e homens brancos de classe média. Exemplifica com a discussão do quanto a razão normalmente é considerada um atributo "masculino", mas que somente é esperada de homens brancos de elite. Por fim, a dimensão individual se refere aos efeitos individuais dessas estruturas de opressão em nossas vidas, quais são as oportunidades e dificuldades que enfrentamos, assim como a nossa agência diante dessas estruturas.

O artigo de Collins (2015a) é um exemplo de como ideias gestadas no movimento feminista negro foram inicialmente reelaboradas no meio acadêmico como estudos de gênero/raça/classe, mesmo antes de serem nomeados como estudos interseccionais, a partir do termo de Crenshaw (1989). Collins também ilustra aqui a possibilidade de considerarmos que mesmo entre autoras negras estadunidenses as abordagens não podem ser tomadas como um todo homogêneo. Diferentemente de Kimberlé Crenshaw, Collins não parece abordar a "interseccionalidade" como um atributo da experiência de mulheres negras. E oferecendo uma estratégia analítica de articulação das categorias, amplia as possibilidades de desenvolver uma abordagem interseccional que inclui diferentes níveis e dimensões de análise.

Outros contextos, outras metáforas

Se a interseccionalidade pode ser considerada uma perspectiva elaborada por feministas negras estadunidenses ou, como defende Collins (2015b), de movimentos sociais de "mulheres de cor", a tentativa de articular relações sociais não ficou restrita àquele contexto. Considerando os limites deste texto, apresentarei a seguir a síntese de algumas das contribuições para o debate sobre "interseccionalidade" da brasileira Heleieth Saffioti e da francesa Danièle Kergoat.

Ao longo dos anos 1966-1967, Heleieth Saffioti escreveu uma tese de livre-docência, publicada como "A mulher na sociedade de classes: mito e realidade" ([1969] 2015). Rompendo com as interpretações sobre a "teoria da modernização", defendeu que a dominação das mulheres não era simplesmente um resquício das formações sociais anteriores. Incorporada pelo sistema de produção capitalista, assumia diferentes feições e funções, como a suposta manutenção de um exército industrial de reserva mobilizado de acordo com as necessidades produtivas das diferentes sociedades. É preciso retomar, entretanto, que Saffioti não pretendia apresentar uma obra feminista naquele momento. A partir de uma leitura marxista, a divisão da sociedade em classes aparece como a verdadeira questão estrutural, enquanto sexo e etnia/raça seriam funcionais, até mesmo como "mecanismos de abrandamento" da contradição de classe (SAFFIOTI, 2013; SORJ, 1995).

Assim como acontece com toda grande obra, muitas das interpretações de Saffioti foram posteriormente questionadas, mas o caráter pioneiro de seu trabalho é inegável, especialmente pelo esforço de tentar pensar as articulações de uma forma sociológica. Considerando a sua tentativa de cruzar classe e sexo – às vezes também etnia/raça –, poderíamos dizer que a autora fez um trabalho "interseccional" ainda no final da década de 1960?

Arriscaria responder a essa pergunta negativamente, tendo em vista que para Saffioti a dominação das mulheres só se torna uma questão estrutural conforme assume uma função no capitalismo. Conforme Céli Pinto, "o mito da mulher na sociedade de classe" era "a própria existência da problemática feminina" (PINTO, 2014, p. 326). Partindo dessa perspectiva, defendo que não daria para pensar no entrelaçamento entre classe e "gênero", porque gênero sequer era concebido como tal. Não me refiro simplesmente à ausência do termo "gênero" em si – o que seria evidentemente anacrônico –, mas ao caráter mais fraco com que a dominação das mulheres aparece, ora como funcional para a contradição essencial de classe, ora como um aspecto da superestrutura.

A partir da década de 1980,[7] no entanto, Heleieth Saffioti passou a apresentar concepções que facilmente poderiam ser consideradas como "interseccionais". Nesse sentido, a autora desenvolveu a metáfora do "nó", na qual a classe não aparece como a contradição essencial, mas como uma "subestrutura" ao lado do gênero e da raça/etnia. Além de uma metáfora, a autora considera o "nó" como uma "estrutura de poder que unifica as três ordens – *de gênero, de raça/etnia e de classe social*" (SAFFIOTI, 2015, p. 133-134).

Saffioti (2015) traz questões que também permearam o debate estadunidense sobre interseccionalidade, como a ideia de que a análise das relações de gênero não poderia prescindir de análises das demais relações (p. 134). Reforça ainda que não se trata de uma questão quantitativa, em que deveríamos somar racismo, gênero e classe social. Para a autora, a discussão é qualitativa, porque exigiria a compreensão da nova "realidade

---

[7] No livro *Gênero, patriarcado, violência*, Heleieth Saffioti cita 1985 como a primeira referência na qual ela teria desenvolvido a metáfora (SAFFIOTI, 2015, p. 122). Infelizmente, no final do livro essa publicação não aparece entre as referências listadas. Caso essa data esteja correta, a autora desenvolveu a metáfora antes de Crenshaw (1989).

compósita" (p. 122). Em 2015, citando trabalhos anteriores, ela se refere à imagem de um "nó frouxo" em que a dinâmica de cada uma dessas ordens condicionaria a nova realidade enovelada:

> Não que cada uma destas contradições atue livre e isoladamente. No nó, elas passam a apresentar uma dinâmica especial, própria do nó. Ou seja, a dinâmica de cada uma condiciona-se à nova realidade, presidida por uma lógica contraditória (SAFFIOTI, 1988). De acordo com as circunstâncias históricas, cada uma das contradições integrantes do nó adquire relevos distintos. E esta motilidade é importante reter, a fim de não se tomar nada como fixo, aí inclusa a organização destas subestruturas na estrutura global, ou seja, destas contradições no seio da nova realidade – *novelo patriarcado-racismo-capitalismo* (SAFFIOTI, 1987) – historicamente constituída (SAFFIOTI, 2015, p. 133-134).

De modo semelhante, Danièle Kergoat desenvolveu ao longo dos anos 1970-1980 a noção de *consubstancialidade das relações sociais*. Baseada no conceito teológico sobre a "unidade de substância" da trindade pai-filho-espírito santo, a autora também quis expressar a unidade das relações sociais de classe, sexo e raça. Além da consubstancialidade, a autora defende a coextensividade como uma propriedade dessas relações, ou seja, a ideia de que essas relações sociais "se reproduzem e se coproduzem" (KERGOAT, 2010, p. 94).

É interessante notar que para explicar seu posicionamento, a autora também vai recorrer à imagem do "nó". Não é possível afirmar se houve uma influência entre Kergoat e Saffioti, mas as semelhanças entre as duas perspectivas são visíveis[8]:

> A minha tese, no entanto é: as relações sociais são *consubstanciais*: elas formam um *nó* que não pode ser desatado no nível das práticas sociais, mas apenas na perspectiva da análise sociológica (KERGOAT, 2010, p. 94, grifos meus).

Kergoat (2010) esclarece ainda que afirmar a consubstancialidade não é o mesmo que dizer que "tudo está vinculado a tudo", implica ao

---

[8] Em artigo de Helena Hirata e Danièle Kergoat (1994), as autoras usam a ideia de "teia" de modo bastante semelhante com a imagem do nó. Não tive acesso ao artigo em que Saffioti teria desenvolvido a metáfora do nó para ver se a autora estabelece diálogo com as reflexões sobre consubstancialidade e coextensividade de Kergoat.

contrário, "uma forma de leitura da realidade social", forma essa que a autora associa a uma perspectiva materialista, histórica e dinâmica. É o fato de a autora demarcar essa perspectiva teórica que atualmente parece ter conferido maior popularidade e repercussão ao seu conceito.

É preciso também destacar que Kergoat tem criticado a perspectiva de Crenshaw e negado o uso do termo "interseccionalidade" (KERGOAT, 2016). Para a socióloga francesa, a noção de interseccionalidade seria "geométrica", envolvendo certa imobilidade: "Tais práticas não se deixam apreender por noções geométricas como imbricação, adição, intersecção e multiposicionalidade – elas são móveis, ambíguas e ambivalentes" (KERGOAT, 2010, p. 93).

O ponto principal de sua crítica parece ser a defesa de que gênero, raça e classe devem ser pensados como "relações sociais" e não como "categorias" (KERGOAT, 2016). Interpreto que não se trata de admitir que o trabalho com categorias necessariamente exclua a análise de relações sociais, mas de que na avaliação de Kergoat, Crenshaw parte do trinômio gênero-raça-classe, sem buscar compreender os processos que produzem tais categorias.

O que deve ou não ser articulado nas análises integradas é outro ponto de discordância de Kergoat em decorrência de sua concepção de articulação de relações sociais e não categorias. Para a autora, gênero, raça e classe são aspectos estruturantes e transversais à totalidade do campo social (KERGOAT, 2009), envolvendo o antagonismo entre grupos, assim como a opressão, a dominação e a exploração. Em sua perspectiva, essas características não estariam presentes em outras categorias como idade, religião ou deficiência – posicionamento que está longe de constituir um consenso entre diferentes abordagens.

Finalmente, na origem da noção de consubstancialidade, Kergoat privilegiava a coextensividade entre gênero e classe, enquanto Crenshaw acabava por privilegiar gênero e raça. Nesse sentido, Kergoat também critica a ausência da "classe" em abordagens interseccionais, ao mesmo tempo que a influência dessa literatura tem contribuído para a incorporação da raça pela socióloga francesa (HIRATA, 2014; KERGOAT, 2010, 2016).

Considerações finais

É inegável que a partir da noção de interseccionalidade foi possível colocar em destaque a heterogeneidade interna ao grupo de mulheres (e homens), questionando concepções e práticas pretensamente universalistas.

Essa contribuição decorrente do feminismo negro e de "mulheres de cor", mas também de perspectivas marxistas, pode ser considerada como um bom ponto de partida contra generalizações excessivas, tal como elaborado por Mcbride, Hebson e Holgate (2014). As autoras sugerem a possibilidade de que alguns trabalhos possam se valer de uma "sensibilidade interseccional", mesmo que não assumam o desafio de realizar análises propriamente interseccionais.

Para Patricia Hill Collins (2015b), entretanto, essa sensibilidade não seria suficiente, o que deveria levar pesquisadoras a buscar ampliar as possibilidades de compreender as interligações entre gênero, raça, classe, além de outras categorias – de acordo com a perspectiva teórica e o objeto de pesquisa. Tal pretensão, entretanto, parece demandar mais trabalho, considerando que muito tem sido discutido sobre o caráter vago e os dilemas de se definir o conceito de interseccionalidade (Bilge, 2010; Collins, 2015b).

De modo sucinto, gostaria de destacar dois pontos que me parecem centrais aos desafios e às diferenças entre algumas perspectivas aqui mencionadas. A primeira delas me parece ser o grau de complexidade exigido para articular categorias de análises muitas vezes desenvolvidas a partir de tradições epistemológicas distintas, com acúmulos teóricos desiguais. Para que a "interseccionalidade" não se torne apenas um *slogan* citado nas introduções dos trabalhos, parece necessário uma formação sólida e um trabalho de identificação de pontos de tensão entre concepções e conceitos elaborados a partir de referências diferentes. Esse me parece ser, por exemplo, um dos aspectos que pode contribuir para a subutilização da categoria classe. A interseccionalidade também parece colocar ainda mais lenha nas discussões e tentativas teóricas de articulação entre dimensões materiais e simbólicas, estrutura e indivíduo, assim como de análises macro e microssociológicas – temas clássicos e caros à Sociologia. Parecem fundamentais as sugestões de que as abordagens interseccionais devem ser ampliadas por meio do diálogo com teorias sociológicas mais amplas (Bilge, 2016).

Da homologia entre sexo e raça: um esboço de aproximação conceitual

Luciana Alves

A natureza permanece um mito e uma realidade crucialmente importante e profundamente contestada.
Donna Haraway

O termo "interseccionalidade" emergiu no campo de estudos feministas e de gênero como imperativo analítico para lidar com objetos de investigações que visam elucidar desigualdades sociais ou opressões estruturadas a partir da imbricação entre sexo, raça e classe (Collins, [1989] 2015a).

Trata-se de uma perspectiva que busca compreender a experiência de diferentes sujeitos a partir de seu posicionamento desigual nas hierarquias sociais, mas não da proposição de um novo conceito cujo uso substitua as categorias que propõe cruzar. Nessa perspectiva, a ideia de intersecção pode ser compreendida a partir de um conjunto de metáforas surgidas no fim da década de 1980: nó (Saffioti, 2015), cruzamento (Crenshaw, 2002), intersecção (Collins, 2015b), todos os termos diferentes para se referir à premência de análises mais complexas sobre como as desigualdades sociais são construídas e mantidas. Haraway (2004) assinala que embora haja clamores por análises interseccionais, muito raramente a teoria feminista conseguiu de fato desenvolvê-las.

Sem a pretensão de preencher essa lacuna, neste texto buscamos aproximar os processos de construção das ideias de sexo e raça, a partir da proposição de que ambos são parte de um mesmo processo de enunciação: a "escolha" de diferenças físicas observáveis e sua transformação em categorias socialmente relevantes que permitem a elaboração de clivagens sociais ensejam identidades e explicam desigualdades. Para levar adiante a tarefa, dialogamos com um ensaio teórico pioneiro escrito por

Verena Stolcke (1990) e pouco comentado por pesquisadoras brasileiras: *Sexo está para raça assim como gênero para etnicidade?*

A resposta à pergunta que dá título ao artigo de Stolcke vai se delineando ao longo de um texto bem argumentado teoricamente e segue duas direções. À primeira vista, sexo não possui relação de homologia com a raça, uma vez que a autora considera que o dimorfismo sexual pertence ao reino da natureza. Ainda que esta seja socialmente reinterpretada, o fato é que "seres humanos constituem uma espécie bissexual" (STOLCKE, 1990, p. 110). Já a raça não possui qualquer evidência de sua existência (seja biológica, fisiológica ou genética). Dito de outro modo, não somos uma espécie multirracial, pertencemos a um mesmo filo e isso supostamente impede paralelos entre sexo e raça.

Para a autora, os traços fenotípicos usualmente atrelados à raça são resultado de variações genéticas muito pequenas e sequer estão presentes em alguns casos de racialização. Isso significa que a raça foi (e ainda é) uma categoria socialmente operada, mesmo na ausência de traços físicos que permitissem (permitam) diferenciar grupos supostamente raciais, não encontrando sustentação no corpo propriamente dito.

A segunda resposta, localizada e contextual, sustenta a homologia entre sexo e raça especificamente para sociedades capitalistas, nas quais foi necessário criar justificativas naturalizadas para as desigualdades sociais, num período em que se consolidava a ideia de mérito como única explicação aceitável para as desigualdades entre grupos humanos. A naturalização, portanto, seria elemento fundamental para contrabalançar as "contradições da sociedade de classe" (STOLCKE, 1990, p. 110).

Embora bastante convincente, o ensaio de Stolcke esbarra em três problemas conceituais que pretendemos avançar neste texto. O primeiro deles se refere ao estatuto ontológico dado ao dimorfismo sexual e ao estatuto simbólico conferido à raça. No caso do primeiro, para fugir ao que chama de "espiral construcionista", ela toma o dimorfismo sexual como pré-social, ao mesmo tempo em que aplica uma lógica diametralmente oposta para tratar dos traços fenotípicos que balizam a maioria dos processos de racialização. O corpo é tratado por Stolcke (1990) a partir de um duplo critério de percepção: como central em se tratando de sexo, e como secundário e simbolicamente manipulado, no caso da raça. Tal aspecto que dificulta, no quadro analítico da autora, a percepção dos paralelos que podem ser traçados entre ambos os conceitos.

O segundo ponto a avançar é a homologia sugerida entre gênero e etnicidade, já que ambos os conceitos são entendidos por Stolcke (1990) como se fossem a manipulação de traços corporais inscritos na cultura e que ganham significado a partir desta. Porém, a autora descreve vários problemas associados às teorias da etnicidade que podem ser resumidos à tendência de naturalizar a cultura ou seu uso para substituir a raça, mas não a semântica racial. Isso sugere que o conceito de etnia não seria o mais indicado para uma aproximação conceitual com gênero – a construção social das diferenças sexuais –, já que etnia não se resume à construção social das diferenças raciais. Nesse ponto concordamos parcialmente com Stolcke, mas propomos que a homologia não está nas categorias gênero e etnicidade, mas sim nas categorias gênero e raça.

Por fim, o modelo teórico criado por Stolcke (1990) sugere que clivagens raciais sustentadas no corpo fazem sentido apenas em sociedades nas quais a competição capitalista está posta. Todavia, como buscaremos demonstrar, raça e corpo estão interligados mesmo antes da emergência do capitalismo e a associação permanece válida em sociedades de economia planificada nos anos 1980 e 1990, na sociedade de castas indiana, entre outros contextos nos quais a desigualdade social não segue a lógica capitalista.

Talvez a pergunta mais adequada para o traçado de homologias entre raça e gênero no contexto latino-americano (e possivelmente em outros contextos) seria: *sexo está para cor/traços fenotípicos reais ou imaginados, assim como gênero está para raça?* É buscando responder a essa pergunta, ainda que de forma introdutória, que construímos o presente ensaio.

Dimorfismo sexual, cor e fenótipo: construção social da diferença biológica

Dos 23 pares de cromossomos que marcam a espécie humana, um deles define geneticamente se um indivíduo é macho ou fêmea. Já a definição da cor da pele e dos olhos, assim como da textura dos cabelos, é resultado da interação de vários genes, interação esta praticamente desconhecida pelos cientistas.

Não há, portanto, um par de cromossomos bem delimitado que seja capaz de predizer se um indivíduo terá pele clara ou escura, cabelos lisos ou crespos, como é o caso daqueles ligados ao sexo. A expressão fenotípica da cor resultante da combinação de traços genéticos variados é algo que vem sendo estudado apenas recentemente, e já se sabe que certas interações genéticas dão origem a determinadas aparências físicas (CERQUEIRA, 2013).

Ao menos desde 1950, salvo raras exceções, há um consenso entre cientistas da natureza de que às diferenças externamente observadas não estão relacionadas quaisquer capacidades psicológicas, intelectuais ou morais (MUNANGA, 2003). Arriscamos dizer que o hiato de décadas na pesquisa sobre a relação entre genótipo e fenótipo decorre dos receios de se recuperarem teorias que dividiram a humanidade em subespécies, surgidas ainda no século XVI, mas que ganharam força explicativa da realidade social já em fins do século XIX e começo do XX (SCHWARCZ, 1993).

Se a genética sequer era recurso disponível durante a elaboração e consolidação da teoria racial, podemos afirmar – é o que tem feito há décadas historiadores, antropólogos e sociólogos – que aquilo que se chama de raça é, na verdade, a percepção social das elites europeias a respeito dos povos por elas explorados (STEYN, 2004). Europeus desenvolveram o conceito de raça com finalidade prática já bastante discutida: criar um sistema de dominação e justificação simbólica à exploração, o qual está associado à natureza, portanto, pré-social. Embora antigo, o aparato ideológico elaborado à época vem sendo sistematicamente reajustado nas sociedades contemporâneas, fazendo do racismo uma realidade bastante atual mundo afora (GUIMARÃES, 2002).

É justamente a criação desse sistema que nos legou o vocabulário atualmente utilizado para caracterizar as diferenças físicas observadas entre os seres humanos. Negros, índios, brancos só existem assim denominados a partir da empreitada colonial (STEYN, 2004). Antes disso, eram maputis, tupis, nagôs, iorubás... Enfim, designavam-se e eram designados a partir de critérios de ancestralidade e pertença cultural, portanto, em termos étnicos.

O conceito de raça muda a semântica usada para caracterizar diferenças entre povos, dissipando as fronteiras intragrupos humanos que se reconheciam diferentes e que passam a pertencer a uma mesma categoria de sujeitos socialmente subalternos aos brancos. Exceção a essa nova forma de categorização racial são os próprios brancos que, como criadores e operadores de todo o sistema, têm sua própria identidade racial invisibilizada, tornando-se representantes do humano universal, de modo que quando pensamos em raça, quase sempre estamos tratando de grupos desfavorecidos na balança de poder (FRANKENBERG, 1993).

Lidos assim, esses dados permitem localizar historicamente a criação de desigualdades sociais que mobilizaram traços de realidade (cor, textura de cabelos, tamanho do nariz, etc.) para a sua construção, transformando-os em raça, fruto de operações sociais relativamente recentes, mas não menos corporais que o dimorfismo sexual.

Encontrar as raízes históricas dos processos que conferiram centralidade ao dimorfismo sexual é tarefa muito mais difícil. As hierarquias entre homens e mulheres são talvez tão antigas quanto a própria humanidade, o que parece ter justificado a diminuta atenção dada pelas Ciências Sociais aos processos que conferiram importância e centralidade ao dimorfismo.

Essa tarefa foi levada adiante principalmente pelas antropólogas feministas que buscaram caracterizar como sociedades não ocidentais atribuem significado à diferença sexual. É justamente esse ponto que dificultou a percepção de possíveis grupos que não tomam a anatomia masculina e feminina como centrais. Ao viajar para outros contextos, a teoria de gênero levou consigo os conceitos e pré-noções das estudiosas, tornando difícil apreender se o dimorfismo é característica que interliga o gênero transculturalmente (STOLCKE, 1990, p. 103) ou se é ele mesmo uma construção cultural ocidental que se impôs como categoria de percepção do mundo a outros grupos culturais (LAQUEUR, 2001).

O instigante ensaio de Gayle Rubin, escrito em 1975, pode ser circunscrito nesse grupo de trabalhos. Ela parte do conceito de divisão sexual do trabalho, tal como discutido por Engels em seu já bastante comentado *A origem da família, da propriedade e do Estado*, para teorizar a existência de um sistema sexo/gênero que dá origem à opressão das mulheres. Interessa-nos aqui menos o trabalho de Engels e mais a análise de Rubin sobre esse sistema negligenciado pelo autor, que falha em historicizar a opressão feminina, pois trata como naturais a complementariedade das tarefas femininas e masculinas na construção de sistemas de trabalho pré-capitalistas, mantidos no capitalismo como forma de reproduzir sua estrutura social (RUBIN, [1975] 1993).

Para a autora, o modo como Engels opera conceitualmente a divisão sexual do trabalho pressupõe categorias totalmente implicadas com seu contexto de criação: a família como menor unidade de produção é a família nuclear heterossexual, em que os papéis sociais de homens e mulheres são diferentes e igualmente necessários, porque complementares. A dominação feminina se dá via casamento e propriedade, e relações entre homens e mulheres não são consideradas a partir de uma "política sexual específica".

É a essa política sexual específica que Rubin denomina sistema sexo-gênero, um sistema em que machos e fêmeas são transformados em homens e mulheres pelas relações construídas socialmente num dado contexto cultural. Ou seja, nas palavras de Rubin, o sistema sexo-gênero é "uma série de arranjos pelos quais a matéria-prima biológica do sexo humano e da procriação é moldada pela intervenção humana, social e satisfeita de um modo convencional, por mais bizarras que algumas dessas convenções sejam" (RUBIN, [1975] 1993, p. 11).

Vê-se que a percepção do dimorfismo sexual é condição para que todo o sistema opere. Uma vez percebidos como macho ou fêmea, corpos são submetidos a tratamentos culturais e sociais que fazem surgir uma economia do sexo e das trocas sexuais, que dão origem a (e são originados por) arranjos sociais dos quais emergem sujeitos reconhecidos como homens ou mulheres. O processo de construção de sujeitos aqui é duplo, tanto no assujeitamento de machos e fêmeas aos arranjos sociais que dizem a eles quem são ou devem ser quanto na assunção de uma identidade sexual construída em diálogo com esses mesmos arranjos, num processo que dá origem ao sujeito sexuado que assume a identidade de homem ou mulher. O interessante do sistema criado por Rubin é perceber que identidades não se criam num vazio social, tampouco são fruto de escolhas individuais ou de determinismo da natureza. Elas estão circunscritas a processos de poder e dominação que, se suprimidos, esvaziam as implicações políticas do sistema sexo-gênero que lhes deram origem. *Talvez seja apenas assim que os debates identitários devessem ser travados, quando imbricados em relações de poder.*

O modelo de Rubin ensejou críticas posteriores por seu caráter generalizante, já que o sexo é tomado como substrato universal, biológico, que funciona como engrenagem para todo o sistema e não como elemento que é construído socialmente tanto quanto os homens e mulheres que dele se originam. O sistema sexo-gênero se baseia em um antagonismo estrutural entre categorias coerentes chamadas homens e mulheres que podem ser consideradas transculturalmente (HARAWAY, 2004).

Concordamos com Haraway e, ao fazê-lo, não estamos desconsiderando a existência de corpos culturalmente identificados como sexuados, mas apontamos, assim como Nicholson (2000), que a própria percepção de uma espécie humana dividida em dois sexos distintos não pode ser caracterizada como pré-social, sob pena de incorrer numa generalização de categorias binárias ocidentais (ou de certos grupos das sociedades ocidentais) como sendo universais. Se é possível historicizar a criação de categorias como a raça, na maioria dos casos assentada no corpo sensorialmente percebido a partir de binarismos como claro e escuro, liso ou crespo, fino ou largo, por que a percepção das diferenças de genitália seria a-histórica?

Estamos argumentando, assim como outras autoras já o fizeram, que o que funda o dimorfismo sexual não é a natureza. Nela, estão presentes muitas outras diferenças observáveis que não deram origem a sistemas de opressão. Ao longo da história, apenas algumas dessas diferenças foram socialmente definidoras de hierarquias sociais. E mesmo no que diz respeito às características sexuais, sociedades diferentes lidam de forma não binária com as variadas situações que hoje chamamos de intersexo (FAUSTO-STERLING, 2001). Antecipando críticas, Stolcke assevera que essa matriz de compreensão da realidade como construída arbitrariamente seria incapaz "de fornecer uma explicação para o motivo pelo qual certos fatos 'naturais'" são conceitualizados em "formas culturalmente específicas" (STOLCKE, 1990, p. 105).

Temos resposta à pergunta da autora no que se refere à cor/traços fenotípicos, mas não para o dimorfismo sexual. Mas o fato de a resposta não estar empiricamente assentada não significa que ela não possa ser aventada, e acreditamos que a melhor hipótese para como surge o dimorfismo sexual se encontra justamente no ensaio de Rubin: certos arranjos sociais – e não outros – dão origem a certas formas de interpretação de corpos que, uma vez construídas, passam a operar socialmente como se fossem anteriores à história e à sociedade, ou como diz Bourdieu (2002a, p. 12), a processos paradoxais que "transformam a história em natureza, o arbitrário cultural em natural". Talvez ainda possamos esticar mais o argumento baseando-nos em Rubin: naquelas sociedades em que as tarefas de subsistência foram divididas mediante critérios real ou arbitrariamente centrados no corpo, a percepção da diferença sexual se fez presente. Em outros termos, a divisão sexual, do trabalho produtivo ou do trabalho reprodutivo (ironicamente a interpretação de que é a mulher que engravida é menos universal do que se imagina), funda a percepção de que a espécie humana é composta por mais de um grupo, e, no caso ocidental, funda o dimorfismo.

O raciocínio parece inventivo, justamente porque o dimorfismo está tão arraigado nas formas como percebemos o mundo que fica difícil pensar numa sociedade que não seja dividida entre machos e fêmeas. Alguns poderiam argumentar que é a complementariedade dos corpos, especialmente a verificada no ato sexual, que funda o dimorfismo. Mas como explicar as relações homossexuais cujos registros são tão antigos quanto os registros da história da humanidade? Outros, ainda, poderiam argumentar que a reprodução por si sugere a existência de dois corpos complementares, mas o que garante que todos os tipos humanos de que se têm notícia associavam diferenças corporais à reprodução ou tinham consciência de como a concepção dependia de dois diferentes para acontecer?

Para dar apenas um exemplo, recorremos às reflexões em que Strathern (1995) compara os modos diferentes como os euro-americanos e os moradores das Ilhas Trobriands estabelecem relações entre o intercurso sexual e a procriação. Essas perguntas sugerem que se existe um sistema sexo-gênero nas sociedades ocidentais, esse sistema pressupõe uma criação primeira: a ideia de que existem pessoas individuadas e divididas em dois sexos. Nessa chave argumentativa, "perceber" o dimorfismo equivaleria a "criá-lo". A criação aqui não se refere a um construcionismo no vazio, a uma invenção humana acidental e despretensiosa. Reiteramos que ela está inscrita em certos arranjos sociais que tornam alguns fatos e não outros passíveis de atenção social e de hierarquização.

Thomas Laqueur (2001) mostra que o dimorfismo sexual não é um dado anterior ao social. As disputas em torno da consolidação do campo da Anatomia, descritas pelo autor, evidenciam como saímos (o Ocidente) de um modelo de sexo único, em que as diferenças entre aqueles percebidos como homens e mulheres eram explicadas pelo alcance de uma mesma genitália – interna, no caso das mulheres, e externa, no caso dos homens, sendo as primeiras versões imperfeitas destes – para um modelo binário que opõe machos e fêmeas sem nenhuma possibilidade de situações intermediárias.

A resposta à pergunta de Verena Stolcke (1990) "por que esses fatos naturais e não outros?" não se encontra *antes* das relações sociais, mas está nas relações elas mesmas. Tratados dessa forma, os traços construídos tanto como indicativos de pertença racial (que permitem a classificação de alguém como negro, branco, indígena, etc.) quanto de pertença sexual (que permitem classificar como homem ou mulher, inclusive, mais recentemente, a partir de corpos cirurgicamente manipulados para criar novos corpos) podem ser compreendidos a partir de uma mesma matriz de operação social: certos arranjos sociais são capazes de definir fronteiras entre grupos humanos que se baseiam no corpo como elemento central e que tratam certas características como socialmente relevantes a ponto de serem mobilizadas para justificar essas mesmas relações. Os processos sociais que dão origem à formação desses grupos podem ser tão antigos a ponto de não conseguirmos recuperar seus contextos de emergência (espécie bissexual), recentes o suficiente para que os reconstruamos ainda que a partir de vários exercícios de preenchimento de lacunas (a exemplo da raça) e logicamente tão viáveis que possibilitem um repertório longevo de criação de novas diferenças que importam, porque ensejam novos sistemas de opressão e/ou relações sociais.

Sexo e cor são termos de uma mesma linguagem social de construção de diferenças que explicam – e ao mesmo tempo constroem – desigualdades sociais. Nessa "linguagem" ou, se preferível, nesses "arranjos sociais", a materialidade do corpo só pode ser compreendida a partir dos significados sociais que lhe dão sustentação: natureza e cultura são parte de um mesmo processo social de compreensão e explicação da realidade; nem os fatos biológicos estão lá, neutra e passivamente, à espera de interpretação, e tampouco esta ocorre sem a existência de uma base material arbitrariamente manipulada para construir a realidade a partir de determinadas matrizes de percepção social.

Como é possível apreender, concordamos com Stolcke (1990) quando ela destaca que a raça é uma operação simbólica sobre diferenças físicas (observáveis ou não), mas acrescentamos o sexo a essa mesma forma de interpretar os fatos. É por essas características que um grupo expressivo de cientistas sociais, as autoras deste ensaio incluídas, se recusa a abrir mão do conceito de raça tendo em vista seu caráter desde sempre construído e sua atualidade para explicar clivagens sociais. E talvez seja por esse mesmo motivo que algumas teóricas feministas se recusam a separar analiticamente sexo e gênero.

Se gênero organiza as relações sociais entre homens e mulheres (SCOTT, 1995), a raça organiza as relações sociais entre negros e brancos, para mantermos a divisão binária de nosso raciocínio. Assim como gênero, a raça não está necessariamente nos corpos: ela enseja formas de percepção de mundo que vão muito além deles (ALVES, 2013).

Bons exemplos nesse sentido são as análises sobre o magistério e os sentidos de feminilidade que o ofício mobiliza (CARVALHO, 1999), e o trabalho doméstico remunerado e os sentidos de negritude que o perpassam (FREITAS, 2010). A despeito de quem está à frente da sala de aula ou lavando pratos numa residência de classe média, o magistério, especialmente quando exercido junto a crianças, e o trabalho doméstico remunerado são vistos como territórios generificados e racializados, como serviço de mulher e como serviço de preto/a, vulgarmente falando. Na mesma chave interpretativa, a medicina e o trabalho com a construção civil são vistos como trabalho de brancos e de homens, respectivamente.

Essa maneira de considerar gênero e raça sugere intersecções que vão além da experiência dos sujeitos, e ambas as categorias guardam entre si relações de homologia e apresentam o mesmo potencial para problematizar a história, a construção das instituições e do conhecimento. Não nos parece obra do acaso que as primeiras formas de utilizar analiticamente as categorias ora discutidas tenham sido reconstruir fatos históricos considerando mulheres e negros como protagonistas, de modo que tratar de gênero foi sinônimo de falar de mulheres, e falar em raça foi sinônimo de falar sobre negros (BENTO, 2002). Também não nos parece mera coincidência que mais recentemente a teoria de gênero tenha incorporado estudos sobre masculinidades (CONNEL, 2005) e que os teóricos das relações raciais tenham passado a interrogar a branquitude (BENTO, 2002).

A esta altura do texto, esperamos ter construído argumentos suficientes para sustentar a homologia entre sexo/gênero e raça, uma homologia um tanto "torta" por tratar-se de uma relação 2 para 1, já que a raça congrega tanto as construções sociais a respeito da materialidade do corpo (que equivaleriam ao sexo) quanto os sentidos sociais que se projetam para além do corpo socialmente percebido como negro ou branco (que equivaleriam ao gênero).

A discussão feita até aqui deixa implícita nossa escolha por abandonar a possibilidade de aproximar conceitualmente gênero e etnia, pois concordamos inteiramente com a avaliação de Verena Stolcke (1990) de que o conceito de etnia tem sido empregado com o mesmo sentido assumido pela raça, o que não justifica sua utilização, ou se refere a componentes especificamente culturais como língua, costumes e território, sem relação, portanto, com clivagens sociais baseadas no corpo. Substituir raça por etnia nos parece uma operação intelectual pouco profícua quando se trata de debater o racismo e suas consequências sociais.

O uso do conceito sob rasura (HALL, 2000), entre aspas (" ") seguido do adjetivo *social* assinala as tentativas de pesquisadores de distanciarem-se do sentido biológico outrora atrelado à raça, evitando o "colapso da categoria no biologicismo", nem sempre de modo bem-sucedido (HARAWAY, 2004, p. 206).

A raça depende da luta de classes?

No ensaio de Stolcke (1990), a construção social da raça depende de dois fatores históricos: o advento do sistema socioeconômico capitalista e a elaboração da ideologia de mérito que permite sua reprodução e minimiza possíveis lutas de classes, já que justifica desigualdades com base em diferenças supostamente naturais. Para a autora, assim como para vários outros teóricos e teóricas que se dedicam ao estudo do tema, o conceito precede o fenômeno social: a raça vem antes do racismo e não o inverso (GUIMARÃES, 2009).

Os críticos a essa perspectiva a acusam de ser nominalista e afirmam que o preconceito em relação à ascendência e à aparência física dos grupos humanos, bem como ações de discriminação baseadas nesses fatores são bastante antigos e desempenham papel decisivo na construção de desigualdades desde a Idade Média. Tais ações tomavam como base, inclusive, ideias hoje ligadas à Biologia, como sangue e parentesco (BETHENCOURT, 2018).

A contenda sobre o que vem primeiro, se o fenômeno ou seu nome, nos parece pouco significativa, mas, se a lógica de Stolcke estiver correta, sociedades não capitalistas prescindiriam da raça para justificar clivagens sociais. São novamente estudos de Antropologia e História que desafiam as conclusões da autora.

Para problematizar a ideia de que capitalismo e racismo são construções simultâneas e interdependentes, estudiosos se deslocaram do contexto ocidental para o oriental, buscando compreender se outras formas de estruturar clivagens sociais ignoraram a raça, e encontraram na sociedade de castas indiana e nos conflitos religiosos do Oriente Médio (ocorridos antes da Era Cristã) indícios de que hierarquizações sociais baseadas no fenótipo são mais antigas do que geralmente supomos.

Em pesquisa sobre a sociedade indiana, Hofbauer (2015) encontrou, no *Rig Veda*, um dos textos bramânicos escritos por volta de 1700 e 1000 a.C., associações entre casta e cor que denotavam hierarquias entre sujeitos claros e escuros, num "simbolismo que valoriza a branquitude e deprecia a cor negra" (p. 156). A valorização da brancura não se encontra apenas em textos religiosos daquela sociedade, mas se expressa em ditos populares, na percepção generalizada de que as castas inferiores são mais escuras que as superiores e na construção da cor como metáfora de casta.

Baseando-se em autores indianos, Hofbauer (2015) destaca que as imbricações entre casta e cor não são estanques, pois dependem das ordenações hierárquicas socialmente vigentes, projetando-se, portanto, para além da cor da pele e sugerindo rearranjos constantes. Um desses rearranjos se refere à colonização inglesa na Índia, que atualizou a semântica de castas conferindo às hierarquias de cor e ascendência componentes da lógica racial do Ocidente. Nesse sentido, a hierarquização de povos de diferentes cores pautada em textos religiosos da Índia pré-colonial ganhou novos matizes supostamente científicos após a colonização do país (MOORE, 2007).

O exemplo indiano sugere que hierarquizações baseadas no fenótipo, que atualmente são um dos componentes do que denominamos *racismo*, existiam antes da invenção da raça no século XVI e de sua operação mais intensa nos séculos XIX e XX nas sociedades capitalistas.

Outro fator que nos parece potencialmente crítico à associação entre capitalismo e racismo é a permanência deste em sociedades que implantaram sistemas socioeconômicos diferentes daquele. São várias as denúncias de existência de racismo na Cuba de Fidel Castro, por exemplo, a despeito dos discursos indignados contra a opressão racial feitos pelo líder revolucionário após sua chegada ao poder em 1959. O discurso oficial do líder cubano não correspondia à realidade desigual vivenciada por negros e brancos na ilha:

> O grande erro consistiu em considerar a discriminação como resultante da sociedade classista, portanto, uma vez eliminadas as classes sociais e com elas os privilégios, começou-se a proclamar o fim da discriminação racial em Cuba. [...] O racismo, uma vez expulso dos espaços públicos, refugiou-se na cultura e ali permaneceu à espera de tempos melhores. A miragem ante tão espetacular e significativa "conquista" conduziu à errônea decisão de eliminar do debate público o tema do negro (CASTELLANOS, 2009, p. 113).

Embora não consideremos o racismo como um *tema do negro*, fato é que, após a morte de Fidel, muitas denúncias têm tomado a cena pública a partir da organização de movimentos negros cubanos que encabeçam lutas por igualdade racial no país, especialmente após a década de 1990, quando as condições de vida da população negra deterioraram-se de forma mais intensa com a crise que marca o socialismo desde então.

Assim como Florestan Fernandes (1978) viu frustrada sua crença de que o racismo tenderia a desaparecer com a consolidação do capitalismo e a livre concorrência baseada em habilidades individuais, a sociedade cubana mostra que o racismo pode sobreviver em contextos de economia planificada, demonstrando como opressões baseadas na ideia de raça não necessariamente dependem do regime socioeconômico para se manter, embora possam assumir feições variadas para combinar com as hierarquias vigentes em cada organização societária.

Considerações finais

Poderíamos argumentar, como o fez Rubin (1975) em relação ao sexo--gênero, pela existência de um sistema cor-raça? A resposta é contingente, já que a cor é apenas um dos elementos utilizados na construção da percepção de que humanos formam subgrupos essencialmente distintos.

Assim como o sistema sexo-gênero é uma abstração possível em sociedades ocidentais, podendo existir outras lógicas e interpretações sobre os corpos de mulheres e homens, a cor é relevante em certos arranjos e não em outros. Como exemplo, podemos citar os processos de racialização de que foram alvo irlandeses e italianos no período pós-escravista (ROEDIGER, 2007).

Recebidos no Brasil como brancos responsáveis por arianizar costumes e clarear gerações futuras, italianos foram considerados latinos, caracterizados como cor de oliva no vocabulário norte-americano de início do século XX, chegando a compor a categoria de imigrantes indesejáveis (MARITHEW, 2003). O uso de termos que remetem a cor não se baseia na percepção objetiva da aparência dos sujeitos – tanto a cor oliva quanto a branca foram usadas para categorizar um mesmo grupo de imigrantes, demonstrando como cor não é dado preexistente ao sistema de significação que permite sua interpretação. Em outros termos, são as construções sobre raça que balizam a percepção e a avaliação da cor; o oposto só é verdadeiro uma vez tendo se consolidado uma ideologia racial que *eduque o olhar* para as diferenças impressas na pele.

E um sistema sexo-raça seria possível? Voltemos ao termo "intersecção" como perspectiva analítica focada na experiência dos sujeitos e aos textos de Haraway (2004) e Stolcke (1990) com os quais dialogamos ao longo deste ensaio: ambos trazem exemplos perfeitos da existência desse sistema em sociedades coloniais e contemporâneas.

A primeira autora salienta que patriarcado e racismo posicionam mulheres brancas e negras, livres e escravas, subalternamente em relação aos senhores brancos. Enquanto mulheres brancas não tinham poder sobre si, mas davam à luz os herdeiros, mulheres negras não tinham poder sobre si e davam à luz a propriedade: "Mulheres brancas não eram *inteiramente* humanas; os escravos negros *não* eram humanos nem legal, nem simbolicamente" (HARAWAY, 2004, p. 242).

Stolcke (1990) termina seu ensaio teórico se referindo ao contexto europeu da década de 1990 em que as quedas proeminentes nas taxas de natalidade colocam em risco o Estado de bem-estar social, em grande parte custeado pela taxação de trabalhadores ativos. Esse fator poderia ser minimizado por meio da incorporação de imigrantes e refugiados que buscam acolhida na Europa, mas que são alvos de novos processos de racialização, configurando a categoria de cidadãos indesejáveis. A solução aventada por políticos conservadores? Impedir ou limitar a entrada de imigrantes e relativizar/caçar direitos reprodutivos conquistados por mulheres brancas europeias, em especial o direito ao aborto.

Ambos os exemplos mostram como as homologias entre sexo e raça não se esgotam em seus processos de construção social. Estas são categorias acionadas tanto outrora quanto hoje para explicar a realidade e justificar sistemas políticos de controle social.

É possível fazer uma análise de gênero a partir de dados quantitativos?

Adriano Souza Senkevics

Masculino ou feminino: estas são as duas opções de resposta para o campo "sexo" com as quais, nessa ordem, costumamos deparar nos formulários e questionários pelo Brasil afora. Afinal, o que as estatísticas sobre o sexo dos indivíduos em uma população nos permitem pensar sobre as relações de gênero, para além da frequência de mulheres e homens vivendo dadas condições em uma sociedade? Antes, a contagem de quantos homens aqui e quantas mulheres acolá basta para uma análise de gênero? Mais do que pouco respondidas no âmbito dos estudos feministas e de gênero, perguntas como essas geram certo desconforto pelo grau de complexidade que suscitam.

Parte das dificuldades de se pensar em análises de gênero a partir de informações estatísticas se deve a desencontros metodológicos entre as disciplinas sob as quais se albergam tais empreendimentos, baseadas em fundamentos epistemológicos distintos. Os métodos e técnicas tradicionalmente utilizados por pesquisadores dos estudos feministas e de gênero aproximam-se de procedimentos como etnografia, estudo de caso, análise de discurso, história oral, entre outras aplicações de metodologias qualitativas, e raramente avançam sobre técnicas quantitativas. Estas, por serem pouco praticadas pelas áreas de Ciências Sociais no Brasil (COLLARES, 2013), resultam em um campo superficialmente explorado por aqueles que se aventuram pela teoria social e suas aplicações no terreno dos números.

Assim, este texto objetiva propor alguns caminhos para pesquisas que visam pensar as relações de gênero a partir das informações estatísticas, por meio de uma reflexão sobre os limites e as possibilidades de se realizar uma análise de gênero com base nos dados quantitativos. Essa questão nos coloca o desafio de transformar conceitos essencialmente teóricos e abstratos – o gênero – em construtos passíveis de mensuração empírica, a exemplo do sexo como uma variável que manifesta o binômio homem-mulher, bem como entender as mediações pouco triviais desse processo.

Para tanto, o texto está organizado em quatro seções. Na primeira, procuramos refletir sobre o que é uma análise de gênero, a começar por uma conceituação de gênero e de seus usos analíticos em diálogo com autoras dos estudos feministas e de gênero. Em seguida, a segunda seção discorre sobre a produção de dados quantitativos sobre a variável sexo e como esse processo se encontra imbuído de relações de gênero. A partir dessas considerações, a terceira seção se concentra sobre o questionamento do lugar que o sexo ocupa nas análises de gênero, de modo a elencar potenciais contribuições e dificuldades de se empregarem os números para usos analíticos. Por fim, as considerações finais procuram sintetizar a discussão desenvolvida e esboçar uma resposta à pergunta do título.

O que é uma análise de gênero?

Comecemos por refletir sobre as premissas da questão que norteia este trabalho: para pensar em como fazer uma análise de gênero a partir de dados quantitativos, é preciso definir *o que é uma análise de gênero*. Para fins didáticos, iniciaremos com uma resposta aparentemente tautológica: uma análise de gênero é um procedimento adotado ao se tomar gênero em seus usos analíticos. Restam as seguintes questões: o que é gênero? O que são usos analíticos de gênero? Sem a pretensão de esgotar as possibilidades do conceito,[1] a resposta à primeira pergunta naturalmente nos levará à segunda.

Na acepção mais recorrente do senso comum, gênero nomeia as diferenças culturais construídas sobre os sexos masculino e feminino, isto é, um verniz sociocultural lançado sobre uma distinção biológica, sem que se rompa o dualismo aparentemente natural entre os sexos como a base para a constituição de indivíduos dicotomizados em variados aspectos sociais (NICHOLSON, 2000). Nessa abordagem, o sexo – aqui entendido como as características biológicas relativas à reprodução de uma espécie bissexuada – mantém-se assegurado em seu estatuto naturalizado, como se, ao pertencer à "natureza humana", estivesse imune às indagações de ordem sociológica.

---

[1] Por razões de espaço, não serão abordadas as disputas em torno do conceito de gênero; para aprofundar esse tópico, ver Moschkovich (2018).

Na esteira das críticas sintetizadas pela socióloga Raewyn Connell (2005), enxergar gênero como uma listagem de diferenças entre homens e mulheres resulta em uma simplificação das relações sociais, na medida em que se ignoram as heterogeneidades dentro de cada sexo e se toma como dado o binômio masculino-feminino.[2] De acordo com seu entendimento, é preciso deslocar a ênfase das *diferenças* para as *relações*, entendendo gênero como parte de uma trama histórica de relações sociais por meio das quais o corpo humano é interpretado através de um conjunto de práticas sociais, cujo resultado é a atribuição de sentidos e significados às distinções reprodutivas e sexuais, trazendo-as para o campo da sociedade, da cultura e da política (CONNELL; PEARSE, 2015, p. 48). Gênero, por um lado, não é mero produto da biologia e, por outro, tampouco se encontra desprendido de qualquer fundamento material ou, em particular, corporal (CONNELL, 2005). No entanto, uma vez que se configuram no campo simbólico, as relações de gênero transcendem os corpos e passam a significar também objetos inanimados, representações culturais, processos históricos e instituições sociais. À guisa de exemplo: o cuidado interpessoal, a mãe-natureza e a cor-de-rosa não remetem diretamente à anatomia genital feminina, muito embora sejam facilmente associadas a feminilidades; o mesmo pode se dizer do futebol, das Forças Armadas e das Ciências Exatas em sua contraparte masculina. Para Connell (1987), essa visão é condizente com a ideia de que gênero é, sobretudo, um aspecto estrutural das sociedades, um fator que demarca relações de poder: não basta opor azul e rosa, razão e emoção, ou força e fraqueza em polos masculino e feminino; eles precisam demarcar um ordenamento, uma hierarquia, além de processos de normalização e marginalização.

Há de se lembrar que o conceito de gênero é tributário da segunda onda do movimento feminista. Sua ideia central remete aos escritos da filósofa Simone de Beauvoir ([1949] 2009), frequentemente resumidos na máxima "Não se nasce mulher, torna-se mulher". A princípio, gênero foi apropriado por feministas estadunidenses dos anos 1970 como um complemento da noção de sexo, ainda sustentando a díade sexo/gênero (ver RUBIN, 1993). Antes, o termo *gender* já era utilizado no âmbito gramatical para designar palavras masculinas, femininas ou neutras, além

---

[2] Ainda que reconheçamos a importância que a orientação sexual tem sobre a construção do gênero (ver BUTLER, 2010), não abordaremos neste texto aspectos relativos à sexualidade e ao desejo sexual.

de ter sido adotado por psicólogos funcionalistas como John Money e Robert Stoller para designar identidades sexuais não conformes ao sexo de nascença, com forte caráter patologizante do qual a apropriação da crítica feminista se distancia. Logo, o que as feministas fizeram, interessadas em "contestar a naturalização da diferença sexual em múltiplas arenas de luta" (HARAWAY, 2004, p. 211), foi trazer esse conceito da área linguística para a militância e, posteriormente, para a produção de conhecimento. Pelo menos uma década mais tarde, desenvolveu-se a crítica a essa visão que mantinha a dualidade sexo/gênero e, consequentemente, a suposta naturalidade das distinções sexuais, abrindo espaço para a conceituação de gênero tal como utilizamos neste trabalho. A respeito dessa transição, Carvalho (2011) resume que:

> [...] são as formas sociais de compreensão da diferença e da semelhança entre homens e mulheres que determinam as maneiras como o corpo é apreendido, abandonando-se completamente a ideia de uma base natural fixa sobre a qual agiria a cultura (CARVALHO, 2011, p. 102).

Partindo dessa perspectiva, traz-se para o primeiro plano o papel das diferenças percebidas entre os sexos na construção de um sistema simbólico e cultural. Para Joan Scott (1995, p. 86), gênero, mais do que se referir às mulheres ou às relações entre homens e mulheres, é um elemento constitutivo das relações sociais – um conjunto de significados e símbolos construídos sobre a base da percepção das diferenças sexuais e que dá sentido a relações de poder. Ainda, a autora chama a atenção para o gênero como uma categoria de análise histórica – em vez de meramente descritiva – pensando, como historiadora, a potencialidade do conceito na compreensão de que mulheres e homens não seriam categorias fixas: antes, seriam perguntas (SCOTT, 1999). Trocando em miúdos, se existe algum potencial analítico no conceito de gênero, ele reside, para Scott (2010), em questionar como os sentidos atribuídos aos corpos sexuados são construídos de modo relacional e como esses significados podem ser interrogados, rompidos ou transformados. Trata-se, conforme defende Judith Butler (2010), de efetuar uma desnaturalização do sexo, retirando-o de seu estatuto pré-discursivo e, consequentemente, a-histórico.

Em suma, gênero como conceito é um instrumento teórico, produto do desenvolvimento do pensamento feminista a partir da segunda metade do século passado, para designar as construções sociais sobre o masculino e o feminino, inspiradas nos questionamentos da segunda onda do movimento.

Em pouco tempo, o conceito de gênero se transformou em uma importante ferramenta analítica e política, por meio da qual se buscaram desnaturalizar as opressões de gênero, desconstruir verdades absolutas e aparentemente imutáveis sobre os sexos e derrubar falsas fronteiras que encerram os sujeitos em estereótipos sexuais. Importa enfatizar que essa perspectiva não nega o caráter bissexuado da reprodução, embora tampouco se restrinja a ele. Antes, assevera que essa constatação não basta para explicar a organização social da vida humana em uma dicotomia sexual que, aparentando certo grau de naturalização, torna imune, ao questionamento político, uma gama de desigualdades e opressões. Lançadas oportunamente sobre a natureza, elas camuflam da ação humana seus reais mecanismos – sociais e culturais – de produção e perpetuação.

Estatísticas de sexo, relações de gênero

Longe de ser um procedimento meramente técnico, a produção de estatísticas oficiais mediante a realização de censos demográficos e a sistematização de registros administrativos refletem projetos políticos que se transparecem nas questões elaboradas, nas técnicas empregadas, no universo de pesquisa compreendido e nas opções de respostas oferecidas (FERRÁNDEZ; KRADOLFER, 2012). Para se aproximar de alguma classificação da população brasileira segundo o sexo, é necessário eleger quais categorias sociais se pretende tornar visível em detrimento de outras e, assim, influenciar a construção de lentes através das quais a própria sociedade poderia se enxergar em termos de relações de gênero. Daí decorre que aquelas duas categorias – masculino e feminino como sinônimos de homem e mulher, respectivamente – não são (e nem poderiam ser) fruto de uma percepção objetiva da demografia brasileira, senão reflexo de uma determinada concepção política e cultural, que, em dada circunstância histórica, foi legitimada como um indicador da realidade social.

Essa reflexão se aplica integralmente aos campos empregados para a classificação étnico-racial da população, tais como apontam inúmeros estudos que de forma inequívoca revelam o caráter socialmente construído da cor e da raça como categorias sociais (e.g. GUIMARÃES, 2009; OSÓRIO, 2003; PETRUCCELLI, 2013; PIZA; ROSEMBERG, 2012). Porém, diferentemente do que ocorre com sexo, o aspecto cultural do quesito cor/raça costuma ser facilmente reconhecido no Brasil. Não à toa, é frequente a retórica de que as raças inexistem na medida em que não há critérios suficientemente objetivos para a classificação racial – argumento que, prestando ao silenciamento de disparidades sociais, disputa *vis-à-vis* as reivindicações do movimento negro à inclusão ou não do campo cor/raça nos instrumentos de coleta, a divulgação ou não de indicadores sociais desagregados, a formação ou não de um *corpus* teórico-metodológico sobre esse construto, etc. Não parece haver exemplo melhor de como pressupostos político-culturais orientam a geração de estatísticas oficiais e, com isso, a promoção de tais temáticas no debate público.

Nessa linha, a aparente naturalidade do binômio masculino-feminino na classificação sexual da população revela o grau de naturalização de uma concepção bipolar das relações de gênero. No entanto, Nicholson (2000) define que *sexo é, antes de tudo, gênero*; o primeiro encontra-se subsumido ao segundo, no sentido de que não há percepção das diferenças sexuais e reprodutivas na espécie humana que se dê à parte de uma construção social sobre essas mesmas percepções. Por essa razão, a autora sugere que o corpo seja entendido como "uma variável historicamente específica cujo sentido e importância são reconhecidos como potencialmente diferentes em contextos históricos variáveis" (p. 36), sem ignorar, como bem alerta Anne Fausto-Sterling (2000), que aspectos da materialidade dos corpos – anatômicos, fisiológicos, hormonais, etc. – não podem ser entendidos estritamente como artificialidades, senão como dimensões cujas funcionalidades por vezes impõem restrições aos sistemas simbólicos operados pela sociedade. O ponto é, segundo a mesma autora, que "tratar da sexualidade humana requer uma noção de materialidade. No entanto, a própria ideia de material já nos chega contaminada, contendo pré-noções sobre a diferença sexual" (p. 23, tradução do autor).

Isso posto, reconhecer que o sexo é socialmente construído não significa defender que o dualismo sexual seja meramente um acidente discursivo, ou um viés interpretativo, como se o binômio masculino-feminino existisse estritamente no plano da linguagem e que, por meio de técnicas desconstrucionistas, pudesse ser extirpado das relações sociais. O dualismo sexual se apresenta como forte e duradouro precisamente por não se constituir como mero artifício discursivo, e sim como uma *estrutura social*, no sentido de um padrão de relações sociais que se mantém no espaço e no tempo com forte caráter conservador, embora também acomode tensões e esteja sujeito a mudanças (CONNELL; PEARSE, 2015, p. 47). Essa estrutura se alicerça e se edifica em processos históricos, na divisão social do trabalho, nos marcos jurídicos e também, certamente, no plano do discurso, da linguagem e da cultura. É aqui que a estatística de sexo ganha sua relevância.

Uma vez que o sexo é estruturado ao longo da história em um emaranhado de relações de gênero, e há tempos é traduzido como uma informação passível de coleta nos questionários de pesquisas estatísticas e formulários de registros administrativos, é válido se perguntar acerca de sua natureza ontológica. Sexo, como uma característica individual da população, existe binariamente como um componente que organiza as sociedades humanas; em vista disso, é passível de ser apreendido por instrumentos de pesquisa a fim de se gerarem dados quantitativos. Sexo, já como uma variável, capta o registro civil dos indivíduos, atribuído a nós inclusive antes do nascimento com base em um processo assentado, sobretudo, na percepção das particularidades anatômicas dos órgãos genitais. Justamente porque essa percepção é orientada pelas relações de gênero, o registro civil do sexo de nascença não pode ser visto como um indicativo direto e inequívoco de gênero – ou, segundo a provocação de Beauvoir (2009), o sexo feminino não encerra a mulher, pois a ela cumpre participar da feminilidade. É por isso que, nos dizeres de María Jesús Izquierdo (1994, p. 45), é um uso errôneo e incongruente tratar as estatísticas de sexo como "estatísticas de gênero".

Seguindo essa linha de raciocínio, é possível admitir que a produção de estatísticas sobre a categoria "sexo" obtém uma informação sociodemográfica de importância entre a população ao mesmo tempo em que a legitima como tal. Trata-se de uma operação de mão dupla: coletam-se dados sobre uma característica populacional que organiza os indivíduos em um dualismo sexual, de modo que a própria geração desse dado subsidie um aparato institucional que também se organiza em torno do mesmo dualismo. Daí a existência de uma relação dialética entre o sexo como um aparato individual – biológico e social, *estruturado pelas* relações de gênero e *estruturante das* relações de gênero – e o gênero como uma construção social cujos sentidos transcendem para relações de poder que guardam pouca associação com os aspectos sexuais e reprodutivos.

Mais do que *ser* importante, sexo é *tornado* importante, como acontece, aliás, com tudo aquilo a que se atribui importância. É parte constitutiva das relações de gênero a aparente inscrição de sexo como uma realidade objetivada, como se a classificação dos indivíduos em macho e fêmea não aludisse, de imediato, a uma determinada concepção sobre as diferenças sexuais tais como apreendidas social e culturalmente. Se o sexo alude a gênero, sem deixar de ser, no fundo, sexo, então é necessário desatar esse nó para pensar a utilidade prática dos conceitos de sexo e gênero na pesquisa. Quando utilizar um, quando utilizar outro? Ou, posto de outra forma, que lugar sexo ocupa em uma análise de gênero?

Qual é o lugar do sexo nas análises de gênero?

Por tratar de relações de poder, gênero se estrutura em diferenças e desigualdades, daí porque uma análise de gênero tem, entre seus objetivos, a compreensão de como as relações de gênero produzem (e reproduzem) desigualdades e hierarquias. De acordo com Anthony Atkinson (2016), toda enunciação de desigualdade deve responder a duas perguntas basilares: desigualdade *do que* e *entre quem*? A primeira nos remete ao objeto da desigualdade; a segunda, à unidade de análise. Há uma miríade de objetos da desigualdade tais como renda, riqueza, expectativa de vida, escolaridade, posse de bens culturais, etc., cuja distribuição pode ser comparada entre distintos grupos sociais: homens e mulheres, brancos e negros, nativos e imigrantes, jovens e idosos, paulistas e cearenses, etc. Logo, o primeiro passo para realizar uma análise de gênero é delimitar o objeto e a unidade de análise do que se está abordando. Tratar de "desigualdade de gênero", sem maiores explicações, é inespecífico como um quadro analítico de disparidades sociais; afinal, quem é o sujeito e qual é o objeto dessa desigualdade?

Se "desigualdade de gênero" significar "desigualdade entre os sexos", então a categoria sexo responde o *entre quem* da pergunta anterior. Resta definir *o quê*, o objeto. Desigualdade de renda entre os sexos? Desigualdade educacional entre os sexos? Desigualdade de condições habitacionais entre os sexos? As possibilidades são inúmeras e dependem fundamentalmente dos interesses de pesquisa em questão. Em todos os exemplos acima, tem-se o gênero como uma categoria descritiva, isto é, uma estratégia de descrever diferenças e desigualdades entre os sexos, sem que a própria categoria sexo seja colocada como objeto de análise; antes, ela é um estrato, uma perspectiva, uma desagregação.

Fazendo um paralelo com a sistematização de Scott (1995), os usos descritivos de gênero contemplam, de modo geral, três abordagens: (a) gênero como sinônimo de mulheres; (b) gênero como uma comparação das diferenças entre homens e mulheres; (c) gênero como um aparato sociocultural construído sobre uma divisão bissexuada da sociedade. Ainda que esses usos tenham sua importância, eles não encerram os potenciais analíticos do conceito de gênero, na medida em que tomam o binômio masculino-feminino como objetos dados, pré-analíticos, mesmo que se atente às disparidades sociais entre os sexos – em poucas palavras, Barrie Thorne (1993, p. 95) usaria a metáfora do "trilho" sobre o qual boa parte das pesquisas em gênero caminha, respeitando a doxa da descrição e crítica das diferenças sexuais, por sua vez irredutíveis. Porém, para se criticar a regra, é preciso conhecê-la: aí que entram os dados quantitativos. Com isso, chegamos a uma *primeira conclusão*: as estatísticas de sexo fornecem insumos para uma análise de gênero, na medida em que permitem usos descritivos do conceito de gênero com fins exploratórios sobre os sexos masculino e feminino.

Ao lado da categoria sexo, outras variáveis devem subsidiar uma análise de gênero. Partindo do pressuposto de que a construção social do sexo não emana dos caracteres sexuais e reprodutivos da espécie humana, mas de uma organização social em torno dos sexos e para além deles, torna-se notório que uma análise de gênero deve trazer à baila os condicionantes da posição social e, consequentemente, das diferenças vivenciadas por indivíduos entendidos como mulheres e homens. Daí decorre a relevância de se abarcarem construtos como os afazeres domésticos, a divisão sexual do trabalho, os rendimentos e a inserção no mundo laboral, os direitos reprodutivos, o acesso ao ensino superior, o direito à creche, os arranjos familiares, a longevidade, a violência urbana, a nupcialidade e fertilidade, etc. – em todos esses casos, é pré-requisito que os dados sejam disponibilizados por sexo e, preferencialmente, permitam o cruzamento com outros atributos individuais e contextuais dos sujeitos de pesquisa. Exemplo de algumas dessas possibilidades se encontram na publicação *Estatísticas de Gênero* (IBGE, 2014), em que, malgrado a escolha do título, os números do Censo Demográfico 2010 são explorados de modo a apresentar indícios das situações masculina e feminina em tópicos como habitação, família, migração, deficiência, educação, mercado de trabalho e rendimento. Como temos afirmado, essa abordagem não encerra uma análise de gênero, embora a subsidie com fontes de dados e informações. Deriva daí uma *segunda conclusão*: por ser a análise de gênero um procedimento que reflete, engloba e esmiúça as relações de gênero, a investigação da teia de relações sociais sobre as quais se estrutura gênero demanda um olhar sobre variadas dimensões sociais e, consequentemente, diversos construtos de ordem social.

Assim, ao que tudo indica, os caminhos para uma análise de gênero a partir dos dados quantitativos não estão no segundo elemento – os dados quantitativos propriamente ditos –, e sim no primeiro: *o esforço teórico-reflexivo sobre gênero*, o qual, por sua vez, poderá se apropriar de uma gama de subsídios, entre as quais as descritivas sobre a variável sexo, os cruzamentos entre sexo e demais categorias, as análises de indicadores sociais segundo o sexo, o emprego do sexo como variável independente em modelos estatísticos, outros construtos que tangenciam questões de gênero, etc. Entendemos que uma análise de gênero é um procedimento qualitativo. Logo, não há análise de gênero possível que decorra diretamente da interpretação da variável sexo ou de qualquer outra variável que perpasse construtos relacionados. Rememoremos a socióloga Teresita de Barbieri (1993, p. 12), para quem a importância da variável sexo se resume a ser uma referência próxima e imediata a gênero, ainda que se deva reconhecer que o primeiro não basta, como categoria, para uma análise do segundo. Esta necessariamente deverá ir além da leitura dos números, os quais poderão fornecer, no máximo, uma descrição mais ou menos detalhada sobre as diferenças entre os sexos e, dependendo da análise empreendida, dentro do mesmo sexo. Aqui, alcançamos nossa *terceira e última conclusão*: extrapolar essa dimensão significa assumir o caráter eminentemente qualitativo de uma análise de gênero.

Para que fique clara nossa posição, não há nada de inadequado ou ilícito em gerar descritivas da variável sexo. É preciso reconhecer que, a depender do recorte teórico-metodológico adotado, a categoria gênero é dispensável para uma análise quantitativa baseada no sexo dos indivíduos. Porém, ao que parece, existe certo constrangimento, por parte de pesquisadores alinhados aos estudos de gênero, em descrever o comportamento da variável sexo assumindo-a como a única categoria para tal projeto. Essa ocorrência é visível em pesquisas que, operando com a distribuição de frequências de indicadores sociais entre homens e mulheres, afirmam a realização de uma "análise de gênero" quando esta corresponde estritamente à contagem de indivíduos segundo o sexo. Equívocos como este são particularmente sensíveis em pesquisas que lançam mão exclusivamente de dados quantitativos, uma vez que o esforço de interpretação de sentidos e significados sobre a construção social do sexo envolve considerações que não são linearmente dedutíveis dos números.

Conforme sintetizou Peter Berger (1983, p. 41), "a perspectiva sociológica envolve um processo de ver além das fachadas das estruturas sociais"; afinal, é do desejo de revelar os mistérios por trás de tais fachadas que emana a curiosidade sociológica. Como parte desse processo, o autor defende que: "Por si só, dados estatísticos não constituem sociologia. Só se tornam sociologia quando sociologicamente interpretados, quando situados dentro de um quadro teórico de referência que seja sociológico" (p. 20).

Esse trecho reforça a noção de que os números devem ser vistos como um recurso para a produção do conhecimento, e jamais com uma finalidade em si, de modo que os dados quantitativos nada mais podem fornecer que aportes para uma teorização sociológica (GOLDTHORPE, 2017), em nosso caso, sobre as relações de gênero. Portanto, *o lugar que a variável sexo ocupa em uma análise de gênero é basicamente empírico e descritivo.*

Considerações finais

É possível fazer uma análise de gênero a partir de dados quantitativos? Por um lado, *não*, se o que se espera é extrair da interpretação dos números os elementos analíticos das relações de gênero. Por outro lado, *sim*, se se entender que os dados fornecem subsídios, tanto pelas descritivas da variável sexo quanto pela análise de outros construtos que perpassam as relações de gênero. Por mais frustrante que essa resposta possa eventualmente parecer, ela nos alerta para não tomarmos a contagem de homens e mulheres como uma análise de gênero propriamente dita, e deixar explícito qual é o objeto e a unidade de análise da pesquisa. Há um amplo leque de perguntas que compreende uma diversidade de objetos e recortes de pesquisa, nem todos podendo ser operacionalizados em construtos passíveis de mensuração. Essa problemática, contudo, não pode ser respondida *a priori*, e dependerá das estratégias adotadas pelo pesquisador para melhor aproximar-se de seu objeto de estudo.

Sem a pretensão de esgotar as possibilidades, retomo nossas três principais conclusões para sugerir caminhos para uma pesquisa que visa pensar as relações de gênero a partir dos números: (1) as estatísticas de sexo fornecem insumos para uma análise de gênero; (2) uma análise de gênero compreende os condicionantes das relações sociais de produção do gênero como uma estrutura social; (3) a natureza de uma análise de gênero é eminentemente qualitativa, abstrata, teórica, e como tal deve ser tratada. Por esses motivos, estudar gênero demanda necessariamente uma apropriação teórico-conceitual que vai além de qualquer análise, de maior ou menor grau de sofisticação, a partir da categoria sexo. A rigor, a caracterização de distinções entre os sexos não é o objeto de uma análise de gênero, e sim os mecanismos pelos quais os sexos se produzem como tais; afinal, como argumentamos ao longo do texto, a descrição das diferenças e desigualdades entre homens e mulheres coloca sexo como uma *unidade de análise*, ao passo que o conceito de gênero tem como fim colocar o sexo como o *objeto* mesmo da análise. Em ambos os casos, é fundamental que as estatísticas permitam visualizar diferenças de acesso a bens materiais e simbólicos entre os sexos, uma vez que as relações de poder – de gênero – organizam-se sobre o dualismo sexual.

Gênero fornece um quadro investigativo das formas específicas de organização social das diferenças sexuais, deixando de tratá-las ora como estruturas estanques – fruto da "diferença natural entre os sexos" ou da "natural diferença entre as culturas", diria Pierucci (1999) –, ora como variações de uma essência biológica ou cultural cujos mecanismos já se pretendem conhecidos. Referenciando novamente Scott (2010, p. 10, tradução minha), gênero é "um convite para se pensar criticamente sobre como os significados sobre os corpos sexuados são produzidos em relação ao outro, e como esses sentidos são construídos e modificados". Nesse sentido, o foco não reside em descrever papéis associados a mulheres e homens, e sim em interrogar a própria construção da diferença sexual.

Não obstante, a produção de estatísticas de sexo tem como pressuposto o binário de gênero, dado que a organização social da vida humana em dois sexos gera, como um de seus efeitos, um registro civil que parte da mera constatação da genitália do recém-nascido para a assunção completa de um gênero, inscrito em uma história que vai muito além do percurso de vida de cada pessoa: antes de existir no indivíduo, sexo e gênero existem na sociedade. Assim, o que se pretende com essa discussão não é ignorar a importância da variável sexo, e sim entender que ela é um ponto de partida para ir além. Dados quantitativos nos fornecem pouco mais que evidências em torno do dualismo sexual, cabendo ao pesquisador mobilizá-las para colocar em prática, ciente dos limites possíveis, os usos analíticos de gênero que inevitavelmente estarão fora do alcance empírico dos números.

O uso de bases de dados na compreensão das desigualdades por sexo e cor/raça na educação brasileira: desafios e potencialidades

Amélia Artes

Nas últimas décadas, uma série de mudanças na forma de organização da sociedade vem alterando a relação das pessoas entre si e com as diversas tecnologias (computadores, smartphones), assim como, o uso de diferentes redes de relacionamento e compartilhamento de informações e notícias, as valorizadas e criticadas "redes sociais". Dessa forma, as diferentes "Tecnologias da Informação" adentram a vida privada e pública das pessoas e são material de entretenimento e de troca de informações.

Na área da educação não tem sido diferente. Considerando apenas a dimensão mais acadêmica, o progresso observado e a facilitação do acesso a informações quantitativas têm permitido que um profissional sem conhecimento de programação, computação ou estatística usufrua de informações disponibilizadas em sites abertos de pesquisa ou por instituições públicas e privadas de produção de estatísticas. O lado humano dessa relação continua sendo o exercício de um constante senso crítico com referência aos números produzidos: o quanto eles ajudam a compreender uma dada realidade? Descrevem diferenças ou desigualdades sociais? Indicam mudanças ou a manutenção de características e realidades sociais?

Neste capítulo, vamos focar na descrição de informações quantitativas que dialogam com a área da educação. Em especial com os trabalhos do Instituto Nacional de Estudos e Pesquisas Educacionais Anísio Teixeira (INEP) e do Instituto Brasileiro de Geografia e Estatística (IBGE), duas das mais conhecidas instituições produtoras de estatísticas na área educacional. No caso do IBGE, essa produção decorre de pesquisas desenvolvidas para caracterização da situação social e econômica da população brasileira, em especial os Censos Demográficos e as Pesquisas Nacionais por Amostra de Domicílios (PNAD).

O objetivo do estudo é problematizar de que forma as informações contidas nessas bases de dados podem ser utilizadas por profissionais nas áreas sociais e da educação, em especial nos estudos que discutem as desigualdades educacionais a partir de marcadores sociais de sexo e cor/raça nas diferentes etapas de escolarização. De forma geral, as informações quantitativas, captadas em pesquisas macrossociais do IBGE ou pesquisas específicas realizadas pelo INEP, indicam que são os homens e os negros que apresentam os piores resultados educacionais.

As fontes de dados

O IBGE foi criado durante a ditadura de Getúlio Vargas, no ano 1936, em um Estado marcado pela centralização e burocratização. Anteriormente, as atividades de pesquisas sobre a população eram produzidas pela Diretoria Geral de Estatísticas, criada durante o Império, em 1871, e responsável pela primeira contagem populacional, realizada em 1872.

Os primeiros *Census,* definidos como um conjunto de dados estatísticos dos habitantes de uma cidade, província, estado ou nação, datam do século XVII, ocorreram na Islândia e Noruega e apresentavam três sentidos: o militar, para a formação de exércitos; o fiscal, para cobrança de impostos; o político, utilizado para a distribuição de poder. O modelo que conhecemos, com periodicidade decenal e realizado em anos com final zero, foi organizado a partir de 1790 nos Estados Unidos, passando a servir de padrão das pesquisas censitárias.

O IBGE é uma entidade da administração pública federal, vinculada ao Ministério do Planejamento, Desenvolvimento e Gestão e que tem por missão identificar e analisar o território, dimensionar aspectos da vida econômica e da inserção no trabalho e na produção revelando um grande conjunto de informações que caracterizam a população brasileira.[1]

O Censo Demográfico é a única pesquisa que visita todos os domicílios brasileiros e dessa forma permite conhecer detalhadamente a situação de vida da população. Considerando o último realizado em 2010, foram visitados cada um dos 5.565[2] municípios brasileiros, envolvendo cerca de 230 mil pessoas

---

[1] Disponível em: <http://bit.ly/2ucqMxK>. Acesso em: 7 maio 2019.
[2] Em 2010 eram 5565, atualmente são 5570.

em todas as etapas de realização e finalização. A unidade de coleta são os domicílios que podem responder a um dos dois instrumentos da pesquisa:

- Questionário Básico (ou do Universo)[3] – composto por 37 quesitos: aplicado a todas as unidades domiciliares, exceção àquelas selecionadas para a amostra.
- Questionário da Amostra[4] – 108 quesitos: além das perguntas do questionário básico, abrange um grande "leque" de informações sociais, econômicas e demográficas de seus moradores.

A seleção dos domicílios que comporão a amostra é aleatória. Aproximadamente 11% dos domicílios (cerca de 6,1 milhões) responderam, em 2010, ao questionário da amostra. A data de referência foi o dia 10 de agosto; dessa forma, independentemente do dia em que cada residência é visitada, as informações são coletadas para essa data.

Por ser uma pesquisa decenal, as análises intercensos envolvem um intervalo grande de tempo. Para estudos de realidade atual, utiliza-se a Pesquisa Nacional por Amostra de Domicílios (PNADs). Aplicada desde 1967, é influenciada pelos modelos de estudo desenvolvidos nos Estados Unidos nos anos 1960 (U.S. Bureau of the Census), que pretendiam disseminar, nos países latino-americanos, um sistema integrado e contínuo de pesquisas domiciliares para produção tanto de dados de interesse nacional quanto para a comparabilidade internacional.

De sua criação até a atualidade, as PNADs apresentam diferenciais de periodicidade e cobertura. A partir de 2012 passam a ter uma periodicidade mensal, constituindo-se a PNAD Contínua. Segundo o IBGE:

> [...] Entre os principais objetivos dessa pesquisa encontra-se a produção de informações contínuas sobre a inserção da população no mercado de trabalho associadas a características demográficas e de educação, e, também, para o estudo do desenvolvimento socioeconômico do País, agregando a produção de resultados anuais sobre temas permanentes da pesquisa (como trabalho infantil, outras formas de trabalho, migração, fecundidade, etc.), além de outros aspectos relevantes selecionados de acordo com as necessidades de informação. Assim, a PNAD Contínua engloba os objetivos da

---

[3] Disponível em: <http://bit.ly/38kxlgv>. Acesso em: 8 maio 2019.
[4] Disponível em: <http://bit.ly/38iGh62>. Acesso em: 8 maio 2019.

Pesquisa Nacional por Amostra de Domicílios – PNAD e da Pesquisa Mensal de Emprego – PME. Com o encerramento da PME, a PNAD Contínua passará a ser a única pesquisa domiciliar do IBGE de referência para os indicadores oficiais de curto prazo sobre a força de trabalho do País, a partir da divulgação dos resultados do primeiro trimestre de 2016 (IBGE, 2019).[5]

Na PNADc a educação é tratada no 2º trimestre de cada ano, e seus 14 quesitos permitem a caracterização educacional dos indivíduos a partir dos 5 anos de idade. As perguntas se assemelham às dos Censos Demográficos.[6] O tamanho da amostra se aproximou, em 2018, dos 220 mil domicílios.

As informações sobre os Censos e PNADs estão disponibilizados pelo IBGE em sua página na internet. Além disso, um amplo conjunto de sinopses e sínteses de indicadores permite um acesso direto a um extenso conjunto de tabelas e gráficos que podem ser utilizados por pesquisadores sem familiaridade com microdados. Duas ferramentas também possibilitam um acesso amigável às informações: o Sistema IBGE de Recuperação Automática (SIDRA)[7] e o Banco Multidimensional de Estatísticas (BME).[8]

O SIDRA proporciona o acesso gratuito a dados agregados, através da geração de tabelas, de estudos e de pesquisas do IBGE para a sociedade em geral. Dessa forma, tem-se acesso aos dados em séries temporais e por níveis territoriais desagregados. Em 2019 estão disponibilizadas 33 pesquisas, 371 variáveis agregadas e 972 tabelas, em um total de 615 milhões de variáveis.

O BME é uma base de dados, de um conjunto amplo de pesquisas do IBGE, formatado por microdados e que possibilita ao usuário o cruzamento no próprio sistema de um amplo conjunto de variáveis, organizadas em períodos temporais e permitindo a desagregação até os municípios (para os Censos Demográficos). A interface web do BME é de manuseio bastante simples e autoexplicativo.

A terceira base de informações que discutiremos são produções do Instituto Nacional de Estudos e Pesquisas Educacionais Anísio Teixeira (INEP), com foco nos Censos da Educação Básica e Superior.

O INEP foi criado em 1937, com o nome de Instituto Nacional de Pedagogia (INP). Em 1952 assumiu a direção do Instituto o professor

---

[5] Para mais informações, ver: <http://bit.ly/2TxuTiL>. Acesso em: 8 maio 2019.
[6] Disponível em: <http://bit.ly/2G1e33G>. Acesso em: 8 maio 2019.
[7] Para mais informações, ver: <http://bit.ly/2NBJd63>. Acesso em: 8 maio 2019.
[8] Para mais informações, ver: <http://bit.ly/2R0nnLF>. Acesso em: 8 maio 2019.

Anísio Teixeira, que passou a dar ênfase ao trabalho de pesquisa. Em 1972 o INEP foi transformado em órgão autônomo, passando à denominação atualmente conhecida e concentrando a responsabilidade pela realização de levantamentos da situação educacional do país.

Dos diferentes levantamentos e pesquisas produzidos pelo INEP, dois serão aqui trabalhados: o Censo Escolar da Educação Básica e o Censo da Educação Superior.

O Censo Escolar inicia a coleta de informações por escolas em 1996. Segundo Senkevics, Machado e Oliveira (2016):

> O Censo Escolar da Educação Básica é um levantamento de dados educacionais de âmbito nacional, que ocorre com periodicidade anual. É coletado de modo descentralizado, em regime de colaboração entre União, estados, Distrito Federal e municípios e tem caráter declaratório. O preenchimento do Censo Escolar é obrigatório para todas as escolas públicas e privadas, de acordo como o Decreto nº 6.425/2008, de modo que os diretores e dirigentes dos estabelecimentos de ensino devem responder ao Censo e se responsabilizar pela veracidade dos dados informados. Além de coletar informações sobre escolas, turmas, profissionais escolares em sala de aula e estudantes nas diversas etapas da educação básica, o Censo também colhe dados relacionados ao movimento e ao rendimento escolar (transferência, aprovação, reprovação e abandono) (SENKEVICS; MACHADO; OLIVEIRA, 2016, p. 20).

A partir de 2007 duas mudanças foram adotadas no Censo Escolar: as informações passaram a ser obtidas, tratadas e disseminadas de forma informatizada (Educacenso); e a coleta passou a ser organizada em quatro módulos (escolas, docentes, turmas e alunos) permitindo uma melhor, mais segura e ágil caracterização das informações disponibilizadas e da realidade educacional brasileira. O questionário do módulo aluno apresenta um conjunto de trinta quesitos que envolvem tanto a caracterização do aluno (sexo, cor/raça, nacionalidade, país de origem, unidade da federação e município de nascimento, se possui e qual tipo de deficiência, informações sobre documentação) como turma e etapas frequentadas, uso e tipo de transporte escolar e forma de ingresso dos alunos (apenas para as escolas federais).[9]

No site do INEP está disponível um conjunto de produções e dados organizados de forma a auxiliar pesquisadores e gestores interessados nos

---

[9] Informações referentes ao questionário de 2018, disponível junto aos microdados.

resultados do Censo. Os microdados também podem ser acessados. Na base dos microdados, um conjunto de 92 variáveis permite um extenso leque de análises a partir do cruzamento de dados dos alunos, turma (duração, modalidade) e dados da escola (localização, dependência, categorias e tipos de convênios).

O Censo da Educação Superior, realizado desde 1995, com periodicidade anual, inicialmente apresentava as informações no módulo "instituições de ensino"; a partir de 2009 passou a dispô-las em quatro módulos: "alunos", "docentes", "cursos" e "Instituições de Educação Superior" (IES). No questionário do módulo "alunos", 31 quesitos exploram as características demográficas, vínculo com o curso, e a categoria de escola de frequência no Ensino Médio (pública ou privada). O instrumento também apresenta 11 quesitos que permitem a caracterização dos estudantes nos aspectos de forma de ingresso/seleção; participação em programas de reserva de vagas; financiamento estudantil e apoio social.[10] Esses quesitos permitem uma análise aprofundada das políticas de ação afirmativa, que caracterizam o acesso ao ensino superior nas últimas décadas.

Comparação entre as bases

É possível comparar as informações educacionais presentes em diferentes bases de dados, considerando neste estudo as originárias do IBGE e INEP? A resposta imediata é não.

Enquanto as pesquisas do IBGE são universais (Censos) ou amostrais (PNADs) e têm por unidade de informação os domicílios e seus moradores, os levantamentos do INEP têm por unidade amostral as escolas (Censo Escolar) ou Instituições de Ensino Superior (Censo da Educação Superior) que coletam e repassam as informações de seus estudantes. Por isso, apesar de usarmos a nomenclatura "censos escolares", para ser mais cuidadosos, deveríamos chamá-los de "registros administrativos". Enquanto nas pesquisas do IBGE trabalha-se com "pessoas que frequentam determinada etapa ou modalidade", no INEP a unidade é matrículas/estudantes. As nomenclaturas das diferentes etapas de escolarização também divergem: nos Censos Demográficos ainda perduram as classes de alfabetização[11] que não estão presentes nos Censos Escolares.

A Tabela 1 apresenta uma comparação entre as bases do IBGE e INEP.

---

[10] Informações referentes ao questionário de 2016, disponíveis junto aos microdados.
[11] Segundo a definição do IBGE, Classes de Alfabetização referem-se a cursos de alfabetização de crianças. Disponível em: <http://bit.ly/37fpAs4>. Acesso em: 9 maio 2019.

TABELA 1

Número de pessoas frequentando/matriculadas nas etapas ou modalidades da Educação Básica – Brasil, 2010

IBGE (A)		INEP (B)		Diferença (A-B)	
Etapa ou Modalidade	N	Etapa ou Modalidade	N	N	variação (A-B) / B
Creche	2.221.948	Creche	2.074.579	147.369	7,1%
Pré-escola	5.125.568	Pré-escola	4.717.516	408.052	8,7%
Total Educação Infantil	7.347.516	Total Educação Infantil	6.792.095	555.421	8,2%
Classe de alfabetização	2.834.199	-	-	2.834.199	-
Regular EF 1	14.759.064	EF 1	16.893.490	-2.134.426	12,6%
EF não seriado	142.653	-	-	142.653	-
Regular EF 2	14.031.841	EF 2	14.254.717	-222.876	1,6%
Total Ensino Fundamental	28.933.558	Total Ensino Fundamental	31.148.207	-2.214.649	7,1%
Regular EM	8.875.543	EM	8.358.647	516.896	6,2%
Total Educação Básica regular	47.990.816	Total Educação Básica regular	46.298.949	1.691.867	3,7%

Fonte: Microdados do Censo Escolar 2010; Microdados do Censo Demográfico (ARTES; UNBEHAUM, 2015).

A última coluna apresenta a diferença entre as bases, com um acréscimo de estudantes no INEP na Educação Fundamental 1 de 12,6%, resultado da existência das classes de alfabetização no IBGE. Na Educação Infantil (creche e pré-escolar ou pré-escola) os valores encontrados no IBGE superam o INEP em 7,6%. Dessa forma, não se pode comparar as bases do IBGE e do INEP no tocante ao número de pessoas.

Da mesma maneira, as informações dos Censos Demográficos e das PNADs não podem ser comparadas, por possuírem desenhos amostrais e características diferentes. As informações dos Censos, pelo tamanho das amostras utilizadas, são mais consistentes para as desagregações feitas para variáveis com menor número de observações. Isso não significa, muito pelo contrário, que não devemos utilizar informações oriundas das PNADs, que permitem, inclusive, a construção de séries históricas importantes na análise das mudanças educacionais observadas entre Censos. É apenas um lembrete para que os resultados sejam analisados de forma cuidadosa e sempre se levando em conta as particularidades das pesquisas pelas quais os dados foram obtidos.

Por fim, com as mudanças realizadas no desenho das PNADs, transformadas em PNAD Contínua em 2012, a construção das séries históricas também merece atenção. Em entrevista ao jornal *O Estado de S. Paulo*,[12] Marcelo Pessoa, do Instituto Unibanco, ressalta o cuidado que se faz necessário na utilização dos dados das duas PNADs:

> [...] ao comparamos as estimativas produzidas pela PNAD em 2015 com as estimativas produzidas pela PNAD Contínua em 2016, para a taxa líquida de matrícula no Ensino Médio, observamos um crescimento anual de 6,1%, quando na realidade, esse crescimento é de 3,6% se utilizarmos as estimativas produzidas pela PNAD Contínua em 2015 e 2016 (*O Estado de São Paulo*, 18/08/2017).

Dessa maneira, ao usar as informações na construção de séries históricas uma atenção especial deve ser dada, lembrando que os valores encontrados para as duas PNADs não podem ser associados diretamente.

Como a cor/raça aparece nas pesquisas

Como temos por foco a compreensão das desigualdades por sexo e cor/raça, vale a pena refletir, mesmo que de forma sucinta, sobre a construção do quesito cor/raça nos diferentes levantamentos.

A caracterização racial é definida no Brasil a partir de traços fenotípicos, que envolvem não apenas a cor da pele, como outros elementos físicos, associados a aspectos regionais, econômicos, culturais e históricos (FONSECA, 2004).

Um dos problemas encontrados no sistema de classificação racial brasileiro decorre do fato de sua ênfase no fenótipo favorecer a mobilização do preconceito de marca existente no país, nos termos sugeridos por Nogueira (1998, 2007). Isso colabora para dificultar a compreensão de que "[...] não há nada de espontaneamente natural nem inerente nos traços fenotípicos destacados para constituir uma cor" (PETRUCCELLI, 2007,

---

[12] Disponível em: <http://bit.ly/2TAu5JN>. Acesso em: 13 maio 2019.

p. 119); e, mais, que essa categoria apenas adquire significado no interior de uma ideologia preexistente, capaz de criar os fatos que a organizam (GUIMARÃES, 1995). No Brasil, essa ideologia era e continua sendo a do branqueamento.

O Quadro 1 apresenta os quesitos utilizados na pergunta sobre cor/raça nos 12 censos realizados no Brasil.

QUADRO 1
Quesitos para os grupos raciais nos Censos Demográficos – Brasil, 1872-2010.

Ano	Quesitos de cor/raça				
1872	Branca	Preta	Parda	Cabocla	
1890	Branca	Preta	Mestiça	Cabocla	
1900	Quesito não presente				
1920	Quesito não presente				
1940	Branca	Preta			Amarela
1950	Branca	Preta	Parda		Amarela
1960	Branca	Preta	Parda		Amarela
1970	Quesito não presente				
1980	Branca	Preta	Parda		Amarela
1991	Branca	Preta	Parda	Indígena	Amarela
2000	Branca	Preta	Parda	Indígena	Amarela
2010	Branca	Preta	Parda	Indígena	Amarela

Fonte: Petruccelli; Saboia, 2013.

No primeiro censo realizado, ainda durante o período imperial, o uso do fenótipo já estava presente: o pardo, representando os descendentes de brancos e pretos, e o caboclo, de brancos e indígenas. Segundo Piza e Rosemberg (1999, p. 124), caboclo possui também uma raiz racial. Nesse primeiro levantamento, a população era dividida entre livres e escravos. Considerando o grupo negros[13] como o somatório de pretos e pardos, a maior parte da população não é considerada cidadã, sendo formada por negros/escravos (58%).

---

[13]Consideram-se negros a junção dos autodeclarados pretos e pardos nas pesquisas do IBGE, conforme descrito por Guimarães (2002).

No segundo censo, o termo "pardo" é substituído por mestiço, associado assim como caboclo ao critério de descendência. Amplia-se a participação de brancos (44%) e de indígenas (9%).

Nos anos 1900 e 1920 o quesito cor/raça não esteve presente nos levantamentos. As justificativas para a ausência transitavam entre as dificuldades de autoclassificação da população e as correntes do racismo científico que, ao associar a negritude a características e comportamentos de inferioridade, não pretendiam dimensionar (em números) que a população brasileira era maciçamente negra.

Com a chegada de imigrantes europeus e asiáticos no início do século XX, o quinto censo realizado, em 1940, após a criação do IBGE em 1936, trazia como inovação a categoria amarelos (imigrantes de origem asiática e seus descendentes) e o desaparecimento, no questionário, das opções pardos/mestiços e caboclos. Os que não se identificavam como brancos, pretos ou amarelos eram colocados no questionário como um traço ou eram registradas outras respostas (caboclo, mulato ou moreno), que posteriormente vieram a ser considerados como pardos.

Os censos de 1950 e 1960 apresentam as quatro categorias: branco, preto, pardo e amarelo, com representações na população semelhantes.

Durante o período militar (1964-1985), o quesito cor desaparece novamente do censo e os responsáveis, segundo Piza e Rosemberg (1999, p. 125), "nem justificaram o motivo". Considerando que no período as ideias de um país racista eram contrabalanceadas pelo "mito da democracia racial",[14] um dos caminhos possíveis para não se discutir o racismo era eliminar as próprias ferramentas que dimensionavam as desigualdades existentes.

Em 1980, por pressão do Movimento Social Negro e da academia, o quesito retorna ao censo. Uma importante referência nos aspectos quantitativos dessa época são os estudos de Carlos Hasenbalg e Nelson do Valle e Silva, que ao final dos anos 1970, pioneiramente, analisaram bases de dados nacionais no recorte cor/raça, indicando que as desigualdades educacionais observadas entre brancos e negros não se limitavam a questões socioeconômicas, ou seja, não bastava somente uma discussão sobre as estruturas de classes ou estratificação social para a compreensão das desigualdades existentes em nossa sociedade, sendo necessária a inclusão de elementos de caracterização associados à estrutura racial.

---

[14] Para mais informações, ver Guimarães (2006).

A partir de 1991, os quesitos se estabilizam com as opções utilizadas na atualidade: branca, preta, parda, amarela e indígena.

Considerando os dois últimos censos, é fundamental ressaltar a mudança na configuração racial entre os anos 2000 e 2010, com maior presença de negros em relação a brancos no total da população. Para Silva (2013):

> [...] pode-se falar na recuperação da participação da população negra, maioria no séc. XIX e que, no início do século passado, especialmente com o grande fluxo de imigração europeia, perdeu representatividade no contexto demográfico nacional (SILVA, 2013, p. 114).

Dessa forma, a diminuição dos que se autodeclararam brancos na população geral entre os Censos de 2000 e 2010 é compensada pela ampliação dos que se declararam pretos e pardos, com um índice pouco maior para pretos (variação de 24,6%) do que para pardos (variação de 10,8%). Em 2000, os pretos e pardos representavam 45% e em 2010, 50, 7% do universo. Essa alteração já foi detectada por outros autores a partir de resultados das PNADs realizadas na última década. Segundo Cunha (2012):

> Este fenômeno pode ser atribuído tanto a um diferencial de fecundidade – a taxa de fecundidade global das mulheres negras é de 2,1 e das brancas, 1,6 filhos por mulher, no nível de reposição dos dois grupos – e/ou pelo aumento sistemático de população que se autodeclara negra devido a um processo de conscientização da importância de assumir sua própria identidade (CUNHA, 2012, p. 3).

Neste trabalho não se aprofundará tal discussão, mas ela precisa ser mencionada, porque as mudanças na distribuição de brancos e negros na população geral repercutem diretamente nas estatísticas apresentadas adiante e devem ser consideradas nas análises dos resultados encontrados por cor/raça. Assim, deve-se considerar, por exemplo, que a melhoria dos indicadores educacionais para os negros pode ocorrer não em virtude do aumento de sua escolaridade, mas pelas alterações no processo classificatório de cor/raça das pessoas.

Nas PNADs o quesito cor foi incluído definitivamente desde o ano 1987, na parte básica da pesquisa. Vale ressaltar que o quesito já tinha aparecido nos suplementos de 1976, 1984, e 1985. A pesquisa de 1976 trazia tanto uma pergunta aberta "Qual a cor do Sr. (Sra.)" quanto uma fechada com as opções: branca, preta, amarela ou parda. Rafael Osório, em publicação do IPEA, apresenta uma discussão sobre os resultados desta pesquisa. Segundo o autor:

> A compilação das respostas ao quesito de declaração livre revelou nada menos que 136 termos distintos de identificação racial. Porém, as quatro categorias do sistema classificatório do IBGE apareceram em nada menos que 57% das respostas espontâneas. E 38% das respostas estavam concentradas em três outros termos: morena, morena-clara e clara. Ou seja, a despeito da enorme variedade, 95% das respostas se enquadravam livremente em apenas sete termos (Osório, 2003, p. 25).

Apesar do desafio para o uso dos quesitos propostos pelo IBGE, Piza e Rosemberg (1999) utilizam uma afirmação de Nelson do Valle e Silva (1992) para problematizar e defender o uso das categorias de classificação racial:

> [...] acreditamos que a tradicional forma de mensurar a identidade racial nas estatísticas oficiais é fundamentalmente válida e que, portanto, os estudos que a utilizam [...] devem cobrir com razoável fidedignidade a dimensão racial que pretendem mensurar (Piza; Rosemberg, 1999, p. 135).

Nas pesquisas realizadas pelo INEP, aqui considerados os Censos da Educação Básica e Superior, o problema não são os diferentes quesitos utilizados, mas as elevadas taxas de não resposta. Vale lembrar que, sendo um registro administrativo, em que a pergunta não é feita diretamente ao aluno/aluna, mas obtido por formulários, é necessária a existência de uma opção de não resposta (ou não preenchimento da informação). No cadastro do aluno no Censo Escolar (ano 2018), a opção é "não declarada". Para o Censo da Educação Superior (módulo aluno, ano 2016), têm-se as opções: "não dispõe da informação", "aluno não quis declarar a cor/raça".

A Tabela 2 apresenta a comparação entre os dados do Censo Escolar e do Censo da Educação Superior com o Censo Demográfico quanto à frequência de não resposta ao quesito cor/raça.

TABELA 2
Taxas de resposta para o quesito cor/raça nas etapas de escolaridade
segundo diferentes pesquisas censitárias – Brasil, 2010

Etapa de ensino	Fonte	Cor/Raça				
		Branca	Preta	Parda	Outros	Não declarado
Creche	Censo Demográfico	52,8	5,4	40,7	1,2	0,0
	Censo da Educação Básica	42,5	3,3	28,4	0,6	25,3
Pré-escola	Censo Demográfico	47,2	5,3	46,2	1,4	0,0
	Censo da Educação Básica	34,1	3,2	36,6	0,9	25,2
Ensino Fundamental	Censo Demográfico	41,1	6,8	50,6	1,5	0,0
	Censo da Educação Básica	25,6	2,9	28,6	1,0	41,7
Ensino Médio	Censo Demográfico	46,2	6,9	45,5	1,3	0,0
	Censo da Educação Básica	23,4	2,7	24,6	0,9	48,4
Graduação	Censo Demográfico	63,0	5,3	30,0	1,7	0,0
	Censo da Educação Superior	19,8	2,4	8,7	1,0	68,1(*)

Fonte: Microdados do Censo Demográfico 2010, Censo da Educação Básica 2010, Censo da Educação Superior 2010.

Nota: (*) somatório para as respostas "não dispõe da informação" e "aluno não quis declarar a cor/raça".

A não resposta ao quesito cor/raça, ausente no Censo Demográfico, tem um padrão de crescimento na medida em que avançam as diferentes etapas de escolarização, da creche (25,3%) à graduação (68,1%).

Uma publicação da Série Documental INEP (2016) produzida por Senkevics, Machado e Oliveira, faz uma relevante e profunda reflexão sobre os instrumentos de coleta do INEP. Ao tratar das taxas de não resposta, os autores ressaltam que:

> [...] parte do percentual de respostas não declaradas pode ser, em verdade, reflexo do fato de a escola não obter essa informação. Essa

situação fez com que o Inep lançasse, em 2015, a campanha "10 anos do campo cor/raça no Censo Escolar", com o objetivo de sensibilizar gestores escolares e técnicos encarregados de informar o Censo para a importância do correto preenchimento desse item (SENKEVICS; MACHADO; OLIVEIRA, 2016, p. 21).

Em 2018 a taxa de não resposta para o Ensino Médio foi de 26,7%,[15] uma queda de 21,7 pontos percentuais frente à taxa de 2010, que era de 48,4%. Essa queda expressiva indica importante trabalho dos técnicos do INEP junto às escolas para sensibilizar sobre a importância da resposta ao quesito para melhorar a qualidade de uso das informações do censo. Apesar da queda, temos ainda uma taxa elevada (4 para 1) que limita análises mais robustas a partir do quesito cor/raça.

No Censo da Educação Superior o quesito cor/raça foi incluído em 2007. Como descrito anteriormente, o fato de ter duas opões de não resposta amplia a taxa de "não declarado". Apesar dessa limitação, o questionário apresenta um significativo conjunto de quesitos sobre a forma de ingresso (programa de reserva de vagas/ações afirmativas); tipos de programa de reserva de vagas/ações afirmativas (étnico, pessoa com deficiência, estudante procedente de escola pública, social/renda e outros); tipo de financiamento estudantil (FIES, programas de financiamento de governos e outros); tipo de financiamento estudantil não reembolsável (Prouni parcial, integral e outros), que auxiliam em estudos que exploram as mudanças produzidas nas Instituições de Ensino Superior após a implementação das políticas de Ação Afirmativa.

Caracterização da educação brasileira por sexo e cor/raça: um exemplo.

A questão das desigualdades no acesso à educação por sexo e/ou cor/raça está presente na literatura a partir de vários autores (ARTES; CARVALHO, 2010; CARVALHO, 2003c; ROSEMBERG, 2001). Discutir o acesso ou a finalização de etapas de escolarização nos recortes de gênero e pertencimento racial está para além da quantificação das diferenças observadas: é necessário trazer para a discussão as questões de poder que caracterizam as relações sociais e que hierarquizam homens e mulheres, brancos e negros. Explicitar essas diferenças de forma quantitativa e dar

---

[15] Informação disponível INEP, Sinopse Estatística da Educação Básica, Brasília. Disponível em: <http://bit.ly/30B0nWH>. Acesso em: 14 maio 2019.

visibilidade às distâncias existentes entre os grupos é um passo importante para se refletir sobre a situação de desigualdade observada.

Alguns estudos apresentam informações distribuindo as variáveis sexo e cor/raça, em quatro subgrupos de análises: homens brancos, homens negros, mulheres brancas e mulheres negras (REICHMANN, 1995; BELTRÃO; TEIXEIRA, 2004; PAIXÃO, 2008). Assim procedendo, o hiato de gênero favorável às mulheres nos indicadores educacionais, desde os anos 1970, é flexionado pelo hiato de cor/raça, em que os indicadores para os negros são altamente desfavoráveis em comparação aos de brancos.

Na Tabela 3, apenas como um exemplo de uso, trabalhamos com informações que englobam a frequência ao Ensino Médio até a pós-graduação. Considerando que são etapas sequenciais, as desigualdades observadas no acesso por cor no Ensino Superior são construídas ainda na Educação Básica. O Ensino Médio tem ocupado um espaço representativo, em especial nos últimos anos, nas discussões sobre educação e a baixa qualidade que a caracteriza. Governos, pesquisadores, instituições de fomento e a sociedade de um modo geral têm discutido que mudanças se fazem necessárias para que os jovens que frequentam essa etapa tenham uma formação global e significativa para a inserção no mundo adulto.

TABELA 3

Percentual de indivíduos que frequentam diferentes etapas de ensino, segundo combinações das variáveis sexo e cor/raça – Brasil, 2000 e 2010

Variáveis	Ensino Médio			Graduação			Pós-graduação		
	2000	2010	variação	2000	2010	variação	2000	2010	variação
Sexo									
Homem	45,2	46,1	2,0	43,5	43,0	1,1	48,0	46,5	3,1
Mulher	54,8	53,9	1,6	56,5	57,0	0,9	52,0	53,5	2,9
Cor/raça									
Branca	58,5	46,2	21,0	78,5	63,0	19,7	84,3	73,2	13,2
Negra	40,2	52,4	30,3	19,5	35,3	81,0	13,3	24,9	87,2
Sexo e cor/raça									
Mulher Branca	31,7	24,7	22,1	44,2	35,3	20,1	43,9	39,1	10,9
Homem Branco	26,7	21,5	19,5	34,4	27,7	19,5	40,4	34,2	15,3
Mulher Negra	22,1	28,4	28,5	11,3	20,7	83,2	6,8	13,3	95,6
Homem Negro	17,9	24,7	38,0	8,2	14,6	78,0	6,4	11,6	81,3

Fonte: IBGE, Censo Demográfico 2000 e 2010 (ARTES, 2016).

O Ensino Médio teve a menor taxa de crescimento, o que é esperado, dado que é uma etapa de oferta pública e que desde os anos 1990 a regularização do fluxo escolar tem ampliado as taxas de atendimento. A maior taxa de crescimento é observada para a pós-graduação com um índice de 95,6% para as mulheres negras. Ressalta-se que as mulheres são maioria nas três etapas consideradas.

As taxas de variação para os negros no acesso à graduação e à pós-graduação também devem ser avaliadas com ressalvas: considerando que os negros representam 50,9% do geral da população, eles ocupavam apenas 35,3% das vagas na graduação e 24,9% na pós-graduação, em 2010. Considerando as mudanças entre 2000 e 2010, tem-se uma participação significativamente maior, porém ainda aquém da representação populacional.

Na associação sexo e cor/raça e na formação dos quatro grupos de interesse, os melhores resultados no ensino superior e na pós-graduação são encontrados para as mulheres brancas, seguidos por homens brancos, mulheres negras e homens negros. Apenas 14,6% dos homens negros acessam a graduação, quando o esperado estaria próximo de 25%. Na pós-graduação, este índice é de apenas 11,6%.

Considerações finais

A apresentação dos dados quantitativos produzidos é apenas ilustrativa do uso que podemos fazer das informações disponibilizadas pelos órgãos produtores de estatísticas.

O intento da publicação é sensibilizar os cientistas sociais e educadores que precisamos nos apropriar de uma área que nos pertence: a educação. Não podemos deixar que profissionais com outras formações, como estatísticos, engenheiros e economistas, sejam os únicos a tratar, discutir e propor as mudanças necessárias em uma área que é da nossa especificidade e domínio. Conhecer o sentido dos dados e refletir sobre os seus significados é fundamental para a construção de uma sociedade mais igualitária. Trazer os recortes de sexo e cor/raça qualifica essa discussão, pois, afinal, não é qualquer jovem que fracassa na escola: ele tem um sexo e uma cor.

Não vamos mais pular os gráficos e as tabelas nos textos que lemos!

Yo no creo en brujas, pero que las hay, las hay: pânicos morais sem fronteiras e formação do campo político e educacional antigênero no Brasil da virada do século XX

Keila Deslandes

A inserção das temáticas de gênero na agenda política internacional nunca chegou a ser um consenso entre as nações ocidentais e orientais. Mas, a partir de determinado momento histórico e social, o mero uso do termo "gênero" em documentos oficiais passou a se tornar alvo privilegiado de ataques objetivos por parte de setores da direita e da extrema-direita, quase sempre vinculados ao conservadorismo religioso.

Marisa Correa (2018), pesquisadora da Associação Brasileira Interdisciplinar de AIDS (ABIA), descreve, na qualidade de testemunha ocular, alguns episódios centrais do desencadeamento desse processo de oposição aos temas de gênero. Segundo ela, as feministas, que estavam organizadas desde a Conferência Mundial sobre o Meio Ambiente (Eco 92), realizada no Rio de Janeiro, assumiram, na Conferência Internacional de Direitos Humanos de Viena, de 1993, a pauta da afirmação dos direitos das mulheres como direitos humanos.

Até então, apesar de necessariamente polêmicos, os temas relacionados à pauta das mulheres e do feminismo eram debatidos sem que isso configurasse maior controvérsia.

Fortalecido, o grupo das feministas partiu para a Conferência Internacional sobre População (Cairo, 1994) e ali passou a se comprometer com o uso objetivo do termo "gênero".

No ano seguinte, na Cúpula Mundial de Desenvolvimento Social (Copenhague, 1995), o clima já era beligerante. Correa (2018) menciona que as feministas chegaram a ter que fazer uma greve de fome, tamanha a tensão entre as forças antagônicas. Mesmo assim, conseguiram inserir o termo "gênero" e fortalecer alguns temas importantes relacionados aos esforços para combater desigualdades.

Mas, logo em seguida, o uso do termo "gênero" passaria a ser "virulentamente atacado". O grupo partiu para Nova York, a fim de participar da etapa final do Comitê Preparatório da IV Conferência Mundial de Mulheres e, lá chegando, ficou sabendo que o termo teria que ser colocado entre colchetes, pois não havia mais consenso no seu uso nos documentos oficiais.

> Numa das salas de trabalho, assisti um delegado do Sudão exigir, vigorosamente, o "colcheteamento" da palavra e ser apoiado por outros países islâmicos, sem que a coordenadora da sessão conseguisse conter o seu longo e agressivo discurso. Nessa cena, as mãos nem tão invisíveis do Vaticano eram detectáveis, pois embora a Santa Sé não tenha se manifestado, as delegações de Honduras, Nicarágua e El Salvador, seus aliados fiéis, apoiaram a posição sudanesa. Essa tensão inesperada em torno a "gênero" também parecia confirmar que, tal como suspeitávamos, estava em curso uma inédita e preocupante aproximação entre o Vaticano e os estados islâmicos (CORREA, 2018, s. p.).

A partir do "colcheteamento", ocorrido em 1995, do termo "gênero", o Vaticano amadureceu e acirrou a sua posição antigênero. Desde então, sempre que o termo surgiu nos debates, foram levantadas "questões sobre o seu significado e as delegações mais diversas pediam a sua eliminação dizendo que ele remetia a homossexualidade, pedofilia e outras perversões sexuais" (CORREA, 2018). Alegam os conservadores que, ao negar a natureza humana em sua realidade anatômica-sexual, o conceito de gênero promoveria também desestruturação das famílias heterossexuais e monogâmicas, a ponto de minar a sua vocação sagrada para a defesa da vida e da procriação e, finalmente, abolir a sua existência. Nessa leitura, o termo "gênero" é tratado como uma ferramenta conceitual de poder global que é usada por uma doutrina perniciosa e "provavelmente a ideologia mais radical da história" (SCALA, 2015), visando a implantar um novo modelo de autoritarismo, capaz de destruir o tecido social a partir de suas entranhas, ou seja, do esfacelamento da própria identidade das pessoas humanas.

Assim, os setores conservadores de direita e ultradireita passaram a considerar que o termo "gênero" insere nos debates aquilo que seria "um conceito ideológico que tenta anular as diferenças e aptidões naturais de cada sexo".[1] Se não sabem sequer sobre a sua natureza masculina ou

---

[1] Conforme definição do padre Luiz Carlos Lodi da Cruz, Presidente do Pró-Vida de Anápolis, na apresentação que faz ao livro *Ideologia de Gênero* (SCALA, 2015).

feminina, argumentam os detratores do conceito, os jovens deixam de ter consciência do que são e, como consequência, tornam-se presas fáceis de manipulações quanto à própria identidade, por parte da esquerda. Algo que seria uma verdadeira lavagem cerebral, propõe Scala (2011), que utilizaria a juventude em seu próprio benefício, por meio de propagandas e do sistema educacional formal.

Numa cruzada transnacional, passaram a perseguir a ideia de *gender*, que eles acreditam se referir a tudo aquilo que possa ir contra as formas históricas da sexualidade macho-fêmea, culminando numa "revolução contra os pressupostos biológicos" e numa insurreição contra os seus limites que, no extremo, impõem uma contradição ao ser humano como obra ou criatura divina. A humanidade começaria a se ver como seu próprio criador e, portanto, como o próprio Deus.

O feminismo, que se manifesta na agenda para o tema dos direitos sexuais e afetivos, estaria na linha de frente dessa ofensiva conservadora. Em específico, Miskolci e Campaña (2017) discutem a reação formada contra a substituição do termo "mulher" por "gênero", acontecida durante a Conferência Mundial de Beijing sobre a Mulher. Com base nisso, constrói-se toda uma agenda por parte de "empreendedores morais", que se associam em nome do combate a algo que denominam de "ideologia de gênero". Uma formação reativa inicialmente católica, mas que passa a agregar neopentecostais e outras tendências conservadoras religiosas, num discurso contrário a qualquer perspectiva questionadora do patriarcado.

Igualdade de gênero e investidas antigênero nas políticas públicas educacionais: a virada conservadora secular de XX – XXI e as eleições presidenciais

No Brasil, a inserção das temáticas da igualdade entre mulheres e homens e da chamada "orientação sexual"[2] nas escolas se deu a partir do processo de redemocratização, numa perspectiva de ressignificação do diálogo com os movimentos sociais e em consonância aos compromissos internacionais firmados pelo Estado nacional para os temas dos Direitos Humanos, ocorridos desde os anos 80 do século XX.

---

[2] Importante destacar que o termo "orientação sexual" dizia respeito à educação sexual ou à educação para a sexualidade ou, ainda, à educação afetivo-sexual. Ou seja, a um tipo de orientação para que adolescentes e jovens pudessem passar a discutir temas relacionados a doenças sexualmente transmissíveis e métodos contraceptivos para evitar a gravidez indesejada e precoce, entre outros.

Objetivamente, quatro documentos federais fundamentaram a inserção da perspectiva do feminismo e da sexualidade nas políticas educacionais brasileiras, notadamente, a Constituição da República Federativa do Brasil (CRFB/1988), a Lei de Diretrizes e Bases da Educação (LDB/1996), os Parâmetros Curriculares Nacionais (PCN/1997), e, ainda, o Plano Nacional de Educação (PNE/2001).

Na CRFB/88, as pautas feministas são encampadas pelos movimentos organizados de mulheres, com o protagonismo do Conselho Nacional de Direitos da Mulher (CNDM). O texto constitucional, basilar para a refundação da cidadania e do Estado democrático de direito após vinte anos da vigência de um regime militar conservador e de direita, trata de tais temáticas pela ótica convencional do binômio sexo-poder, enfrentando principalmente os temas da igualdade jurídica das mulheres (Art. 5º, I, "homens e mulheres são iguais em direitos e obrigações") e do seu empoderamento, entre outros aspectos, a proteção da mulher no mercado de trabalho, mediante incentivos específicos, nos termos da lei (Art. 7º, XX), a licença-gestante (Art. 7º, XVIII e Art. 39, § 5º), a proibição da dispensa sem justa causa de gestantes (Art. 10º, II, b, ADCT), a assistência gratuita aos filhos e dependentes desde o nascimento até os cinco anos de idade em creches e pré-escolas (Art. 7º, XXV), a garantia da Educação Infantil em creches e pré-escolas, como dever do Estado (Art. 208, IV). Além do objetivo fundamental da República de promover o "bem de todos, sem preconceitos de origem de raça, sexo, cor, idade e quaisquer outras formas de discriminação" (Art. 3º, IV).

O texto da CRFB/1988 busca a igualdade entre mulheres e homens e tem como foco principal a inserção da mulher no mercado de trabalho, inclusive pela definição de garantias a creches gratuitas e à Educação Infantil. Nenhuma menção foi feita ao termo "gênero", o qual era ainda bastante desconhecido nesse momento político brasileiro.

A LDB/96 igualmente mantém a perspectiva das bandeiras prioritárias do feminismo, sendo exemplos importantes disso a reiteração da luta por creches e também pela universalização do acesso à Educação Infantil, ambas de forma pública e gratuita. Nas questões relativas ao que se chamou de "apreço à tolerância", conceito relacionado ao respeito pela diversidade sexual, o texto da LDB/96 é bastante tímido ao utilizar uma lógica que simplesmente reitera as hierarquias de poder determinadas na sociedade pelo patriarcado, pois tolerar é sempre isso: suportar com indulgência, aceitar, não impedir. Resta saber sobre quem incidirá – ou não – a clemência dos dominadores, cujo lugar de poder não se questiona.

Por sua vez, os PCNs de 1997 trariam de maneira mais objetiva questões referentes às temáticas de gênero nos conteúdos escolares, introduzindo ideias sobre respeito mútuo e respeito às diferenças, reconhecidas "como fundamentais para a constituição da identidade de crianças e jovens" (VIANNA, 2018). Igualmente fundamentada no viés binário e na proposta de reequilibrar as assimetrias de poder entre os sexos feminino e masculino, os PCN/97 inseriram, por meio dos chamados "temas transversais", a perspectiva de "respeito mútuo", tangenciando o tema das "relações de gênero" a partir do questionamento sobre a rigidez de papéis sociais vinculados ao sexo e o tema da injustiça histórica da posição de submissão e inferioridade hierárquica das mulheres.

Nos PCN/ 97, o tema da *orientação sexual* seria inserido para tratar de aspectos relativos à educação para o exercício de uma sexualidade responsável e comprometida com a manutenção da saúde pública, em específico naquilo que se refere à prevenção de doenças sexualmente transmissíveis, do contágio por HIV, de abusos de ordem sexual na infância e na adolescência e da gravidez precoce. Nesse texto, ficou evidenciada a perspectiva de desenvolver, nos alunos e alunas, capacidades para o exercício da cidadania, entendida como um eixo articulador da educação formal.

Finalmente, o PNE de 2001, que utiliza objetivamente a noção de gênero, também manteve a perspectiva binária vinculada à ideia de empoderamento das mulheres. Por exemplo, discutindo "a adequada abordagem das questões de gênero e etnia, eliminando textos discriminatórios ou que reproduzam estereótipos acerca do *papel da mulher*, do negro e do índio". Ou, ainda, discutindo a necessidade de coleta de informações sobre o abandono de cursos motivado por gravidez e/ou relativo à guarda e educação da prole, para fins de uma correta formulação de políticas de gênero no item relativo ao financiamento e orçamento para o ensino superior.

Observa-se, pois, que durante as últimas décadas do século XX e início do XXI, as políticas públicas brasileiras estavam principalmente atreladas a pautas históricas do movimento feminista, numa crítica à sociedade patriarcal, à dominação masculina, aos papéis sociais e à desigualdade de fato entre mulheres e homens.

Partindo do eixo "mulheres e feminismos", as pautas podiam ainda articular outras temáticas tais como raça-etnia (mulheres negras ou indígenas), origem (mulheres do campo ou "rurais"), segurança (leis e medidas protetivas contra violência doméstica), etc. Mas sempre tendo como base a mulher como categoria descritiva que oferecia suporte para a articulação conceitual da categoria analítica de gênero.

Temas relacionados à educação sexual e à diversidade sexual também se fizeram presentes. A extinta Secretaria de Educação Continuada, Alfabetização, Diversidade e Inclusão (SECADI), vinculada ao Ministério da Educação, foi o órgão público responsável por alavancar as iniciativas de combate às diferentes formas de violência contra pessoas homossexuais e de afirmação da identidade e cidadania LGBT nas políticas educacionais.

No entanto, paralelamente aos avanços relacionados ao tema, a contraofensiva também foi se acirrando. Diversos projetos de lei foram propostos para impedir "qualquer tipo de ideologia na educação nacional, em especial o uso da ideologia de gênero" (cf. BRASIL, 2015), sob pena de perda do cargo ou do emprego. Parlamentares conservadores, tanto católicos quanto neopentecostais, passaram a unir vozes e esforços no combate a qualquer menção ao termo "gênero" nas políticas educacionais.

Um exemplo importante da contraofensiva conservadora se deu quando o Programa Brasil sem Homofobia (BSH) propôs um conjunto de materiais didático-pedagógicos para o enfrentamento da homofobia em ambientes escolares. O chamado "kit anti-homofobia", apelidado pejorativamente de "kit gay", chegou a ser produzido pelo governo Dilma Rousseff e, paradoxalmente, foi vetado em 2011 pela própria presidenta, acuada pelos movimentos de direita e extrema direita que, finalmente, a levariam ao *impeachment* e à deposição no ano 2016.

O apelidado "kit gay" passou a servir de motor para os ataques, cada dia mais enfurecidos, por parte de um deputado federal da bancada do Rio de Janeiro, de nome Jair Bolsonaro. Apesar de estar no sétimo mandato legislativo, Bolsonaro era um parlamentar desprestigiado e politicamente isolado. Tanto é assim que, reeleito para o sétimo mandato consecutivo na bancada federal no ano 2014, o ex-deputado se candidatou para a presidência da Câmara dos Deputados no início de 2017 e obteve tão somente quatro votos, de um total de 505 eleitores. Ficou, assim, num humilhante último lugar entre os seis candidatos que se apresentaram para o pleito.

Conhecido principalmente por suas bravatas e impropérios desrespeitosos contra mulheres, negros e gays e tendo um histórico de filiação a pequenos e pouco representativos partidos de direita – entre os quais, o que esteve por mais tempo foi o Partido Progressista (PP), que despontava com o maior número de membros investigados por envolvimento em múltiplos escândalos de corrupção –, Jair Bolsonaro se fortaleceu com a retórica da defesa da família tradicional e conservadora, vociferando contra aquilo que dizia ser um estímulo à homossexualidade e à pedofilia nas escolas. Apesar de se apresentar como "católico romano", agregou com isso as lideranças neopentecostais e rapidamente acirrou, radicalizou e catalisou para si o discurso antiesquerda que, naquele momento, era sinônimo de um discurso antiPT. Ou seja, antiPartido dos Trabalhadores, partido de grande tradição na história política brasileira, liderado pelo ex-sindicalista Lula da Silva, e vitorioso nas eleições presidenciais por quatro vezes seguidas.

No ano 2018, Jair Bolsonaro se candidatou à Presidência da República pelo nanico Partido Social Liberal (PSL), ao qual ele se filiara havia apenas alguns meses. Tendo apresentado um programa de governo evasivo e o lema nacionalista-religioso "Brasil acima de tudo; Deus acima de todos", ele pouco compareceu aos debates eleitorais.[3] A retórica do conservadorismo dos costumes continuou sendo a sua pauta principal, pela qual ele pessoalmente se responsabilizava e veiculava pelas redes sociais. Quanto aos temas econômicos, deixava sempre claro nada entender do assunto e que "terceirizaria" tal pauta para o seu futuro Ministro da Economia, desde logo anunciado para o mercado financeiro como sendo alguém de perfil liberal e privatista.

E assim Jair Bolsonaro foi eleito – provavelmente para surpresa de si mesmo – como o 38º Presidente do Brasil, para o mandato 2019-2022.

Considerações finais

Não é difícil entender que o uso do termo "gênero" insere o tema das relações de poder no centro dos debates em torno dos direitos reprodutivos, da afirmação de diferentes formas de família e da importância de políticas globais de educação em sexualidade. A assimetria social que se estabelece com base no clássico marcador biológico do sexo anatômico é revisitada para estabelecer uma crítica fecunda em relação às bases do patriarcado.

Conceitualmente, o gênero quebra expectativas de socialização relacionadas ao binômio masculino-feminino, mas não só. Reinventa e subverte códigos culturalmente construídos e naturalizados como universais. Para usar um conceito *foucaultiano*, insere temas de biopoder nos debates políticos transnacionais, numa perspectiva de contestação, por setores que buscam mudanças e o protagonismo da luta contra o controle social, da dominação exercida de maneira difusa, a partir dos corpos que se prestam ao ajustamento da normalização

---

[3] Grande parte das ausências foi justificada pelo fato de ter sido esfaqueado ao longo do processo eleitoral, o que o levou a procedimentos cirúrgicos e internações prolongadas.

disciplinar que sustenta o *status quo*. São inseridas assim pautas fundamentadas em uma ética democrática e igualitária, além de radicalmente intransigentes contra todas as formas de opressão que se alimentam da desigualdade. Pautas historicamente assumidas, importa destacar, por setores de esquerda.

Porém, a perspectiva conservadora anti-igualitária é assumida como pauta da direita e difundida pelos ativistas dos pânicos morais, que, entre outras estratégias, se valem de um tipo de acusação, clássica desde a condenação de Sócrates, de que se estaria tentando corromper a juventude.

O sentimento anti-igualitário, fundamentado no medo do outro, na sua negação e na ausência de empatia, está no centro dos processos de adoecimento, agonia e morte das democracias modernas, independentemente da persistência dos processos eleitorais.

Num mundo repleto de bolhas comunicacionais, o pensamento crítico vai sendo esgotado e vencido pela desinformação e aniquilamento da verdade. Evidências e dados são descartados em favor daquilo que confirma as próprias opiniões prévias e sustenta a prevalência do interesse pessoal. A linguagem rápida do Twitter inflama a intolerância, as mensagens trocadas em grupos fechados de WhatsApp definem a verdade e a proliferação de *fake news* justifica a extrema polarização política.

Então, parece fácil e simples analisar logicamente que não há nenhum risco de que uma educação pautada na igualdade de gênero seja indutora de homossexualidade ou conivente com práticas de pedofilia. Mas se o sistema emocional está envolvido, "a conclusão vem primeiro e os argumentos se seguem" (KAHNEMAN, 2011).

Yo no creo en brujas, pero que las hay, las hay

Na formação do campo discursivo de ação conservadora transnacional antigênero, o medo, associado ao discurso dos "pânicos morais", mobiliza visceralmente as defesas mais primitivas do ser humano como estando diante de uma ameaça à própria espécie. Frente a isso, argumentos falaciosos se tornam absolutamente sustentáveis e as pessoas ficam muito propensas a acreditar neles para sustentar conclusões que se prestam a aliviar o incômodo que sentem, relacionado à angústia de perecimento.

Ao contrário, o campo discursivo igualitário e a educação crítica-transformadora dele decorrente permanecem com sua incômoda missão de contradizer certezas, produzir dúvidas e desestabilizar zonas de conforto cognitivo.

As agendas feministas, LGBT e antigênero em disputa nos Planos Estaduais de Educação (2014-2018)

Cláudia Vianna
Alexandre Bortolini

Neste capítulo são expostos e analisados resultados de pesquisa[1] que tem como foco compreender como perspectivas críticas sobre as relações de gênero e a produção das sexualidades foram explicitadas, omitidas, inseridas parcialmente ou mesmo vetadas nos Planos Estaduais e Distrital de Educação (PEE) promulgados entre 2014 e 2018.

Somando-se à vasta produção acadêmica sobre gênero e sexualidade na educação, largamente ampliada ao longo das últimas décadas,[2] a investigação opera com gênero como conceito capaz de apreender uma dimensão específica da construção social e histórica das relações sociais, articulada aos múltiplos processos de dominação cultural, econômica, política e simbólica (SCOTT, 1988, 2011) e, portanto, como categoria fértil para a análise das políticas de educação. Tais políticas são entendidas não como uma derivação de mera racionalidade estatal de "tomadores de decisão" circunscritos a espaços institucionais, mas como um processo de elaboração – tenso e negociado – entre diversos grupos sociais que reivindicam interesses concretos do Estado. Se considerarmos que a análise do processo de elaboração das políticas educacionais deve

---

[1] Este capítulo apresenta os resultados de pesquisa realizada com apoio do CNPq/PQ (2015-2019) e também com a imprescindível contribuição de Alexandre Bortolini. Foi elaborado a partir da adaptação de artigo publicado anteriormente (VIANNA; BORTOLINI, 2020).

[2] Balanços mais recentes dessa produção podem ser encontrados em Vianna; Unbehaum (2016) e Vianna (2018).

partir da identificação dos respectivos grupos que reivindicam do Estado interesses de cunho material e simbólico (CUNHA, 2002), é possível examinar essas políticas não apenas como reivindicações, mas como respostas materializadas na forma de documentos, planos, programas e ações (VIEIRA, 2007) resultantes de disputas acirradas.

A investigação buscou compreender como o recente debate em torno da aprovação dos Planos de Educação foi atravessado por disputas opondo setores ligados ao ativismo feminista e LGBT[3] a grupos organizados em torno do combate à introdução de perspectivas de gênero nas políticas públicas. As informações aqui examinadas foram levantadas nas plataformas digitais públicas dos legislativos estaduais e distrital. Inicialmente foram analisados os 25 planos disponíveis relativos ao próximo decênio, promulgados entre 2014 e 2016, cobrindo os estados e o Distrito Federal. Posteriormente, incluímos o PEE de Minas Gerais, promulgado em dezembro de 2018. O estado do Rio de Janeiro, até 2020, não tinha aprovado seu plano de educação. A análise busca, na linguagem e no conteúdo dos PEEs, mapear o avanço e o retrocesso de perspectivas críticas sobre as relações de gênero e a produção das sexualidades nas políticas educacionais, destacando a explicitação, a inserção parcial, a omissão ou o veto dessas dimensões no texto final de cada lei.

Os embates sobre gênero e sexualidade nas políticas públicas de educação

O exame do contexto recente no qual se dá a produção das políticas públicas de educação a partir da perspectiva das relações sociais de gênero evidencia um tenso processo de negociação. Nos últimos anos vivemos um período de avanço de políticas reacionárias que têm investido na supressão de reformas, planos, projetos, programas e ações implementados, separada ou articuladamente, pelo Estado e pelos movimentos sociais que vinham produzindo políticas públicas voltadas ao enfrentamento

---

[3] A sigla LGBT (Lésbicas, Gays, Bissexuais, Travestis, Transexuais e Trangêneros), aqui adotada, segue deliberação da I Conferência Nacional LGBT, realizada em 2008. Sabemos, no entanto, que ela não é suficiente para abarcar as múltiplas formas de expressão e identificação sexuais e de gênero. É utilizada, portanto, em um sentido abrangente, abarcando diferentes identificações de gênero (pessoas travestis, transexuais, transgêneras, homens trans, não-binários, *agender*, *queer*) e sexualidade (pessoas homossexuais, bissexuais, pansexuais, assexuais) existentes e ciente de que esse processo está em permanente construção.

das desigualdades de gênero e ao reconhecimento da diversidade de identidades de gênero e sexualidades.

A partir de meados de 1990 e início de 2000, houve uma abertura gradual da educação para a discussão das relações de gênero no âmbito das políticas públicas, com a introdução de perspectivas de gênero e de abordagens sócio-históricas das sexualidades nas políticas públicas de educação. A retomada efetiva dessa questão na área educacional deu-se a partir de 1995, com a pressão de movimentos de mulheres e com as sucessivas respostas do governo de Fernando Henrique Cardoso aos compromissos internacionais relativos a uma agenda de gênero e sexualidade, juntamente com as metas do Milênio e da Conferência de Dakar na esfera da educação (ANDRADE, 2004; VIANNA; UNBEHAUM, 2004). No governo de Luiz Inácio Lula da Silva esse movimento segue ascendente, e passa a incluir também o reconhecimento da diversidade de orientações sexuais e identidades de gênero de forma mais explícita e substantiva, ainda que com muitas tensões. A organização do primeiro Plano Nacional de Políticas para as Mulheres (PNPM) em 2004 e de sua segunda versão em 2008, ambos antecedidos pelas Conferências de Políticas para as Mulheres (2004, 2007), e do Programa Brasil Sem Homofobia (BSH, 2004) e das respectivas Conferências Nacionais LGBT (2008, 2011, 2016) são alguns exemplos.

Vale enfatizar que esse processo se constituiu em uma conquista das mulheres, das pessoas LGBT e de outros sujeitos coletivos politicamente organizados no desenvolvimento de agendas, por vezes conjuntas, por vezes diferenciadas, mas recorrentemente convergentes. A implementação dessas agendas na educação brasileira a partir, por exemplo, da implantação de políticas de formação de profissionais da educação na perspectiva de gênero, sexualidades e direitos reprodutivos; da menção ao tema em materiais didáticos e exames nacionais; da ampliação da educação sexual nas escolas; da normatização do reconhecimento da identidade de gênero de pessoas trans em várias instituições e sistemas de ensino; e da inserção dessas dimensões em diferentes diretrizes educacionais são exemplos dessas conquistas, registradas em várias pesquisas (ANDRADE, 2004; CARREIRA, 2015; FERNANDES, 2011; LOURO, 2006; DESLANDES, 2017, entre outros).

Apesar de um evidente avanço, não se pode inferir que esse trajeto foi linear rumo à introdução e à institucionalização de todas as demandas negociadas. Muito pelo contrário, foram tempos também de duros embates e resistências.

Em pesquisa sobre a construção da agenda das diversidades nas políticas de educação dos governos de Luiz Inácio Lula da Silva e Dilma Rousseff, Denise Carreira (2015) destaca as disputas em torno da construção da agenda de gênero. Uma delas dizia respeito ao fato de que, ao longo do primeiro mandato, assistimos ao processo de construção negociada da noção de diversidade como possível agregadora das agendas para a política educacional "em tensão permanente com a noção de ações afirmativas, fortalecida a partir de Durban, e com a noção de inclusão social, hegemônica no governo federal" (CARREIRA, 2015, p. 173). Outra característica dessa disputa foi a precariedade e a fragmentação do modo como essas agendas foram introduzidas. E finalmente vale lembrar das resistências sistemáticas de vários setores da sociedade, do Congresso e do governo e também do próprio Ministério da Educação (MEC).

A visibilidade dada à temática nas políticas educacionais colocou em pauta questões antes ignoradas, principalmente por serem consideradas tabus no ambiente escolar. Nesse aspecto, podemos dizer que deu voz a temas até então silenciados, aproximando-se do que Ball define como "políticas de mudança" para referir-se à apropriação de políticas federais pela micropolítica das escolas, que levam "à superfície os conflitos e diferenças subterrâneas que de outro modo ficariam silenciados na rotina cotidiana da vida escolar" (BALL, 1989, p. 45).

Esse processo, ainda que precário e tenso, de avanço, encontra um ponto de inflexão no veto perpetrado pelo governo de Dilma Rousseff ao conjunto de materiais do projeto Escola Sem Homofobia. Gerido pelo MEC e executado desde 2009 por um conjunto de organizações não governamentais, o projeto previa a realização de seminários com profissionais da educação, gestores/as e representantes da sociedade civil, o desenvolvimento de uma pesquisa sobre o tema em 11 capitais e 5 regiões do país e a criação de um conjunto de materiais educativos. Após pressão da bancada evangélica no Congresso Nacional em meio a uma crise política, a presidenta Dilma Rousseff vetou o material em maio de 2011. De acordo com o MEC, o veto referia-se aos três vídeos que exibiam histórias de afirmação das identidades de gênero e orientações sexuais por estudantes que questionavam os padrões cis-heteronormativos das escolas. O material retornou para "avaliação", mas nunca chegou a ser distribuído. O veto ao "kit" não foi um episódio isolado, mas marca um recuo e "congelamento" de várias iniciativas do Governo Federal nesse campo (FERNANDES, 2011; CARREIRA, 2015; DESLANDES, 2016; VIANNA, 2018).

Esse foi um dos episódios que mais explicitamente revelou a tensão entre a defesa *versus* o combate da diversidade sexual nas políticas de educação, parte de um movimento mais amplo de enfrentamento à inclusão do gênero nas políticas públicas não só no Brasil, como em diferentes partes do mundo. Em um esforço de reconstrução desse embate global, Sônia Correa (2018) localiza o início desses afrontamentos na Conferência Internacional sobre População e Desenvolvimento (CIPD), mais conhecida como Conferência do Cairo (1994), responsável pela explicitação dos direitos reprodutivos, e a IV Conferência Mundial sobre a Mulher: Igualdade, Desenvolvimento e Paz, organizada pelas Nações Unidas em Pequim (1995), palco de um intenso debate sobre os direitos sexuais. Durante a Conferência do Cairo, o Vaticano tentou impedir, em vão, a utilização dos termos "gênero" ou "famílias" no plural. Fazendo frente aos movimentos em defesa dos direitos reprodutivos e sexuais das mulheres, a Santa Sé organizou-se de forma mais incisiva durante a IV Conferência Mundial sobre a Mulher, opondo-se à agenda feminista ao defender um discurso generalista e assumir-se como porta voz dos direitos humanos e das mulheres, ainda que representados exclusivamente por homens. O recrudescimento dessa verdadeira cruzada contra o gênero (JUNQUEIRA, 2017) ganhou fôlego no início do século XXI, quando setores mais conservadores da Santa Sé, tomando como ponto de partida a crítica das teorias feministas, criaram um contradiscurso organizado sob o signo do combate à "ideologia de gênero". Como reação ao avanço da perspectiva de gênero, a contraofensiva católica articulou-se com representantes religiosos conservadores de conferências episcopais, dos movimentos pró-vida e pró-família e com setores não necessariamente religiosos da extrema direita. Inúmeras reflexões chamam a atenção para a dimensão transnacional desse fenômeno caracterizado por muitos como uma cruzada, campanha ou ofensiva antigênero (REIS; EGGERT, 2017; LUNA, 2017; SILVA; CÉSAR, 2017; CASTELLS, 2018; CORNEJO-VALLE; PICHARDO, 2017; JUNQUEIRA, 2017; CORRÊA, 2018; PRADO; CORRÊA, 2018). A "ideologia de gênero" nesse contexto não é um conceito e nem uma categoria de análise; trata-se de uma categoria acusatória fortemente utilizada em um contexto no qual a "lógica antigênero deixou de ser uma estratégia de mobilização política dispersa no tecido socioinstitucional para se converter em política pública explícita" (PRADO; CORRÊA, 2018, p. 447).

No campo específico da educação, a empreitada reacionária vem se sustentando especialmente na defesa de valores morais tradicionais, na reiteração de um modelo cis-heteronormativo reprodutivo de família e na precedência da família sobre a escola no campo da formação ética e sexual, combatendo políticas de educação sexual, de valorização das diferentes orientações sexuais, da pluralidade na composição familiar e reconhecimento da identidade de gênero como autodeterminada.

Essa cruzada teve reflexos na votação do Plano Nacional de Educação. Em um cenário político tensionado pela crise política e econômica que marcou o Brasil a partir de 2013, grupos conservadores – defensores de soluções violentas para questões sociais, ruralistas, religiosos católicos, evangélicos e, em menor escala, kardecistas e judeus, organizações seculares e movimentos como o Movimento Brasil Livre (MBL)[4] e o Movimento Escola Sem Partido (ESP)[5] – atuaram de forma coordenada durante a tramitação do Plano Nacional de Educação no Congresso, culminando na retirada das menções às questões de gênero. A versão final do Plano Nacional de Educação (2014-2024), sancionada como lei, aprovou como meta o combate às desigualdades educacionais, referindo-se de forma genérica à erradicação de "todas as formas de discriminação". Embora o texto final siga dando respaldo legal a ações de enfrentamento à LGBTfobia, ao reconhecimento e valorização da diversidade sexual e de gênero e à promoção dos direitos sexuais e reprodutivos, a supressão das referências explícitas ao gênero serviu para sustentar discursos de que o PNE teria "vetado" tudo o que pudesse ser associado ao gênero nas políticas educacionais. Essa narrativa e todo esse contexto político marcaram profundamente o processo de elaboração dos Planos Estaduais e Distrital de educação, foco específico deste capítulo.

---

[4] O Movimento Brasil Livre (MBL) emerge nas manifestações ocorridas no Brasil em 2013 contra a ex-presidenta Dilma Rousseff (PT), com pautas ligadas ao combate à corrupção e ao liberalismo econômico. Ocupa um lugar importante na disseminação de pautas conservadoras como a redução da maioridade penal, direito ao aborto, casamento entre pessoas do mesmo sexo e a instrumentalização das escolas no que eles chamam de "ideologia de gênero". Por exemplo, é do MBL o chamamento público para as manifestações contra a exposição *Queermuseum* em Porto Alegre (2017) ou a vinda da filósofa Judith Butler (2017) para um evento em São Paulo.

[5] O ESP foi criado em 2004 pelo advogado Miguel Nagib, procurador do estado de São Paulo, e se apresenta como uma "iniciativa conjunta de estudantes e pais preocupados com o grau de contaminação político-ideológica das escolas brasileiras" (http://escolasempartido.org/quem-somos). As pesquisas mostram que se trata de movimento de ataque e censura à crítica histórico-social nas escolas, uma articulação reacionária que associaria políticas feministas e LGBT à "esquerda", tendo como objetivo expurgar simultaneamente o "marxismo cultural" e a "ideologia de gênero" das políticas educacionais e práticas escolares (FRIGOTTO, 2017).

Os Planos Estaduais e Distrital de Educação

O processo de construção dos Planos de Educação nos estados e no Distrito Federal se deu de formas variadas, com diferentes graus e modos de participação social. A tramitação, no entanto, segue um percurso geral, começando com um projeto de lei inicial, necessariamente elaborado pelo Executivo, que o encaminha à Assembleia Legislativa. Avaliado – e eventualmente modificado – nas comissões e no plenário do Legislativo, por meio de emendas ou substitutivos, o projeto retorna ao Executivo, que pode vetá-lo em parte, vetos que serão mantidos ou derrubados pela Assembleia, chegando-se à publicação definitiva da lei.

Todos os projetos e leis deles derivados seguiram basicamente a mesma estrutura do PNE: há um texto da lei, propriamente dito, organizado em artigos, parágrafos e incisos, que define diretrizes, objetivos, entre outras questões mais gerais, seguido de um anexo em que é possível encontrar as metas e suas respectivas estratégias. Dos planos examinados, 11 incluem também um diagnóstico ou análise situacional da educação em cada estado. Dado que mais da metade dos estados não apresenta esse último item, excluímos esses diagnósticos de nossa análise.

Como os Planos de Educação estão estruturados de forma parecida, fazem saltar aos olhos algumas contradições nos textos, que ajudam a perceber as variações locais das disputas em torno desses temas. A análise dos planos nos traça um mapa que nos mostra o resultado da negociação, mas também as várias disputas, cujos sentidos e características se materializam no texto da lei.

Diante do que encontramos, não parece possível, nem mesmo útil, organizar dicotomicamente os planos entre os que abordam ou não abordam o gênero. Não se trata de dividi-los entre os que são contra ou a favor, entre os que vetam ou os que promovem a incorporação de uma perspectiva de gênero na política educacional, mas perceber as diferentes formas com que estes planos lidam com tais questões e o que isso nos indica sobre os processos de disputa política em que eles foram forjados. Os 26 Planos de Educação examinados – 25 estados e o Distrito Federal – foram então organizados em quatro grandes grupos. Como esse é um processo eivado de contradições, alguns estados abordam aspectos que integram dois grupos, mas optamos por incluí-los apenas no grupo cuja tendência está ali mais explicitamente evidenciada. As quatro formas de tratamento do gênero e da produção das sexualidades serão detalhadas a seguir e podem ser melhor visualizadas no mapa apresentado.

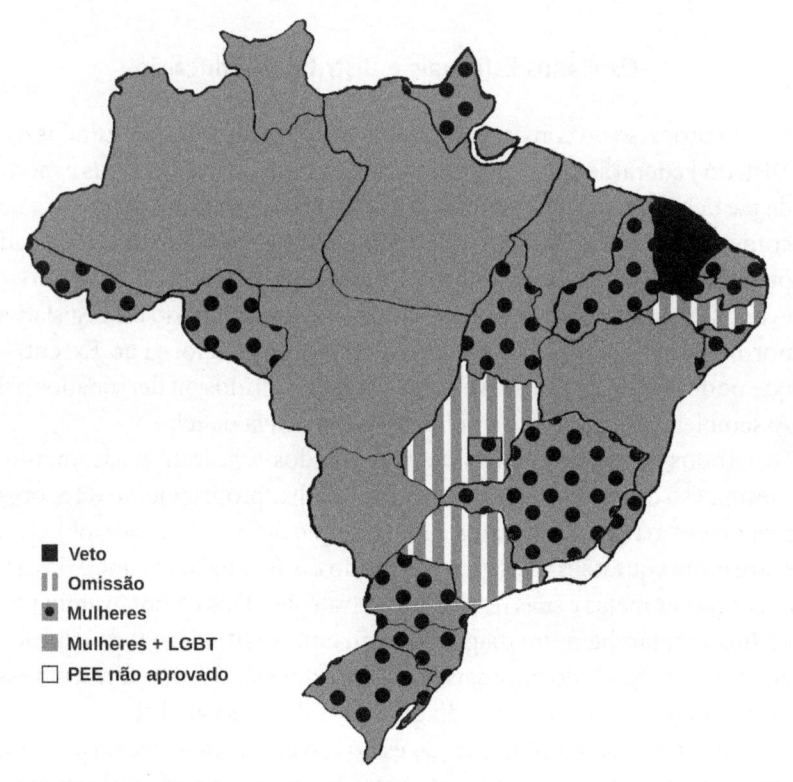

- Veto
- Omissão
- Mulheres
- Mulheres + LGBT
- PEE não aprovado

Fonte: Elaboração própria.

O *primeiro grupo* (preto) diz respeito ao *veto* e é composto de apenas um estado (CE).

O *segundo grupo* (listras verticais), com três estados, é caracterizado pela *omissão* do termo "gênero" e de qualquer termo que pudesse ser a ele relacionado (GO, PE, SP).

O *terceiro agrupamento* (círculos pretos), com quinze estados (AP, AC, AL, ES, DF, MG, PB, PI, PR, RN, RO, RS, SC, SE, TO), é marcado por *incorporação parcial*, com referências aos direitos humanos, à garantia de alguns direitos das mulheres e à cultura da paz, mas de forma restrita, por vezes reiterando perspectivas binárias ou evocando a precedência da família sobre a escola. Em nenhum deles aparecem referências às demandas LGBT.

O *quarto grupo* (cinza), com sete estados, opera com a *explicitação* de questões de gênero e sexualidade, tanto no que diz respeito à superação de desigualdades e promoção dos direitos das mulheres quanto no reconhecimento, proteção e promoção de direitos das pessoas LGBT (AM, BA, MA, MT, MTS, PA, RR). O Rio de Janeiro, único estado que não promulgou seu PEE, está representado em branco.

O veto ao gênero
(CE)

De todos os planos de educação analisados, o PEE do Ceará é o único que inclui em suas diretrizes um inciso que explicitamente "*impede, sob quaisquer pretextos, a utilização de ideologia de gênero na educação estadual*" (2015, Art. 3º, Inciso XV, grifos nossos).

Esse veto, no entanto, convive com menções que, a princípio, parecem contraditórias. Na Meta 21, Estratégia 21.10, o plano indica "ajustes nos currículos das escolas indígenas, quilombola e do campo" para inserir conteúdos que ajudem a "desenvolver cultura de superação do *preconceito e discriminação aos segmentos populacionais*, inclusive por racismo, por sua *orientação sexual, machismo*, intolerância religiosa e geração, etnia, agroecologia, gestão territorial, medicina tradicional, pintura corporal e rituais indígenas, etc., que atendam a realidade e as especificidades dessas comunidades" (2016, Meta 21, grifos nossos). A Meta 8, ao prever aumento da escolaridade da população, inclui como público alvo "segmentos populacionais que sofrem preconceitos e opressões em razão de sua nacionalidade, condição social e local de nascimento, raça, cor, religião, origem étnica, convicção política ou filosófica, deficiência física ou mental, doença, idade, atividade profissional, estado civil, classe social, *sexo, orientação sexual* e moral familiar *respeitando-se a orientação dos pais e/ou responsáveis*" (2016, Meta 8, grifos nossos). Essa afirmação se repete nas estratégias que tratam da ampliação da oferta de Educação de Jovens e Adultos (EJA) e da formação inicial e continuada de professores, gestores e demais profissionais da educação (2016, Meta 8, Estratégias 8.3, 8.8). O PEE do Ceará (2016, Meta 21, Estratégia 21.1) também ressalta a importância de "possibilitar a *inserção produtiva e autonomia econômica das mulheres*", destacando como estratégia a universalização da oferta de "*Educação Infantil, a partir do 0 (zero) mês de idade, creches em período integral*; Fundamental e Médio dentro das comunidades indígenas, quilombola e do campo, independentemente do número de alunos" (grifos nossos). Essas referências evidenciam a presença das deliberações dos sete eixos da Conferência Nacional de Educação (CONAE), inclusive as do Eixo II "Educação e Diversidade: Justiça Social, Inclusão e Direitos Humanos", em consonância com os princípios do ensino estabelecidos na Lei de Diretrizes e Bases da Educação Nacional (BRASIL, 1996) que, de acordo com o Artigo 3º da Constituição Federal de 1988, inclui entre os objetivos fundamentais da República Federativa do Brasil "promover o bem de todos, sem preconceitos de origem, raça, sexo, cor, idade e quaisquer outras formas de discriminação".

Vale notar, no entanto, que essas menções dividem espaço com o necessário controle e prerrogativa das famílias sobre a escola no tratamento desses temas, fazendo referência a uma suposta "moral familiar". Para isso o plano prevê em suas estratégias, uma delas contida na Meta 7, o fomento da qualidade da Educação Básica em todas as etapas e modalidades, a "*avaliação prévia e específica* do material escolar, voltado para crianças e adolescentes, no mínimo, nos seguintes itens: racismo, *preconceito*, discriminação e *orientação sexual*" (2016, Meta 7, Estratégia 7.49, grifos nossos). Apesar de aparentemente contraditório, esse Plano de Educação expressa a força de setores conservadores atuantes no Poder Legislativo. No próprio texto o veto é justificado com base no sintagma[6] da "ideologia de gênero", com a finalidade de denunciar o suposto caráter doutrinário da abordagem de gênero na formação moral de crianças e adolescentes, criando um verdadeiro pânico nas famílias em relação a essa temática. Por isso, o controle da família é indispensável para evitar uma suposta dissolução dos papéis sociais de homens e mulheres e, consequentemente, da família nuclear.

Aqui fica evidente a forte conotação antifeminista e cis-heteronormativa da retórica da "ideologia de gênero" em nome da defesa da família cis-heterossexual como norma, do papel da mulher no centro do universo doméstico com a defesa do "conceito de 'natureza humana' como decorrente de uma 'lei natural' dada por Deus, comprovada pela biologia e inalterável, o qual é peça fundamental na argumentação que sustenta a condenação do gênero qualificado como uma 'ideologia', com forte conotação negativa" (Rosado-Nunes, 2015, p. 1250). A própria definição de família é sustentada por uma concepção biológica inalterável de homem e mulher e de reprodução. O uso essencialista da mulher, no singular ou no plural universal, pressupõe uma identidade feminina universal, com evidentes conotações biológicas e com forte intenção de produzir hierarquias que sustentem relações desiguais e de dominação no âmbito específico da família, também referida no singular e assim defendida pelo Vaticano desde a Conferência do Cairo.

---

[6] A caracterização da "ideologia de gênero" como um sintagma é feita por Rogério Diniz Junqueira (2017) para destacar sua falta de precisão conceitual e seu uso fortemente voltado para a criação do pânico moral.

A omissão de qualquer menção ao gênero
(GO, PE, SP)

Apesar das inúmeras tentativas de professores/as e estudantes favoráveis à inclusão das questões de gênero e diversidade sexual nas escolas, os estados de Goiás, Pernambuco e São Paulo suprimiram toda e qualquer discussão relativa ao tema. Mencionam apenas a importância de se desenvolverem nas escolas ações que suscitem uma cultura de paz, com segurança e respeito aos direitos humanos, mas não incorporam a palavra "gênero" ou qualquer expressão que possa ser a ela relacionada – mulher, homem, orientação sexual, sexualidade.

Os textos seguem formas de menção genérica ao enfrentamento à discriminação e à violência, tal qual o PNE. O estado de São Paulo, em sua Meta 3 sobre elevação da escolaridade da população jovem, menciona o combate a *"qualquer forma de discriminação"* (2016, Meta 3, Estratégia 3.9, grifos nossos), e o estado de Goiás prevê a prevenção da *"violência, o bullying,* o uso e abuso de drogas" (2015, Meta 2, Estratégia 2.15, grifos nossos). Já Pernambuco acrescenta que o combate à violência deve vir acompanhado da *"identificação e supressão de todas e quaisquer fontes diretas ou indiretas geradoras de racismo, discriminação, xenofobia e intolerâncias correlatas,* inclusive nos currículos, práticas e materiais didático-pedagógicos" (2015, Meta 8, Estratégia 8.10, grifos nossos).

Chama ainda a atenção a linguagem utilizada nesses planos categorizados pela omissão do gênero. Ao nomearem os indivíduos de ambos os sexos, os planos desse grupo enfatizam a forma masculina. Sabemos que, em nossa sociedade, o uso da palavra articulada ou escrita como meio de expressão e de comunicação tem no masculino genérico a forma utilizada para expressar ideias, sentimentos e referências a outras pessoas. Contudo, essa utilização nunca é neutra. A linguagem como sistema de significação é expressão da cultura e das relações sociais de um determinado momento histórico. Se, por um lado, o masculino genérico empregado expressa uma forma comum de se manifestar, por outro, seu uso – especialmente em documentos que visam pautar as políticas públicas de educação por um período de dez anos – não é impune, pois a adoção exclusiva do masculino pode expressar discriminação sexista e reforçar o modelo linguístico androcêntrico.

O uso parcial do gênero: direitos humanos, mulheres, cultura da paz
(AP, AC, AL, ES, DF, MG, PB, PI, PR, RN, RO, RS, SC, SE, TO)

Nestes 15 planos, a menção a questões de gênero aparece de forma genérica na menção aos direitos humanos ou com pautas de direitos específicos para as mulheres, ou ainda com enaltecimentos à importância do respeito entre homens e mulheres e da cultura de paz nas escolas.

Na grande maioria, além da palavra "gênero" ser substituída por sexo e o par "homens e mulheres" ser reiterado ao longo de todo o texto, desaparece qualquer referência à orientação sexual e à afirmação das identidades de gênero, prevalecendo os padrões cis-heteronormativos. Apenas no caso de Minas Gerais, Amapá e Rio Grande do Sul o texto omite a palavra "gênero" sem omitir a palavra "mulher". No caso dos estados do Amapá e do Rio Grande do Sul há a menção à orientação sexual quando indica a "promoção dos princípios do respeito aos direitos humanos, à diversidade e à sustentabilidade socioambiental, à *orientação sexual* e às escolhas religiosas" (2015, Art. 2º, Inciso X, grifo nosso) e na meta que trata da expansão das matrículas no Ensino Superior (2015, Meta 15, Estratégia 15.5), mas sem maiores aprofundamentos.

O PEE do Rio Grande do Norte (2016, Meta 1, grifos nossos) prevê "a implementação de ações de inclusão, objetivando a *superação das desigualdades que atingem mulheres*". Além delas há menções aos "indígenas, negros, quilombolas, povos tradicionais, povos do campo e pessoas com deficiência", mas não se fala em pessoas LGBT. A referência às mulheres aparece vinculada à luta por creches e Educação Infantil, assim como ao cuidado com as crianças, sem a explicitação dos direitos reprodutivos, bem como o direito à informação e suporte necessários para essa decisão. Alagoas vincula o incentivo à autonomia das mulheres à expansão da oferta de Educação Infantil. O estado prevê um "*levantamento e publicação da demanda de creche*, para população de 0 (zero) a 03 (três) anos, e de pré-escola, para crianças de 04 (quatro) e 05 (cinco) anos" (2016, Meta 1, Estratégia 1.8, grifos nossos). Entre adolescentes e jovens do Ensino Fundamental a preocupação mais recorrente engloba um conjunto de situações: discriminação, preconceitos, violência e *gravidez precoce*.

Minas Gerais (2018, Meta 1, Estratégias 1.3, 1.7) menciona a importância da ampliação da oferta de Educação Infantil em creche, mesmo sem mencionar as mulheres. Espírito Santo (2015, Meta 3, Estratégia 3.8), Pará (2015, Estratégia 3.8), Rio Grande do Norte (2016, Meta 3, Estratégia 10), Piauí (2015, Meta 3, Estratégias 3.19 e 3.21), Sergipe (2015, Meta

3, Estratégia 3.9) e Tocantins (2015, Meta 4, Estratégia 4.12) incluem o conjunto dessas situações como alvo de acompanhamento para a permanência de estudantes beneficiárias de programas de transferência de renda no Ensino Médio.

No âmbito do ensino superior, o olhar volta-se para as políticas de inclusão e assistência estudantil para as mulheres no ensino superior (PARANÁ, 2015, Meta 12, Estratégia 12.6) ou até mesmo nos cursos de pós-graduação nos quais a proposta é "*estimular a participação das mulheres* em cursos de pós-graduação *stricto sensu*, em particular naqueles ligados às áreas de Engenharia, Matemática, Física, Química, Informática e outros no *campo das ciências*" (DISTRITO FEDERAL, 2015, Meta 14, Estratégia 14.5; ALAGOAS, 2016, Meta 14, Estratégia 14.8; MINAS GERAIS, 2018, Meta 14, Estratégia 14.4).

Outro tema reiterado pela maioria dos planos desse grupo é a referência à violência doméstica e sexual, mas não se vê menção ao gênero ou à orientação sexual. Esse formato aparece nos PEE do Acre (2015, Meta 7, Estratégia 7.17), Alagoas (2015, Meta 7, Estratégia 7.43), Amapá (2015, Meta 4, Estratégia 4.6), Amazonas (2015, Meta 7, Estratégia 7.18), Ceará (2016, Meta 7, Estratégia 7.20), Maranhão (2014, Meta 8, Estratégia 8.24), Paraíba (2015, Meta 19, Estratégia 19.23), Paraná (2015, Meta 7, Estratégia 7.22), Santa Catarina (2015, Meta 7, Estratégia 7.18) e Sergipe (2015, Meta 7, Estratégia 7.22). O texto expressa a necessidade de "garantir políticas de *combate à violência na escola e no seu entorno*, inclusive pelo desenvolvimento de ações destinadas à *capacitação de educadores para detecção dos sinais de suas causas*, como a *violência doméstica e sexual*, favorecendo a adoção das providências adequadas que promovam a construção da cultura de paz e um ambiente escolar dotado de segurança para a comunidade" (grifos nossos).

Nesse conjunto temos uma exceção com um texto mais enxuto do estado do Rio Grande do Norte, que menciona apenas o desenvolvimento de "ações fundamentadas em direitos humanos sobre a prevenção às drogas e da *violência com relação às mulheres, criança e jovens, no contexto escolar*" (2016, Dimensão 8, Meta 1, Estratégia 10, grifos nossos).

A defesa do respeito também é mencionada por alguns planos. O PEE do Rio Grande do Norte é bem amplo, refere-se a *toda forma de preconceito* e garante a inclusão nos currículos escolares das "*especificidades e necessidades formativas* da Educação de Jovens e Adultos, da infância, da adolescência, dos povos do campo, das águas e comunidades ciganas", com ênfase "na perspectiva dos *direitos humanos*, adotando práticas de superação do *racismo*, do *machismo*, do *sexismo*, e de *toda forma de preconceito*, contribuindo para a efetivação de uma *educação não discriminatória*" (2016, Dimensão 8, Meta 1, Item 4, grifos nossos).

As diretrizes do Plano do Distrito Federal fazem uma referência muito genérica para incluir a "promoção dos princípios do *respeito aos direitos humanos*" (2015, Art. 2º, Inciso XI, grifos nossos). De modo semelhante, o estado de Minas Gerais inclui entre suas diretrizes "o respeito aos direitos humanos e o combate ao preconceito e à violência no ambiente escolar" (2018, Art. 2º, Inciso X, grifos nossos). Também inclui em sua Meta 8 a elevação da escolaridade média da população de 18 a 29 anos, propondo "promover a busca ativa de jovens e adultos fora da escola e o acompanhamento e o monitoramento do acesso à educação dos segmentos populacionais abrangidos pela meta, em parceria com as áreas de assistência social, saúde, direitos humanos, proteção à juventude, promoção da igualdade racial, defesa de direitos e proteção das mulheres, bem como com organizações da sociedade civil, entidades sindicais e universidades" (2018, Meta, 8, Estratégia 8.5). Já o estado de Tocantins (2015, Meta 11, Incisos I, II, III) inclui três incisos sobre direitos humanos, todos eles na Meta que trata da Educação Ambiental. Apesar de estarem situados em uma meta específica, tratam de temas gerais como "implementação de políticas e programas educacionais para a *educação em direitos humanos*, com vistas a assegurar os direitos individuais e coletivos, a cidadania e o *respeito às diferenças*"; "currículo escolar que atenda a educação em direitos humanos, em todas as etapas e modalidades da educação básica, de forma permanente e articulada, a partir dos processos pedagógicos, transversais e interdisciplinares" (grifos nossos).

O PEE do Paraná enfatiza "a educação que efetive o *respeito entre homens e mulheres*" quando trata do currículo (2015, Meta 2, Estratégia 2.21, grifos nossos) e da formação inicial continuada de profissionais da educação (2015, Meta 1, Estratégia 1.3; Meta 15, Estratégia 15.11).

Nesse conjunto de planos, a menção ao respeito vem sempre acompanhada de uma ressalva: a precedência da família sobre o Estado. São muitas as formas de afirmação dessa precedência, como nas diretrizes do Plano do Distrito Federal que inclui a "promoção dos princípios do respeito aos direitos humanos", mas com um *condicionante que lhe submete às "convicções morais dos estudantes e de seus pais ou responsáveis*" (2015, Art. 2º, Inciso XI, grifos nossos). Ou então no caso do PEE do Paraná, que atenta para as "*especificidades da faixa etária*" (2015, Meta 1, Estratégia 1.3; Meta 2, Estratégia 2.21; Meta 15, 15.11, grifos nossos), e do "*reconhecimento da precedência da família na educação escolar até o término do Ensino Médio*, fortalecendo e tornando efetiva a *participação dos pais/mães nas políticas pedagógicas* que tratem do assunto" (Tocantins, 2016, Art. 2º, Inciso XII, grifos nossos).

A perspectiva de gênero nesses estados é restrita e retoma uma abordagem muito próxima do enfoque velado de gênero característico do texto da Constituição Federal de 1988 (Brasil, 2001), diluindo as questões de gênero na grande chave dos direitos humanos, da cultura da paz e do respeito entre homens e mulheres, sem nenhuma menção específica às múltiplas desigualdades que esses termos podem conter, como se seus significados fossem autoevidentes. Ainda que alguns planos deem também destaque para as denúncias contra o machismo, o sexismo e, em especial, a violência sexual e doméstica contra mulheres e em caso de denúncia contra a violência infantil, trata-se de proposições soltas que, por não estarem vinculadas explicitamente a uma abordagem determinada, podem ser materializadas tanto em articulação com questões de gênero e sexualidade quanto dentro de uma perspectiva conservadora e cisheteronormativa de homens e mulheres.

Além disso, essa menção aos direitos humanos e/ou ao respeito entre homens e mulheres, à exceção da breve menção à orientação sexual no Rio Grande do Sul, omite qualquer alusão às pessoas LGBT, o que parece ser alvo de maior preocupação, investimento reacionário e um dos principais objetos de disputa política.

Rondônia é um caso exemplar. O plano inicialmente aprovado contava com diversas referências às questões LGBT, de orientação sexual e identidade de gênero. A partir de uma lei aprovada posteriormente, todas as citações às questões LGBT foram retiradas. O alvo da lei subsequente foi justamente o conjunto de itens em que essa pauta era citada, mas sobreviveram todas as menções à promoção do direito das mulheres, como nos trechos que visam garantir "a partir da data de vigência do plano, em 100% das escolas, *ações preventivas dentro do currículo escolar sobre gravidez na adolescência*" (2015, Meta 2, Item 2.21, grifos nossos) e "*políticas de combate à violência na escola*, inclusive pelo desenvolvimento de ações destinadas à capacitação de educadores para a detecção dos sinais de suas causas, como a *violência doméstica e sexual*" (2015, Meta 7, Item 7.12, grifos nossos).

Assim, nesse grupo, o modo de abordagem dos direitos humanos, dos direitos à educação, da própria violência doméstica e sexual contra mulheres, não incorpora as relações de gênero nas políticas de educação, mais especificamente nos Planos de Educação examinados, e o gênero aparece velado no tratamento do tema. Isso indica que, apesar de fazer referência ao machismo, ao sexismo ou à violência doméstica, os planos reafirmam uma abordagem generalista, aproximando-se da mesma tendência do PNE. Mais do que isso, esse grupo indica um grande retrocesso ao tomar gênero como sinônimo de mulher ou mulheres. Retoma-se o uso essencialista da expressão mulher, amplamente criticada por várias feministas quando ao conceito de gênero caberia exatamente a tarefa de problematizar essa concepção. Nesse conjunto prevalece o que Judith Butler (1990, 2014) denomina de "matriz heterossexual", ou seja, falar de homem, mulher e família nas proposições contidas nesses planos é falar da imposição da cis-heterossexualidade como padrão.

A explicitação do gênero como direitos humanos: mulheres, pessoas LGBT (AM, BA, MA, MT, MTS, PA, RR)

Este grupo de sete estados apresenta uma incorporação detalhada e bastante ampla da perspectiva de gênero e do reconhecimento das sexualidades como integrantes da função social da educação e, portanto, a ser prevista nas leis que organizam as políticas relativas ao acesso e permanência nos vários níveis e modalidades de ensino – incluindo Educação Infantil, Ensino Fundamental e Médio, além da Educação de Jovens e Adultos, chegando até ao ensino superior em alguns estados – e nas Diretrizes Educacionais, no conteúdo do próprio currículo escolar e na formação inicial e/ou continuada de professores.

Quanto às questões relativas ao acesso e à permanência nos vários níveis e modalidades de ensino, para universalizar o "atendimento escolar para toda a população de 15 a 17 anos", o estado do Amazonas propõe a implementação de políticas de "prevenção à evasão, abandono escolar" motivadas por qualquer "preconceito ou *discriminações sociais, sexuais*, religiosas, culturais e etnorraciais" (AMAZONAS, 2015, Meta 3, Estratégia 3.11, grifos nossos). Portanto, apesar de mencionar os termos "evasão" e "abandono", deixa claro que a desistência dos estudos está relacionada com as condições advindas das desigualdades sociais, sejam elas de classe, etnorraciais, de gênero, etc.

O Mato Grosso caminha na mesma direção e propõe como meta o estabelecimento de "*políticas de ações afirmativas* a partir de pesquisas, junto ao censo escolar sobre reprovação, evasão/abandono escolar, fazendo um *recorte de gênero*, cor/raça, renda e nível de escolaridade dos pais"

(Mato Grosso, 2014, Meta 15, Estratégia 1, grifos nossos). O referido estado também recomenda adotar *"medidas administrativas, pedagógicas e organizacionais* necessárias para garantir ao estudante o acesso e a permanência na escola sem discriminação por motivo de *identidade de gênero e orientação sexual"* (Mato Grosso, 2014, Meta 2, Estratégia 33, grifos nossos).

Já Roraima tem, entre suas estratégias para garantia de "acesso e permanência ao ensino superior, "assegurar *programas de ação afirmativa* para pessoas com deficiências, negros, indígenas, povos das águas e da floresta, de *diferentes orientações sexuais"* (2015, Item 5, Estratégia 8, grifos nossos). O estado do Maranhão é bastante enfático e prevê políticas para a garantia de *"acesso e condições para permanência"* para *"gays, lésbicas, bissexuais, travestis e transexuais* no Ensino Fundamental" (2014, Meta 2, Estratégia 2.17, grifos nossos).

Em um país onde a expectativa de vida de uma pessoa trans é de 35 anos de idade e não se têm registros sistematizados sobre o exercício de seus direitos à educação formal (Mott; Michels, 2018), ao quebrarem o silêncio, medidas como essa trazem à tona direitos ainda não exercidos, sinalizando para possíveis mudanças, como define Ball (1989).

Ainda no que diz respeito à garantia de acesso, permanência e aproveitamento escolar, o PEE do Mato Grosso prevê o cuidado com o que denomina *"gravidez precoce"* no caso de jovens beneficiárias de programas de transferência de renda no Ensino Médio (Mato Grosso, 2014, Meta 9, Estratégia 12, grifos nossos). Muitos estudos questionam a dita "precocidade" da gravidez entre jovens e adolescentes sublinhando que são muitos os elementos utilizados pelas jovens para concretizar ou adiar a maternidade (Oliveira, 2007), mas aqui vale destacar a importância de o plano ressaltar a responsabilidade da escola na garantia da continuidade dos estudos dessas jovens.

Alguns planos tratam explicitamente da inclusão de questões de gênero e sexualidade no currículo. E novamente o PEE do Maranhão se destaca ao prever apoio para "as Secretarias Municipais de Educação na elaboração, na implantação, na implementação e avaliação de propostas curriculares para a Educação Infantil" que respeitem a *"diversidade de gênero"* (2014, Meta 1, Estratégia 1.17, grifos nossos), indicando que *"todas as políticas públicas da diversidade"*, entre elas as voltadas para a *"garantia de direitos* aos/as negros/as, indígenas, *mulheres, pessoas do segmento LGBTTT* e outros" sejam "inseridas nos Projetos Político-pedagógicos das escolas estaduais" (2014, Meta 7, Estratégia 7.8, grifos nossos).

O plano do estado do Amazonas é ainda mais específico ao prever, para o Ensino Médio, "*currículos escolares* que organizem, de maneira flexível e diversificada, conteúdos obrigatórios e eletivos articulados em dimensões como ciência, trabalho, linguagens, tecnologia, cultura, esporte, educação para o trânsito e *educação sexual*" (2015, Meta 3, Estratégia 3.1, grifos nossos).

O PEE do Mato Grosso indica, como uma das estratégias para aferir educação de qualidade, "assegurar o desenvolvimento de projetos curriculares articulados com a base nacional comum" e relacionados, entre outros aspectos, aos "direitos humanos, *gêneros, sexualidade*" (2014, Meta 2, Estratégia 13, grifos nossos). O PEE prevê ainda a elaboração de "diretrizes que orientem os sistemas de ensino na implementação de ações que comprovem o respeito ao cidadão e à *não discriminação por orientação sexual*" (2014, Meta 2, Estratégia 34, grifos nossos).

Sobre o *material pedagógico*, os estados do Maranhão (2014, Meta 7, Estratégias 7.11 e 7.15), Mato Grosso do Sul (2014, Meta 7, Estratégia 7.35) e Pará (2015, Meta 7, Estratégia 7.34) propõem a aquisição, produção e distribuição de material didático sobre direitos humanos, prevenção a DST/Aids e questões de gênero, orientação sexual e sexualidade para profissionais da educação, estudantes, pais e/ou responsáveis. Na produção de material pedagógico, o PEE do Maranhão menciona explicitamente "*relações de gênero*" e "*diversidade sexual*" (2014, Meta 7, Estratégia 7.11, grifos nossos).

Esses estados reconhecem que não basta prever a inclusão das questões de gênero e produção das sexualidades nos currículos e materiais didáticos, dando ênfase à importância da formação inicial e continuada de professores e professoras. Mato Grosso do Sul (2014, Meta 7, Estratégia 7.34) e Pará (2015, Meta 7, Estratégia 7.34) preveem formação continuada sobre "direitos humanos", "*prevenção das DST/Aids*, alcoolismo e drogas, em sua *interface com as questões de gênero e sexualidade*, questões étnico-raciais, geracionais, situação das pessoas com deficiência" (grifos nossos), com textos idênticos. O PEE do Mato Grosso do Sul prevê ainda a articulação com "instituições de ensino superior, públicas e privadas a oferta, na sede e/ou fora dela, de cursos de formação continuada" sobre "educação e gênero" (2014, Meta 16, Estratégia 16.2, grifos nossos). O PEE da Bahia acrescenta a formação inicial de professores/as de modo a "assegurar que as questões de *diversidade* cultural, étnica, religiosa e *sexual* sejam tratadas como *temáticas nos currículos* [...] sob égide do Plano Nacional de Educação em Direitos Humanos e das Diretrizes Nacionais para a Educação em Direitos Humanos emanadas pelo Conselho Nacional de Educação" (2016, Meta 15, Estratégia 15.15, grifos nossos).

No PEE do Mato Grosso a referência é mais extensa e indica oferta de *"formação específica inicial e continuada"* aos profissionais de educação "referente a *gênero, sexualidade e orientação sexual, dentro do segmento diversidade, visando ao enfrentamento do sexismo e da homofobia/lesbofobia/transfobia na perspectiva dos direitos humanos"* (2014, Meta 5, Estratégia 16, grifos nossos).

Mato Grosso do Sul (Meta 7, Estratégia 7.33) e Pará (2015, Meta 7, Estratégia 7.33) preveem que a implementação de políticas de "prevenção e combate à violência nas escolas" devem incluir, além da *"violência doméstica e sexual"* – prevista pela ampla maioria dos estados, como veremos adiante –, as violências por *"questões de gênero e de orientação sexual"*, inclusive "com capacitação dos profissionais da educação para atuarem em ações preventivas junto aos (às) estudantes na detecção das causas" (grifos nossos).

Os órgãos de políticas para mulheres são citados em três planos desse grupo. O Maranhão (2014, Meta 7, Estratégia 7.3) propõe, de forma geral, o estabelecimento de parcerias com "Secretaria Estadual de Direitos Humanos, Secretaria Estadual de Igualdade Racial, Secretaria Estadual da Mulher", enquanto o Mato Grosso do Sul (2014, Meta 3, Estratégia 3.74) indica parcerias com órgãos como "Secretaria de Assistência Social – SEDSS; Centro de Referência da Assistência Social – CRAS; Ministério Público Estadual – MPE; Secretaria de Políticas para as Mulheres – SEPMULHERES; Secretaria de Justiça e Direitos Humanos – SEJUDH; Secretaria de Humanização; Secretaria de Estado de Saúde – SESACRE de promoção dos direitos das mulheres para o combate ao preconceito, à violência e qualquer forma de discriminação". O PEE do Mato Grosso indica o apoio aos "projetos inovadores que visem o desenvolvimento de propostas pedagógicas adequadas às necessidades específicas dos estudantes quanto ao conhecimento das diversidades étnico-racial, de gênero, sexualidade e orientação sexual" (2014, Meta 15, Estratégia 5).

O Maranhão é o único estado que prevê a implantação, na Secretaria de Estado da Educação e em todas as Unidades Regionais de Educação, de "um *setor ou equipe técnica especializada e multidisciplinar"* para *"realizar, acompanhar, avaliar e monitorar* as atividades referentes à educação em direitos humanos, à *educação* para as relações étnico-raciais, *para as relações de gênero, identidade de gênero e diversidade sexual"*, fortalecendo "parcerias entre organismos públicos, não governamentais e com os movimentos sociais", entre eles "de *mulheres, feministas e LGBTTT*", com o objetivo de "alcançar uma educação não discriminatória, *não sexista, não machista, não racista, não homofóbica, não lesbofóbica, não transfóbica*" (2014, Meta 7, Estratégia 7.7, grifos nossos).

Coerentes com os fundamentos e princípios da Constituição Federal, esses documentos evidenciam zelo e cuidado com muitos dos aspectos relativos aos significados e às implicações de gênero nas relações e nos conteúdos escolares, reconhecendo-as como referências fundamentais para a constituição da identidade de crianças e jovens. Mesmo com especificidades, cada um dos planos desse grupo problematiza o caráter fixo e binário da oposição entre significados masculinos e femininos ao incluírem o combate ao sexismo, ao machismo e à LGBTfobia. A agenda de gênero é explícita nesses planos, assim como as demandas do ativismo LGBT. Pode-se, portanto, apreender que esse conjunto de planos traz uma crítica mais incisiva às características tidas pela tradição como naturalmente masculinas ou femininas e às afirmações biológicas sobre corpos, comportamentos e habilidades de mulheres e homens e sobre diferenças sociais, destacando o caráter socialmente construído do conhecimento científico.

Conclusões inconclusas

Apesar do alarde e do impacto provocados pela supressão da menção direta ao gênero no Plano Nacional de Educação, mais da metade dos Planos de Educação, ainda que de formas bastante distintas, inseriu questões relativas à agenda das mulheres, sob uma perspectiva de gênero, na sua redação final. Vários estados comprometem-se com o enfrentamento das discriminações sociais em geral e alguns com o acolhimento de várias dimensões do gênero e da diversidade sexual na Educação Infantil e na Educação Básica. Outros estados incluem o Ensino Médio e a Educação de Jovens e pessoas Adultas, e alguns até o ensino superior e a pós-graduação. Quase um terço dos planos expressa clareza de que a garantia de acesso e permanência com qualidade passa pelo enfrentamento das desigualdades de gênero nas medidas administrativas, pedagógicas e organizacionais, abrangendo desde a prevenção das chamadas Infecções Sexualmente Transmissíveis (ISTs) e da Síndrome da Imunodeficiência Adquirida (AIDS), das violências sexuais, de gênero e por orientação sexual até a inserção do gênero e da sexualidade no currículo, nos materiais pedagógicos e na formação inicial e continuada de professores e professoras, envolvendo profissionais da educação, estudantes, pais, mães e responsáveis no confronto do sexismo e da LGBTfobia. Em alguns planos conta-se com o apoio de órgãos de políticas para as mulheres e até com uma equipe especializada e multidisciplinar.

Podemos supor que esse movimento de afirmação é fruto das inúmeras conquistas das mulheres e das pessoas LGBT já registradas no início deste capítulo. Nos planos que explicitam as várias facetas da inserção de gênero nessa política de educação, ele adquire caráter relacional, capaz de abarcar a estruturação das relações sociais, englobando as dimensões de classe, raça, etnia e geração na procura de apreensão das distintas formas de desigualdade.

Por outro lado, o discurso antigênero e a disputa pela aprovação de pautas conservadoras são manifestados na omissão do termo "gênero" e de todas as palavras a ele relacionadas, como mulher, homem, orientação sexual, sexualidade. E também no corte e/ou limitação da agenda LGBT em vários planos e no veto ao trabalho com gênero e sexualidade nas escolas, sob o argumento de que a "ideologia de gênero" seria nefasta para a educação de crianças e jovens.

Em consonância com as várias pesquisas sobre o tema, já citadas, podemos afirmar que a retórica da "ideologia de gênero" tornou-se – também na elaboração dos Planos de Educação – uma chave de articulação ao redor da qual uma série de grupos e sujeitos aglutinou-se com estratégias declaradamente contrárias ao avanço de qualquer política associada à agenda feminista e LGBT, além de reiterar, inclusive no texto da lei, uma perspectiva essencialista, determinista, cis-heteronormativa e masculinista.

A agenda reacionária fez-se ao mesmo tempo explícita na inserção de itens que restringem ou subjugam a abordagem desses temas na escola à concordância das famílias. A visão de que o gênero possa ser uma ameaça às crianças e suas famílias e o uso do conceito nas escolas, uma interferência do Estado na soberania de pais e mães quanto à educação moral de seus/suas filhos/as, sustenta tanto a ausência de menção ao tema quanto o veto do uso do gênero nas escolas e seu controle pela família no sentido de evitar um suposto projeto de "doutrinação ideológica" que estaria sendo posto em curso por ativistas, educadores/as e grupos políticos.

Ainda assim, o avanço conservador, ao menos no momento em que esses planos foram votados, contrapõe-se à manutenção de várias conquistas. Se um estado proíbe e mais outras três unidades da federação excluem nominalmente menções ao gênero e a quaisquer termos relacionados ao conceito e inserem itens que podem ser interpretados como restrições veementes ao debate livre desses temas, temos um conjunto de sete estados que levam às últimas consequências a inserção do gênero e da produção das sexualidades em seus Planos de Educação.

Logo, mesmo marcados pela polarização própria do contexto em que foram produzidos, com a retórica da ideologia de gênero que permeou a votação dos PEE entre 2014 e 2016, eles revelam pautas conflitantes, próprias da disputa de projetos distintos e até mesmo antagônicos.

Os distintos sentidos dos princípios de universalização, expansão e democratização do acesso à educação presentes em todos os Planos de Educação examinados evidenciam a disputa em torno da possível interação entre gênero e condições de aprendizagem, trabalho docente, financiamento adequado, reconhecimento, valorização das diferenças e direito à educação. O texto da lei e suas entrelinhas nos ajudam a compreender a potencialidade (ou não) das relações de gênero e da produção das sexualidades em cada um dos Planos de Educação.

Se há algo que podemos reter nesta e em outras pesquisas recentes por nós desenvolvidas é que o lugar do gênero e das sexualidades nas políticas de educação é um lugar ainda por consolidar. É, portanto, objeto de disputa cujo processo inconcluso, necessariamente em aberto, está permeável às diferentes concepções de educação. O próprio conceito e uso do gênero também estão em disputa. Permanecem, portanto, as contradições nas disputas de poder pela contribuição do gênero na função social da educação e, se assim for, importa saber que não se trata da simples polarização contra ou a favor do gênero. O que está proposto pelos documentos também será tensionado nas relações dos Planos Estaduais e Distrital com os poderes locais e destes com cada uma das instâncias do sistema educacional e suas respectivas escolas com ações para impedir que estabelecimentos de educação abordem o tema nas salas de aula, assim como ações para manter a temática.

O que velam e revelam as ilustrações dos livros didáticos do PNLD/2013 para a Educação do Campo: um olhar sobre o gênero

Neide Cardoso de Moura

Este capítulo tem como proposta socializar os resultados obtidos por meio da pesquisa sobre as análises das representações de gênero veiculadas pelas ilustrações das unidades dos livros didáticos brasileiros de Alfabetização / Letramento e Língua Portuguesa, destinados aos cinco primeiros anos do Ensino Fundamental da educação do campo (PNLD/Campo/2013).

Nas últimas décadas no Brasil, o livro didático tem atingido grande proporção territorial, devido à política de distribuição do Programa Nacional do Livro Didático (PNLD) responsável pelo processo de seleção, avaliação e distribuição dos livros didáticos às escolas brasileiras. Nesse contexto, o livro didático é avaliado como um instrumento privilegiado de construção de identidades,[1] a partir da importância atribuída à sua "função ideológica, social e cultural" (CHOPIN, 2004). Assim percorri alguns caminhos na companhia da teoria de Thompson (1995), sobre a mediação da cultura moderna, com destaque para a mídia didática, e da teoria de gênero de J. W. Scott (1995, 2002), a qual permitiu que percebêssemos o caráter histórico e social das questões de gênero revelado ou velado pelas ilustrações das unidades de leitura analisadas.

A metodologia adotada baseou-se na Hermenêutica de Profundidade (HP), de Thompson (1995), com destaque ao procedimento de análise formal ligado à análise de conteúdo (BARDIN, 2004). Na sequência, problematizei como essas representações de gênero[2] poderiam revelar, sustentar, velar, manter e/ou transformar as desigualdades sociais ligadas ao gênero,

---
[1] A pesquisa não teve o objetivo de abordar as questões ligadas à identidade.
[2] No caso de veicularem tais desigualdades.

com ênfase nas expressões das feminilidades e masculinidades explicitadas em suas ilustrações. A pesquisa partiu de três questionamentos iniciais: na elaboração e análise dos livros didáticos do PNLD/Campo/2013 houve preocupação com os possíveis estereótipos de gênero veiculados por suas ilustrações? É possível dizer que os livros didáticos analisados veiculam padrões sexistas em suas ilustrações? Como são representadas as relações de gênero nesse material didático?

Os dados coletados permitiram perceber a permanência das desigualdades de gênero, explicitadas pelas ilustrações, e indicaram a necessidade, em meio à tempestade de interpretações teóricas e políticas atuais, de ampliação de pesquisas para o debate educacional, político e social. A centralidade que os livros didáticos ocupam nas escolas permite considerá-los como um dos meios de comunicação que compõem a midiação da cultura moderna.

A midiação da cultura moderna

De acordo com Thompson (1995), devemos estar atentos à natureza e à centralidade dos meios de comunicação de massa nas sociedades atuais, isto é, ao crescimento das formas simbólicas e sua repercussão na vida das pessoas. Para o autor, esses meios podem se configurar em livros, vídeos, televisão, revistas, internet e em todas as modalidades decorrentes do avanço comunicacional atual. Considerei, na pesquisa, os livros didáticos como uma forma simbólica endereçada aos anos iniciais do Ensino Fundamental (1º ao 5º ano) destinados às escolas do campo. Thompson qualifica esse processo de *midiação da cultura*[3] *moderna* ao esclarecer:

> [...] as maneiras como as formas simbólicas, nas sociedades modernas, tornaram-se crescentemente mediadas pelos mecanismos e instituições da comunicação de massa são uma característica central da vida social moderna (THOMPSON, 1995, p. 104-105).

Destaca que vivemos, hoje, em sociedades onde a produção, transmissão e recepção das formas simbólicas[4] são constantemente mediadas

---

[3] Thompson (1995) entende que o conceito de cultura se refere ao caráter simbólico da vida social.
[4] Para Thompson (1995) as formas simbólicas adquirem diferentes formas, em nosso caso, serão identificadas como livros didáticos que circulam nas escolas de educação do campo brasileiras.

por interesses institucionais, que demandam examinar sua natureza e sua relação em contextos sócio-históricos específicos dentro dos quais são produzidas, transmitidas e recebidas.

O autor alerta ainda que "nenhuma teoria da cultura moderna pode dar-se ao luxo de ignorá-las "(THOMPSON, 1995, p. 113). Ao usar esse marco referencial, tomo por base a pesquisa de Silva (2005), a qual explicita o montante de exemplares vendidos de 1994 a 2002, fornecendo um retrato da importância do crescimento da indústria editorial brasileira. Silva chama a atenção também para a gigantesca produção de livros didáticos, que atinge um número sempre crescente do público escolar. A indústria editorial brasileira, em específico a editoria de livros didáticos, é partícipe desse processo. Castro (1996), Gatti Jr. (1998) e Bittencourt (1993), entre outros autores, já retratavam esse crescimento, que é bem-vindo, pois reflete, por sua vez, o crescimento do setor educacional brasileiro. Porém a alta da produção, articulada ao volume de investimentos governamentais, não poderia conduzir a uma observável baixa na qualidade dos livros comercializados pelo mercado editorial, sem contar com o fato de que atinge lucros exorbitantes (CASTRO, 1996).

O embrião da produção didática brasileira foi a criação da Imprensa Régia, em 1808, ao possibilitar sua proliferação até os dias atuais, no formato de uma política pública denominada Programa Nacional do Livro Didático (PNLD). Bittencourt (1993) lembra que, a partir do novo governo monárquico, foram impressos os primeiros manuais (compêndios didáticos) para os cursos da Real Academia Militar, criados por dom João VI. Em 1822, com o fim do monopólio da Imprensa Régia, desencadeou-se o descompromisso estatal com as publicações de compêndios escolares (impressão de traduções francesas sobre Matemática, Física e outras áreas de estudo), marcando o início do processo de transferência da produção didática para as editoras particulares brasileiras, além das que produziam materiais escolares em Portugal e na França.

Nesse sentido, percebeu-se o intuito de "difundir uma doutrina escolar" com a inserção do livro didático na escola brasileira, que, desde o século XIX, teve como função ser o portador dos "caracteres das ciências" e que, ainda nos dias atuais, se dissemina em grande parte dos bancos escolares (GATTI JR., 1998). Esses meandros foram e são orientados por uma política educacional que, por meio de decretos, resoluções e outras formas legalistas, orienta as ações que sustentam e organizam a comercialização e instauração da fecunda mídia didática espraiada pelas escolas brasileiras. Ressalta-se que as mídias didáticas formulam, veiculam e garantem concepções sobre feminilidades e masculinidades que podem fomentar o estabelecimento de relações sociais de poder. Assim, Scott (1995) abre espaço para a compreensão do conceito de gênero como uma categoria explicativa para o desvelamento de certos processos sociais, históricos e culturais.

Proposições sobre o conceito de gênero em Scott

A proposição de Scott (1995) de um novo paradigma teórico que passa a considerar gênero como uma "construção social e histórica entre os sexos" contribuiu para a pesquisa, por indicar uma via importante na interpretação das representações de masculinidades e feminilidades presentes nas ilustrações dos livros didáticos.

Suas argumentações para definição do conceito de gênero como categoria analítica amparam-se na conexão integral entre duas proposições: a primeira, afirmando que "o gênero é um elemento constitutivo das relações sociais baseadas nas diferenças percebidas entre os sexos", e a segunda, ao propor que "o gênero é uma forma primária de dar significado às relações de poder" (SCOTT, 1995, p. 88). Para a análise empreendida, utilizou-se a primeira proposição, a qual destaca quatro elementos que se inter-relacionam social e institucionalmente ao fazerem parte do processo de construção do gênero: representações simbólicas; conceitos normativos; concepções políticas e constituição da identidade subjetiva.

Selecionei algumas ilustrações com a finalidade de possibilitar a percepção sobre a concretude desses elementos, no sentido de apreender como foram construídas e representadas as personagens femininas e masculinas. Acresce-se a esse fato o destaque de como as formas particulares e contextualizadas evidenciam como o gênero constrói a política e a política constrói o gênero. Conhecer a política educacional que orienta o PNLD, na perspectiva histórica e social, auxiliou na revelação sobre como o gênero é veiculado, interpretado e revelado, por meio de um instrumento educacional: o livro didático.

Revelações sobre o PNLD/Campo/2013

Recentemente, em 2013, com o objetivo de considerar as especificidades do contexto social, econômico, cultural e político dos Povos do Campo, instituiu-se o Programa Nacional do Livro Didático para o

Campo (PNLD/Campo), como referência para a elaboração de livros didáticos para os anos iniciais do Ensino Fundamental (seriado e não seriado), de escolas do campo, destinados aos agricultores familiares; aos extrativistas; aos pescadores artesanais; aos ribeirinhos; aos assentados e acampados da reforma agrária; aos trabalhadores assalariados rurais; aos quilombolas; aos caiçaras; aos povos da floresta; aos caboclos e outros.

O programa se inscreveu como uma política pública de reconhecimento da educação do campo como matriz referencial para pensar o campo e seus sujeitos, como contexto gerador de conteúdos, textos, temas, atividades, propostas pedagógicas, ilustrações, e organização curricular do livro didático. O Ministério da Educação (MEC) "busca fomentar a produção de obras didáticas que superem o quadro atual das produções existentes" consideradas como "alheias às Diretrizes Operacionais formuladas pelo Conselho Nacional de Educação para a Educação Básica das Escolas do Campo" (BRASIL, 2011, p. 27).

Em sua primeira versão, no PNLD/Campo/2013, 18 obras foram inscritas em atendimento ao edital de convocação. Do conjunto de 16 coleções avaliadas no PNLD Campo/2013, 14 (87%) foram excluídas e 2 (13%) foram aprovadas, a saber: Projeto Buriti (Editora Moderna)[5] e Coleção Girassol (Editora FTD).

Esses números devem ser interpretados, portanto, como resultado de uma primeira iniciativa que, ao selecionar obras didáticas, cria mais uma ação política para instituir a educação do campo na sua devida importância e relevância. Os critérios eliminatórios comuns das obras inscritas no PNLD/Campo/2013 foram:

a) respeito à legislação, às diretrizes e às normas oficiais relativas ao Ensino Fundamental, séries – anos iniciais, com as especificidades da educação do campo;

b) observância de princípios éticos necessários à construção da cidadania e ao convívio social republicano;

c) coerência e adequação da abordagem teórico-metodológica assumida pela obra, no que diz respeito à proposta didático-pedagógica explicitada e aos objetivos visados;

d) correção e atualização de conceitos, informações e procedimentos;

---

[5] Foco desta pesquisa.

e) observância das características e finalidades específicas do manual do professor e adequação do livro do aluno à proposta pedagógica nele apresentada;

f) adequação da estrutura editorial e do projeto gráfico aos objetivos didático-pedagógicos da obra (BRASIL, GUIA PNLD CAMPO, 2013, p. 16).

O Edital nº 05/2011 teve por objetivo a convocação de editores para o processo de inscrição e avaliação de obras didáticas que estivessem situadas ou mantivessem turmas anexas em áreas rurais, classes multisseriadas ou turmas seriadas dos anos iniciais do Ensino Fundamental. As obras aceitas para participar do processo de avaliação deveriam abranger os seguintes componentes curriculares: Alfabetização Matemática, Letramento e Alfabetização, Língua Portuguesa, Matemática, Ciências, História e Geografia. Além disso, as obras deveriam atender obrigatoriamente às diretrizes da Política de Educação do Campo, em cumprimento ao Decreto nº 7352, de 4 de novembro de 2010, a Resolução CNE/CEB nº 1/2002; a Resolução CNE/CEB nº 2/2008 e a Resolução CNE/CEB nº 4/2010.

As coleções passam por um amplo processo de avaliação e aprovação, que constitui três diferentes etapas: a triagem, a pré-análise e a avaliação pedagógica.

Caso sejam eliminadas em alguma das duas primeiras etapas, isso se dá por não atenderem aos requisitos estipulados no edital. A triagem tem como objetivo examinar os aspectos físicos e atributos editoriais das coleções. Na pré-análise das coleções ocorre um exame sobre as exigências e as documentações definidas pelo edital. Já a avaliação pedagógica é realizada por instituições públicas de educação superior, de acordo com as orientações e diretrizes estabelecidas pelo Ministério da Educação, a partir dos critérios fixados pelo edital.

Estando adequadas à proposta curricular do edital[6] e respeitando os critérios de subdivisão de cada segmento, poderão ser apresentadas coleções que abordem *de forma transversal* os seguintes temas de educação: relações étnico-raciais; história e cultura afro-brasileira e africana; história e culturas indígenas; direitos humanos; relações de gênero; inclusão de pessoas com deficiência; sustentabilidade socioambiental e direito das crianças e adolescentes.

---

[6] Conforme previsto na Resolução nº 4 de 13 de julho de 2010 (*Diário Oficial da União*, 14/07/2011, seção I, p. 824).

Assim, o edital demandava que essas obras levassem em consideração critérios elaborados com a participação ativa de conselhos com representantes dos segmentos, ao abordar as particularidades que envolvem as situações e os ambientes de aprendizagem para esses públicos. Por outro lado, a abordagem desses segmentos sociais nas obras destinadas à educação do campo devia observar os critérios relativos aos aspectos legais e éticos, tais como o respeito às diferenças e a necessidade de evitar representações que estigmatizam ou propagam estereótipos. Em relação à diversidade de gênero, era necessário:

> [...] considerar a participação de mulheres e homens em diferentes trabalhos, profissões e espaços de poder, discutindo diferentes possibilidades de expressão de feminilidades e masculinidades, desmistificando preconceitos e estereótipos sexuais e de gênero, considerando o gozo dos direitos civis e políticos, visando à construção de uma sociedade não-sexista, não homofóbica (BRASIL, 2011, p. 33).

Por outro lado, de acordo com o Guia do Livro Didático[7] para a Educação do Campo 2013, nos princípios e critérios que orientaram a escolha e a avaliação, pelos/as professores/as, não houve evidências explícitas às relações de gênero. Ao pensarmos em políticas públicas, e nas legislações que as orientam, salientamos as ponderações de Vianna e Unbehaum (2006) ao observarem as condições complexas e pouco adequadas sobre como se orientam, se debatem tais políticas e legislações, principalmente em relação às questões ligadas ao gênero e à educação ao denunciarem as omissões e nuances que envolvem os documentos legais, em termos das questões relacionadas ao gênero (PCN, LDBN, PNLD, entre outros), fato que favorece o arrefecimento sobre a real condição das desigualdades humanas.

Panorama geral: estudos e pesquisas sobre livros didáticos e gênero

A elaboração de sínteses possibilitou apreender permanências e mudanças na produção acadêmica, bem como nas políticas públicas referentes ao livro didático. A busca foi orientada por descritores flexionando termos relativos a livros didáticos em geral e para a educação do campo, em especial, articulados ao gênero, ao feminismo, às mulheres e às desigualdades de gênero.

---

[7] Guia distribuído às escolas após a seleção realizada pelo edital.

As bases de dados consultadas foram as plataformas da Coordenação de Aperfeiçoamento de Pessoal de Nível Superior (CAPES), da Biblioteca Digital Brasileira de Teses e Dissertações do Instituo Brasileiro de Informação em Ciência e Tecnologia (IBICT) e no Grupo de Trabalho denominado "Gênero, Sexualidade e Educação" (GT 23) da Associação Nacional de Pós-Graduação e Pesquisa em Educação (ANPEd), entre os anos 2006 a 2015. Inicialmente elaborei quadros contendo observações sobre as pesquisas realizadas.[8]

QUADRO 1
Artigos Científicos (ANPEd – GT 23)

Ano	Número de publicações	Título	Autoria
29ª Reunião anual 2006	1	Educando as novas gerações: representações de gênero nos livros didáticos de matemática	Lindamir Salete Casagrande e Marilia Gomes de Carvalho UTFPR
31ª Reunião anual 2008	1	Livros didáticos das décadas de 20 a 50 em Minas Gerais: construções de gênero	Fernanda de Araújo Rocha e Adla Betsaida Martins Teixeira UFMG
36ª Reunião anual 2013	1	Análise de livros didáticos de língua portuguesa na perspectiva da ideologia de gênero	Neide Cardoso de Moura UFFS / Campus Chapecó
37ª Reunião anual 2015	1	Biopolítica dos corpos saudáveis: práticas disciplinares de prevenção da AIDS em livros didáticos de Ciências do Ensino Fundamental (Florianópolis, 2000 a 2011)	Gladys Mary Ghizoni Teive e Cristiane de Castro Ramos Abud UDESC

Nas reuniões bianuais da ANPEd de 2006 a 2015, a partir do GT 23, foram apresentados apenas quatro artigos científicos sobre livros didáticos e gênero. Nesse GT, nos anos 2010, 2012, e mais recentemente em 2017, não houve apresentações sobre o tema, evidenciando a pequena produção científica na área.

---

[8] Ressalta-se que, nas referências, apenas foram registradas as obras lidas na íntegra.

QUADRO 2
Portal de Periódicos CAPES/MEC – Teses e Dissertações

Ano	Título	Autor	Instituição
2007	Relações de gênero em livros didáticos de língua portuguesa: permanências e mudanças	Neide Cardoso de Moura	PUC-SP Tese
2007	Identidades capturadas: gênero, geração e etnia na hierarquia territorial dos livros didáticos de geografia	Ivaine Maria Costa Tonini	UFRGS Tese
2008	Representações de gênero em livros didáticos de língua estrangeira: reflexos em discursos de sala de aula e relação com discursos gendrados que circulam na sociedade	Ariovaldo Lopes Pereira	UNICAMP Tese
2008	Relações étnico-raciais e de gênero e o discurso da sala de aula de português: uma abordagem etnográfica interacional	Elaina de Oliveira	UFMG Tese
2010	Gênero, história e educação: a experiência de escolarização de meninas e meninos na província de Goiás (1827-1889)	Thiago Fernando Sant'Anna Silva	UNB Dissertação
2013	Relações de gênero e de idade em discursos sobre sexualidade veiculados em livros didáticos brasileiros de Ciências Naturais	Maria Silvia Ribeiro	PUC-SP Dissertação
2013	A construção de identidades no livro didático de língua estrangeira: uma perspectiva crítica	Marcelo Sousa Andrade Santos	UNB Tese
2016[9]	(In)visibilidade das mulheres brasileiras nos livros didáticos de história do Ensino Médio (PNLD, 2015)	Paolla Ungaretti Bastos Monteiro	PUC-RGS Dissertação

As teses e dissertações de oito pesquisas realizadas entre 2006 e 2016 evidenciam as desigualdades de gênero e seus ecos nos diferentes contextos e situações sociais. Percebem-se as denúncias sobre imagens e textos que endossam concepções equivocadas, cristalizadas, naturalizadas e a-históricas, e sustentam a supremacia masculina, adulta, branca e heterossexual.

---

[9] Acrescentou-se o ano 2016, com a intenção de atualização de dados.

A seguir, o Quadro 3 expõe os artigos veiculados por diferentes periódicos.

QUADRO 3
Portal de periódicos CAPES/MEC – Artigos Científicos

Ano	Número de publicações	Título	Autor	Periódico
2006	1	Educação, currículo e conhecimento histórico escolarizado: notas sobre a construção das identidades de gênero	Andreza Oliveira Andrade	Revista de História, 01 jun. 2006(15), p. 97-107
2007	1	Os papéis de gênero nos livros didáticos de ciências	Eliecília de Fátima Martins e Zara Hoffmann	Pesquisa. Educação. Ciência. (Belo Horizonte), jun. 2007, v. 9, n. 1, p. 132
2008	2	Texto visual, estereótipos de gênero e o livro didático de língua estrangeira	Sara Oliveira – UnB	Trabalho Linguagem Aplicada. Campinas, [on-line], jan./jun. 2008, p. 91-117
		Representação de Família e Material Didático	Maria Cristina Lopes de Almeida Amazonas et al. – UNICAP	Revista Interamericana de Psicología Interamerican Journal of Psychology – 2008, v. 42, n. 2, p. 236-246
2009	1	Combate ao sexismo em livros didáticos: construção da agenda e sua crítica	Fúlvia Rosemberg – PUC-SP Neide C. de Moura – UFFS / Campus Chapecó Paulo V. Baptista Silva – UFPR	Cadernos de Pesquisa, v. 39, n. 137, maio/ago. 2009, p. 489-519
2011	-	Identidades e a diversidade cultural: limites reflexivos do livro didático de história	Gleidson Oliveira Moreira; João Paulo de Paula Silveira	Cadernos de Educação, Tecnologia e Sociedade, 01 fev. 2011, v. 2, n. 1, p. 1-8

Ano		Título	Autoria	
2012	1	As imagens do "natural": uma análise da dominação masculina nos livros didáticos de Ciências	Tiago Ribeiro Santos – FURB Ana Paula Germano – FURB Gicele Maria Cervi – FURB	Educação: teoria e prática, Rio Claro, SP, Brasil. 2012, p. 81-106
		O gênero no livro didático de história: arranjos de poder e consciência histórica	João Paulo de Paula Silveira; Leonardo Venicius Parreira Proto	Revista Sapiência: Sociedade, Saberes e Práticas Educacionais, 01 July 2012, v. 1(1)
2015	1	Representações de gênero social em livros didáticos de língua portuguesa	Elizabeth Marcuschi & Amanda Cavalcante de Oliveira Ledo – UFP	RBLA, Belo Horizonte, v. 15, n. 1, p. 149-178, 2015

No portal, observamos sete artigos relacionados ao tema. A preocupação explícita foi com a essencialização e naturalização dos papéis femininos e masculinos veiculados tanto nos textos como nas ilustrações ao apontar para a necessidade de mais estudos sobre o tema, como já salientavam Rosemberg (2001), Rosemberg *et al.* (2009), Vianna e Ramires (2008).

O Quadro 4 explicita as teses e dissertações constantes no banco de dados do Instituto Brasileiro de Informação em Ciência e Tecnologia (IBICT).

QUADRO 4
Dissertações e Teses (IBICT)

Ano	Título	Autoria	Universidade
2008	Masculinidades e feminilidades dentro dos manuais do FLE (Francês língua estrangeira): das visões sexistas às relações de gênero	Sergio Luiz Baptista da Silva	USP Tese
2009	Primeira Arithmetica para meninos e a constituição de masculinidades na Província de São Pedro do Rio Grande do Sul	Maria Aparecida Maia Hilzendeger	UFRGS Dissertação
	Gênero em Biologia no Ensino Médio: uma análise de livros didáticos e discurso docente	Maria José Souza Pinho	UFBA Dissertação

2010	Livros Didáticos: gênero, currículo e ideologia	Samara Elisana Nicareta	Universidade Tuiuti do Paraná Dissertação
2013	Relações de gênero e de idade em discursos sobre sexualidade veiculados em livros didáticos brasileiros de Ciências Naturais	Maria Sílvia	PUC-SP Dissertação
	Gênero na formação inicial de docentes de biologia: uma unidade didática como possível estratégia de sensibilização e incorporação da temática no currículo	Vinicius Colussi Bastos	UEL Dissertação
2014	Identidades de gênero e currículo: o discurso veiculado em livros didáticos	Wilderlane Costa	UFPB Dissertação
	Saberes docentes: gênero, natureza da ciência e educação científica	Bettina Heerdt	UEL Tese
2015	Questões de gênero no livro didático de língua inglesa: uma análise à luz do letramento crítico	Helenice Nolasco Queiroz	UFMG Dissertação

Essa compilação revelou que as questões ligadas a estereótipos e assimetrias de gênero são constantes nesses materiais escolares. A invisibilidade feminina concorre, entre outras omissões e naturalizações, para sustentar e manter as desigualdades de gênero.

Esses estudos denunciam a escassez de pesquisas que articulem gênero aos livros didáticos tanto para a educação em geral como para a educação do campo, como apontou Rosemberg *et al.* (2009) sobre a necessidade de aprofundarmos as pesquisas sobre educação e gênero tendo como foco diferentes objetos de análise. Portanto, os estudos explicitaram, à luz das discussões sobre as iniquidades de gênero, como o livro didático é mais um espaço que reafirma e fomenta a construção social de poder entre o masculino e o feminino. Nesse sentido, há implicações sociais e políticas importantes quando as ilustrações veiculam significados de gênero que instalam uma miopia social sobre as representações e as formas de "ser humano" (Vianna; Unbehaum, 2016).

Ilustrações que revelam e velam

As ilustrações compuseram-se por 821 personagens, 491 masculinos e 330 femininos. Porém, quando a variável revelou o tipo de atividade desempenhada pelos personagens na perspectiva do gênero, notou-se discreta relevância para o masculino (47%) e o feminino (43%); já nas atividades escolares, a representação feminina foi de 44% e 34% para a masculina, um dado revelador sobre a tendência da representação feminina como mais adequada à escolarização.

Outro dado refere-se ao número de personagens que compuseram as ilustrações. Em geral, ocorreu uma equivalência na frequência dos livros endereçados ao 2º / 3º / 4º e 5º anos em torno de 23%; entretanto, para o 1º ano esse percentual cai para 11%. Esse dado nos remete à crítica de Rosemberg *et al.* (2009) relacionada à concepção adultocêntrica, em termos da qualidade e atenção, destinada às crianças pequenas, pois a ausência de personagens humanos abre espaço para ilustrações de objetos em geral. De acordo com Thompson (1995), as representações simbólicas reificam e sustentam permanências sociais e culturais. Outro dado interessante foi observar a equivalência na representação dos personagens femininos para a faixa etária adulta e idosa.

Scott (1995) propõe quatro elementos que constituem as desigualdades de gênero, um deles relaciona-se aos símbolos. Para os símbolos que evocam situações contraditórias, propõe a autora: a questão importante é que tipos de representações sobre o feminino e o masculino são invocados. Um exemplo encontrado foi a referência às cores clássicas de representação de gênero: o rosa e o azul.

Outro elemento se refere aos conceitos normativos que expressam interpretações sobre os significados e torna fixa a oposição binária referente ao gênero. Nas questões ligadas a certas profissões, a representação de uma mesma atividade adquire conotações distintas: profissão X atividade doméstica. Observa-se que, em geral, ilustrações que explicitam profissionalização são representadas pelo gênero masculino, já as atividades relacionadas ao cuidado do "outro" são representadas pelo feminino.

O terceiro elemento se refere à descoberta da permanência intemporal na representação binária e fixa do gênero no âmbito da política, das instituições e das organizações sociais. Algumas ilustrações ainda veiculam concepções naturalizadas a respeito das instituições sociais como, por exemplo, a representação clássica de casamento.

O quarto elemento referente à construção da identidade generificada relaciona-se com uma série de atividades, de organizações e representações sociais historicamente específicas. Algumas ilustrações revelam como são fortes as colocações linguísticas, por exemplo, o uso do genérico masculino que tem marcado as narrativas discursivas, contrariando a visibilidade da presença feminina.

Neste momento não foi possível incluir as ilustrações. Apesar das inúmeras tentativas, não obtivemos retorno da editora à solicitação de autorização para a veiculação das imagens. Contudo, ainda que de forma abstrata, é possível notar o quanto os quatro elementos propostos por Scott (1995) servem de lentes para pesquisa histórica e educacional. Percebe-se o quanto a escola e os professores necessitam questionar os lugares reservados para as representações femininas e masculinas, a fim de romper com as narrativas atemporais sobre gênero na busca de superação do eixo bipolar: feminino X masculino.

Assim, reitera-se a contribuição de Scott (1995) para a realização de análises que desvelem os binarismos historicamente construídos e evoquem outros questionamentos: quando se pesquisa sobre gênero, fala-se de onde? De quem? Para quem? Para revelar, velar ou enunciar o que e a quem? Ressalte-se que, entre outros lugares, é na escola e, por meio do conhecimento por ela veiculado, que se constituem mulheres e homens como seres humanos diferentes, mas não desiguais.

Algumas revelações

Para sintetizar as revelações sobre o alcance da política pública que sustenta a distribuição dos livros didáticos às escolas brasileiras por meio do Programa Nacional do Livro Didático (PNLD/Campo/2013), buscou-se compreender, entre outros aspectos que os compõem, como e o que nos dizem suas ilustrações na perspectiva das representações de gênero.

Tendo em vista que, na maioria das vezes, esse seja o único material de acesso ao conhecimento histórico e socialmente acumulado, explicitar suas fragilidades na representação das relações sociais poderá auxiliar na contestação de concepções naturalizadas e equivocadas a respeito de como se constituem, mantêm e se sustentam as desigualdades relacionadas ao gênero. Nesse sentido, as contribuições de Choppin (2004) foram de grande valia ao apontar que o livro didático tem como função social, entre outras, a ideologia explicitada por meio de seus conteúdos e ilustrações que lhe fornecem concretude e visibilidade.

Nessa direção, a seleção das ilustrações indicou que elas, em sua maioria, configuram-se como representações infantilizadas e naturalizadas tanto para o gênero feminino quanto para o masculino. Esse fato indica um conhecimento frágil – dos/as responsáveis pela seleção e composição das ilustrações – em relação à crítica social e aos seus avanços na superação das desigualdades de gênero. Nesse sentido, as contribuições de Thompson (1995) e Scott (1995) auxiliam no entendimento sobre a força invisível e dissimulada de elementos que se revestem de materialidade e circulam socialmente, no caso: os livros didáticos.

Esses autores apontam ainda para a necessidade de um olhar mais atento sobre a veiculação de ideias e concepções equivocadas, mesmo que há muito denunciadas e criticadas. Mas nem tudo está perdido: observou-se, em alguns estudos sobre análise de livros didáticos em diferentes áreas do conhecimento, a preocupação em visibilizar e revelar situações que fomentem as desigualdades sociais de gênero, cor/etnia, idade, classe social, mesmo que ainda não sejam muito numerosos.

Para corroborar com essas observações, o levantamento sobre os estudos que tiveram como foco livros didáticos e gênero revelou a escassez de pesquisas que articulem esses dois focos. Nesse sentido, já denunciava Rosemberg *et al* (2009) sobre a urgência de pesquisas relacionadas a gênero e educação em suas mais diversas configurações. As autoras Vianna e Unbehaum (2016) também revelaram a miopia social sobre as representações de gênero em diferentes meios, entre eles a comunicação de massa escolar representada pelos livros didáticos. Como ensina Scott (1995), essas revelações permitem almejar avanços em pesquisas que possam apontar o velamento social corporificado por meio de diferentes elementos.

Sites consultados

http://www.anped.org.br/

http://www.periodicos.capes.gov.br/

http://www.scielo.br/scielo.php?script=sci_subject&lng=pt

http://portal.mec.gov.br/

http://www.fnde.gov.br/home/index.jsp

http://www.inep.gov.br/informativo/informativo139.htm

http://www.ibge.gov.br/apps/snig/v1/?loc=0

http://www.spm.gov.br/assuntos/educacao-cultura-e-ciencia/dados

http://www.abrelivros.org.br/abrelivros/

http://www.fnde.gov.br/home/index.jsp?arquivo=/livro_didatico/livro_didatico.html

http://www.brasil.gov.br/cidadania-ejustica/2014/11/escolaridade-das-mulheres-aumenta-em-relacao-a-dos-homens

http://www.ibge.gov.br/apps/snig/v1/?loc=0

http://www.spm.gov.br/assuntos/educacao-cultura-e-ciencia/dados

http://www.cppnac.org.br/wp-content/uploads/2013/07/Rela%C3%A7%C3%B5es-de-genero-nas-brincadeiras-de-meninos-e-meninas.pdf

http://portal.mec.gov.br/componente/contente/article?id=203:secadi

http://portal.mec.gov.br/secretaria-de-educacao-continuada-alfabetizacao-diversidade-e-inclusao/apresentação

Quando elas batem: relações sociais de gênero e a violência escolar

Paulo Rogério da Conceição Neves

Mulher, a culpa que tu carrega não é tua
Divide o fardo comigo dessa vez
Que eu quero fazer poesia pelo corpo
E afrontar as leis que o homem criou pra te maldizer
Que o homem criou pra te maldizer!
TODXS PUTXS – EKENA

Os temas de pesquisa sempre saltam aos nossos olhos: uma vez duas estudantes brigaram em uma escola pública enquanto se deslocavam pelo pátio em horário de aula. Outra vez, o coordenador pedagógico de uma escola privada contou que duas alunas brigaram na escola. A primeira cena deu início à minha pesquisa de mestrado, a outra, de doutorado. Para além dos desafios inerentes ao trabalho de campo – neste caso, encontrar escolas particular e pública que abrissem seus portões para esse tipo de temática e, ademais, onde ocorresse(m) episódio(s) de violência física entre meninas –, havia o desafio teórico de retomar o debate das violências nas escolas para além do fenômeno do *bullying*, que ganhava notoriedade nos estudos sobre escolas no Brasil e, ao mesmo tempo, fugir da postura binária de que violência física "é coisa de menino" e que, portanto, aquelas jovens estariam "se masculinizando". Era fundamental compreender as combinações entre gênero e violências físicas praticadas por garotas.

Violência e escola

A ocorrência de violências nas escolas é indubitavelmente algo indesejado, primeiramente porque o recurso à violência tem que ser radicalmente refutado. Porém, dentro da escola, tal recurso coloca em suspeição uma das razões de ser da escola: a intermediação entre o mundo privado e o mundo público: a aprendizagem do recurso ao discurso, à palavra, à política.

O debate sobre violência na escola é muito fértil e ganhou destaque nos estudos educacionais a partir dos anos 1980. Nestes quarenta anos, a violência se consolidou como conceito polissêmico e com delimitações tênues com outros conceitos, como, por exemplo, o de indisciplina (CAMACHO, 2001). É possível, com grande segurança, determinar três tipos de violências (CHARLOT, 2002; DEBARBIEUX, 2005) que envolvem o ambiente escolar e que são muito importantes: (1) violência *dentro ou na escola* é aquela que ocorre dentro do ambiente escolar, mas tem origem fora dela (como desentendimentos em uma festa, no bairro, em um jogo de futebol na rua); (2) violência *à escola* é compreendida quando há pichações, depredações, agressões aprofessoras/es e funcionárias/os, isto é, atos que representem agressões à instituição e quando as vítimas são os profissionais da escola; por fim, há as violências que a própria escola produz, definidas como (3) violência *da escola*, gerada por professores/as e funcionários/as (como sujeitar alunos não católicos a rezar o "Pai Nosso" no momento de entrada, desrespeitar e ameaçar alunos e alunas durante as aulas, etc.).

Não é necessário regredir muitos anos para encontrarmos o recurso de castigos corporais para alunos/as, cuja prática no Canadá foi proibida somente em 2004 (AXELROD, 2010). Assim, por qual razão as violências nas escolas não podem ser aceitas?

> A educação está entre as atividades mais elementares e necessárias da sociedade humana, que jamais permanece tal qual é, porém se renova continuamente através [sic] do nascimento, da vinda de novos seres humanos. Esses recém-chegados, além disso, não se acham acabados, mas em um estado de vir a ser. Assim a criança, objeto da educação, possui para o educador um duplo aspecto: é nova em um mundo que lhe é estranho e se encontra em processo de formação; é um novo ser humano e é um ser humano em formação (ARENDT, 2005, p. 234-235).

Para a autora, a educação ultrapassa os limites dos conteúdos formais e abrange a aprendizagem sobre vida pública, sendo responsabilidade dos adultos a continuidade do mundo político existente.[1] Nós, humanos, temos a capacidade de agir em conjunto, pois é a única atividade exercida

---

[1] Isso não significa afirmar que a autora defenda a permanência estática do mundo, mas a manutenção da política como forma de solucionar conflitos e não a violência. Ou seja, educar as crianças a reconhecerem a política como ferramenta adequada para o mundo.

sem a mediação de coisas ou de matéria, garantida pela pluralidade de homens e mulheres que habitam o mundo. Pluralidade garantida porque ninguém foi, é ou será exatamente igual a qualquer um ou a qualquer uma que tenha existido, exista ou venha a existir. É esse agir em conjunto que garante a existência de um mundo comum e compartilhado, sendo a esperança, ou a certeza e a responsabilidade por sua continuidade que exigem dos adultos educar as crianças para o mundo futuro. Filosoficamente, tal mundo político é igualitário, todos/as têm as mesmas condições de participar dele e, portanto, é inaceitável o recurso à violência como forma de convencimento ou coerção.[2]

No Brasil a educação escolar é obrigatória a partir dos quatro anos de idade,[3] e as escolas são os locais nos quais as crianças passam ao menos cinco horas diárias, tornando-se instância de sociabilidade muito importante e compreendida como local da segunda socialização. São justamente os aprendizados de "estar juntos" que ultrapassam o limite do conteúdo formal que aqui nos interessam. Tais aprendizados estão relacionados com os capitais culturais e sociais adquiridos pelos/as estudantes nas escolas. Agregado a outros capitais culturais e sociais provenientes das relações familiares, sociais (igreja, vizinhança, clube, torcida de futebol…); aos capitais econômicos e simbólicos, os quais, em sua somatória, formam o capital total que, por sua vez, comporá o *habitus*:

> [...] sistema das disposições socialmente constituídas que, enquanto estruturas estruturadas e estruturantes, são o princípio gerador e unificador do conjunto das práticas e das ideologias características de um grupo de agentes (BOURDIEU, 2002b, p. 107, tradução minha).

Gênero e escola

Ao ser permeável às tensões da sociedade, entre elas, as relações sociais de gênero (que podem combinar outros marcadores sociais como raça, geração, classe…), a escola também será responsável pela socialização de alunos/as a partir da forma mais socialmente divulgada de ser homem e ser mulher. O conceito de gênero foi desenvolvido (e continua sendo debatido) pelas Ciências Sociais em oposição aos Estudos de

---

[2] Para Hannah Arendt (1985) é impossível construir qualquer espaço comum por meio da violência. No entanto, ela não descarta a possibilidade de recurso à violência para o rompimento radical com uma realidade não democrática ou totalitária.
[3] Lei 12.796, de 4 de abril de 2013 (https://bit.ly/2U4lmPN).

Mulher e aos estudos teóricos feministas com o objetivo de confrontar as explicações sobre as diferenças físicas e biológicas ligadas ao sexo que ainda são utilizadas para justificar as diferentes hierarquizações de poder, direitos entre os sexos e classificar as pessoas a partir de sua apresentação corporal. Dessa forma, gênero é uma categoria relacional e, embora essa seja uma construção contemporânea, organismos internacionais, como a Organização das Nações Unidas (ONU) e suas agências, continuam a relacionar o termo "gênero" também como sinônimo de mulheres, em decorrência da história do movimento feminista.

O conceito de gênero contesta as definições essencialistas entre homem e mulher, estabelecidas por estereótipos que retroalimentam um conjunto de discriminações e exclusões entre os sexos. Feminino e masculino são apresentados como categorias dicotômicas e antagônicas que ocupam espaços diferentes social e politicamente, sendo valorados, positiva ou negativamente, conforme sua adequação. A dicotomia daí decorrente cristaliza concepções do que devem ser as atribuições femininas e masculinas, e dificulta a percepção de outras maneiras de estabelecer as relações sociais:

> A diferença biológica entre os sexos, isto é, entre o corpo masculino e o corpo feminino e, especificamente, a diferença anatômica entre os órgãos sexuais, pode assim ser vista como justificativa natural da diferença socialmente construída entre os gêneros e, principalmente, da divisão social do trabalho (BOURDIEU, 2002a, p. 20).

Assim, "o gênero é uma forma de ordenação da prática social", como escreve Raewyn Connell (1997, p. 35, tradução minha), na qual "a vida cotidiana está organizada em torno do cenário reprodutivo", necessariamente vinculado, para a autora, a um processo histórico que envolve o corpo e não a um conjunto fixo de determinantes biológicos:

> O gênero é uma prática social que constantemente se refere aos corpos e ao que os corpos fazem, mas não é uma prática social reduzida ao corpo. [...] O gênero existe precisamente na medida em que a biologia *não* determina o social (CONNELL, 1997, p. 35, grifos da autora, tradução minha).

Gênero, então, pode ser compreendido como um "elemento constitutivo de relações sociais baseadas nas diferenças percebidas entre os sexos" e como "uma forma primária de dar significado às relações de poder"

(SCOTT, 1995, p. 86). Além disso, Joan Scott alerta-nos para o fato de que o conceito remete à dinâmica da construção e da transformação social, na qual os significados e símbolos de gênero vão para além dos corpos e dos sexos e subsidiam normas que regulam nossa sociedade, e noções, ideias e valores nas distintas áreas da organização social, na distribuição do poder e na constituição de nossas identidades individuais e coletivas. Baseado na diferenciação e hierarquização dos sexos, Pierre Bourdieu (2002a) contribui – embora sob críticas das teóricas feministas[4] (CORRÊA, 1999) – para a discussão acerca da dominação masculina. Ao articular sua análise de gênero ao seu conceito de *habitus*,[5] aponta:

> A divisão entre os sexos parece estar "na ordem das coisas", como se diz por vezes falar do que é normal, natural, a ponto de ser inevitável: ela está presente, ao mesmo tempo, em estado objetivado nas coisas (na casa, por exemplo, cujas partes são todas "sexuadas"), em todo o mundo social e, em estado incorporado, nos corpos e nos habitus dos agentes, funcionando como sistemas de esquemas de percepção, de pensamento e de ação (BOURDIEU, 2002a, p. 17).

Assim, neste texto as relações sociais de gênero são compreendidas como um constructo social no qual as diferenças estão organizadas hierarquicamente em modos de ser que são mais socialmente divulgados, reforçados, estimulados em detrimento a outros que são reprimidos, desvalorizados, sobrepujados por meio de instituições, entre elas, a família, a mídia, as ciências, as religiões e a escola. Nesse sentido, pelo exposto até o momento, pode-se concluir que se a instituição escolar não está incólume à violência social, sem dúvida alguma também estará envolvida na produção e reprodução das violências escolares no âmbito da configuração das relações de gênero, como demonstram vários trabalhos (TELLES, 2005; CAVALEIRO, 2009; RAMIRES NETO, 2006; SILVA L., 2010).

As escolas pesquisadas e as brigas

Ambas as investigações foram realizadas no âmbito do Programa de Pós-Graduação da Faculdade de Educação da USP (FEUSP). A escola

---

[4] Uma das principais críticas refere-se ao fato de Bourdieu ignorar toda a produção das teóricas feministas que se debruçaram durante anos na construção teórica do conceito de gênero.
[5] Por ser de origem latina, a palavra *habitus* será grafada em itálico, porém não será considerada como grifo, mesmo quando utilizada em citações.

pública foi local de pesquisa para o mestrado (NEVES, 2008) e, por sua vez, no doutorado, a escola privada (NEVES, 2014). Importante salientar que uma pesquisa não foi continuidade da outra, tanto no que se refere aos distintos instrumentos de pesquisa quanto a algumas bases teóricas utilizadas. Aliás, em ambas, foi "o campo" que chamou para pesquisa. Na primeira investigação ocorreu uma briga entre garotas na escola que estava desenvolvendo um projeto de formação de grêmios estudantis. Para a segunda, um coordenador pedagógico compartilhou que as garotas da escola particular na qual trabalhava estavam brigando (infelizmente as pesquisas não foram realizadas em nenhuma dessas escolas, sendo necessário encontrar escolas que se dispusessem a contribuir com as respectivas pesquisas).

A escola pública, a partir de agora referenciada como 2008,[6] estava localizada no distrito do Tremembé, Zona Norte, já próximo ao limite do município de São Paulo e próxima ao Parque Nacional da Cantareira. No período da manhã, atendia ao Fundamental 2 e Ensino Médio e, à tarde, Ensino Fundamental 1. Havia poucas pichações e marcas de depredação. Estabelecida em um terreno grande e extremamente arborizado com ares bucólicos, Grêmio Estudantil organizado, grade completa de professores/as e funcionários/as. Uma escola organizada, em resumo. No entanto, ocorreram nove brigas durante o período de três meses de observações de campo, sendo três em setembro, cinco em outubro e uma em novembro. Uma envolveu dois meninos; uma envolveu uma menina e dois meninos; uma envolveu uma menina e um menino, e seis envolveram apenas meninas. Somente em duas delas ocorreu a recorrência de uma mesma menina. Três ocorreram no pátio, uma na saída perto da quadra, uma no banheiro e quatro dentro de sala de aula.

Uma delas, que resultou em lesão corporal causada por um prendedor de cabelo do tipo "bico de pato", aconteceu entre Julia (15 anos, 7ª série) e Catarina (16 anos, 8ª série), durante o intervalo do dia 17/10/2006.

> [...] a briga ocorreu dentro do pátio da escola e, aparentemente, tinha sido motivada porque uma das meninas (Catarina) havia falado mal de outra menina (Julia) para a tia desta. Julia procurou a prima, Solange, que estava acompanhada de Catarina na casa de uma terceira pessoa e dizia que tinha alguém no ponto de ônibus a

---

[6] Os nomes foram trocados com o intuito de garantir o anonimato.

esperando. Em tempo: Solange era casada com o irmão do esposo de Catarina e, naquela época estavam separados. Julia, pretendendo separar Solange de Catarina, utilizou-se dessa situação para falar de um alguém suposto. No dia seguinte, Catarina foi à casa de Julia dizer à tia desta que ela estava "levando homem para a prima conhecer". Julia então foi tirar satisfação e a briga ocorreu. Ao serem convocados/as os/as responsáveis, o marido de Catarina também compareceu, mas Catarina não se mostrou confortável com a vinda do esposo, por não querer incomodá-lo no trabalho, segundo ela (Anotação caderno de campo; NEVES, 2008).

Durante a entrevista realizada com Julia, ela afirmou que não havia homem nenhum na história, mas como estava com ciúmes da relação de Solange com Catarina, então utilizou da mentira e da paixão daquela para separar uma da outra. Durante o recreio, contestou Catarina sobre ter ido contar à tia e ela retrucou mandando-a "tomar no cu" e correu para o pátio. Julia, como relatou, então foi atrás dela e a briga ocorreu, mas que o ferimento não foi intencional, e sim resultado de bater com a cabeça de Catarina no chão e, sem querer, atingir o prendedor de cabelo.

Por sua vez, a escola particular, a partir de agora referenciada de 2013, localizava-se no distrito do Jabaquara, no bairro da Vila Mascote. Fazia parte de uma rede de escolas particulares e foi construída para ser uma escola de fácil acessibilidade para deficientes físicos; assim, era possível acessar qualquer lugar da escola por meio de rampas não muito íngremes. Por problemas financeiros, a escola foi vendida e incorporada por outra escola particular de São Paulo, cuja mantenedora é uma entidade filantrópica fundada em 1956.[7] A escola possui quatro pisos e, beneficiando-se do desnível do terreno e de ter acesso por duas ruas (isto é, a escola ocupa a largura de um quarteirão), foi organizado para ter três portarias: uma dedicada às crianças da Educação Infantil e do Fundamental 1 (em uma das ruas) e as outras destinadas, prioritariamente, ao Fundamental 2 e Ensino Médio (na outra rua). Ambas as portarias possuem porteiros de empresa de segurança privada.

No caso dessa briga, houve um espiral de violência durante um mês. Em um final de semana (em 2011), Clarice (2º Ensino Médio – EM) soube por uma amiga que seu namorado, Pedro (2º EM), estava tendo um relacionamento (por volta de dois meses) com Ana (1º EM), que,

---

[7] Algumas informações foram retiradas do sítio eletrônico da escola, mas, por razões que envolvem o sigilo da pesquisa, ele não será fornecido.

por sua vez, namorava Mauro (2º EM). Ao inteirar-se do fato, Clarice ligou para seu namorado, que desmentiu a história. Em seguida telefonou para Ana, que confirmou a informação e Clarice logo pediu que fosse conversar com ela, mas não conseguiram fazê-lo antes de segunda-feira. Clarice postou em uma rede social que haveria briga na escola, mensagem lida pela coordenadora pedagógica, que prontamente interveio com Clarice e, por meio de mecanismo de conversa privada disponibilizada pela própria rede social, convidou-a para uma conversa logo na chegada à escola. A coordenação realizou conversas individuais com Clarice e Ana e teve-se a segurança de que o processo havia sido controlado. Porém, Clarice realizava cotidianamente pequenas agressões verbais a Ana (que ficava isolada do restante das garotas durante o intervalo) até que, aproximadamente, um mês depois, respondeu às agressões com um sonoro "Cala a boca, sua corna!" no meio do corredor logo depois do retorno do intervalo do recreio.

Experiência com a violência

Durante as entrevistas, meninas e meninos relataram diferenças de socialização entre eles e elas no seio familiar, sendo comum para as alunas das duas escolas maior vigilância sobre suas vidas sociais pelos respectivos familiares. No entanto, as garotas da escola 2008 relataram que, ademais, eram responsáveis por atividades domésticas, tais como cuidar dos irmãos mais novos, limpar a casa, cozinhar, etc., mesmo tendo irmãos mais velhos. Tais atividades também impactaram as experiências com a violência no âmbito familiar, pois essas jovens foram punidas fisicamente:

> No dia que minha mãe tinha ganhado ela, era dia das mães, ela tinha ganhado uma jarra de vidro e ela fez um almoço lá em casa, sobrou pra mim, lógico, lavar a louça, porque era dia das mães e ela queria que eu lavasse a louça porque era dia dela. Eu, a Rafaela, minha irmã menor de 9. Ela tinha ganhado essa jarra e pediu pra eu lavar e eu falei que não ia lavar. Ela pegou a cinta: "Você vai lavar ou não vai?". Aí eu fui lavar, na hora que eu peguei a jarra, pá no chão. Aí eu apanhei mais ainda, mas eu quebro copo até hoje (Alunas, entrevista 6ª série, 27/11/2006) (Neves, 2008).

Há um desdobramento do trabalho doméstico que ultrapassa a intenção inicial (limpeza), que é o controle geográfico das meninas.

> Meu pai não deixa eu brincar com os meninos na rua. Ele fala: "Vai lavar louça, vai arrumar a cozinha". Eu falo: "Mas eu já arrumei". Ele fala que lugar de mulher é dentro de casa (Aluna, entrevista 6ª série, 27/11/2006) (NEVES, 2008).

Em relação à violência, percebe-se que para o grupo de 2008, a violência está presente quase no dia a dia e é reconhecida como forma de solucionar o conflito.

> Ah, esse moleque é, sabe, ele é muito chato, ele vem com brincadeirinha e depois não aguenta. Aí ele me bate, aí eu bato nele, aí ele me empurra e eu dou um soco nele, aí depois a minha mãe vai lá e fala assim que eu sou maior[8] que ele e eu não posso bater nele, aí ela vai lá e me dá uma cintada. Eu só vou parar de bater no meu irmão, no dia que minha mãe e meu pai der um *cacete nele pra ele aprender* (Ana Paula, aluna, entrevista 6ª série, 06/12/2006) (NEVES, 2008, grifo meu).

Mas não é somente com as meninas de 2008 que o controle sobre as garotas ocorre, como é possível ver nessa declaração de Paola, para a qual a questão não era sua idade, e sim ser garota.

> É que quero viajar e minha mãe não quer deixar. Diz que só se for um adulto. Acontece que sou a única menor de idade. Meu namorado tem 18 anos, todo mundo é maior de idade, vamos de carro, ficar em condomínio fechado. Se acontecer alguma coisa tem gente para cuidar de mim. Meu irmão foi com 17 anos, de ônibus, para Campos do Jordão, com a mochila cheia de bebida, todos menores de idade, para ficar bêbado, e ela deixou. Não é injusto isso? (Paola, aluna 2º EM, conversa informal,[9] 10/10/2012) (NEVES, 2013).

Quando interrogadas/os sobre o tema, as garotas e os garotos de 2013 relatam não ter vivenciado violência física parental, a não ser na infância, com a lembrança de algumas palmadas. Já no caso da relação com seus irmãos e irmãs, registram experiência de violência física, porém não muito frequente nem muito intensa.

---

[8] Ana Paula é somente dois anos mais velha que o irmão.
[9] Conversas informais são aquelas nas quais se captam informações para além dos momentos institucionais das entrevistas. Essa foi realizada no corredor após perceber a fisionomia triste da aluna. Após a conversa, anotou-se imediatamente no caderno de campo, para não se perder o relato.

João – Não, tem agressão física, mas é mais...
Mariana – Não é um negócio "tapa" na cara assim.
J – Não é tapa na cara, é tipo uma tentativa, mas só que você sabe que não vai fazer isso...
M – É que você não quer machucar a pessoa, você quer no momento...
J – É, na hora...
M – Mas você sabe até que ponto você pode fazer.
M – Você não vai pegar uma faca e bater nela, você não sente o maior ódio do mundo dela, você está com ódio naquele momento, mas...
J – Não, você sente o maior ódio, mas você segura porque sabe que vai passar...
(Mariana e João, estudantes 3º EM, entrevista, 06/09/2012).

Já aconteceu em casa duas vezes da minha irmã me bater. E realmente por coisa assim que com conversa, com "vamos sentar e conversar". Mas isso é assim, na hora da raiva tem gente que não se segura e vai. Ela é uma pessoa que não se segura e vai. Ela é assim. Não tem o que fazer (Paola, aluna 2º EM, entrevista, 29/08/2012) (Neves, 2013).

Como apresentado, para este grupo a violência não é presente da mesma forma e, mesmo no conflito entre os irmãos e as irmãs o nível de agressividade é menor, "coisa assim que com conversa, com 'vamos sentar e conversar'" podem ser resolvidas. Tais experiências com a violência foram responsáveis pela maneira como ela foi interpretada e relacionada pelas garotas dos dois diferentes contextos, sendo, portanto, mais tolerada entre as meninas de 2008 que entre as de 2013. No entanto, é necessário fazer uma relevante observação: ambos os grupos condenaram, durante as entrevistas, a violência como forma primária de solucionar os conflitos, porém fica claro pela fala de Ana Paula que a violência é, sim, uma forma de resolver os conflitos. A questão, então, é o papel que a combinação entre a violência e a socialização de gênero cumpre na vida efetiva/cotidiana de ambos os grupos de garotas.

Independentemente da classe social (ou estrato social), as pesquisas indicaram que as garotas/os estão submetidas/os aos mesmos padrões de gênero mais socialmente divulgados, compartilhando um conjunto de disposições que são incorporadas por cada uma delas e deles.

Porém, as meninas de 2008, em seus diversos espaços de socialização, percebem que os rapazes são respeitados por conta do recurso à violência ou pela possibilidade de recorrer a ela. Vale o trecho da entrevista de uma professora de 2008 sobre Julia:

> O que eu observo é que ela [Julia] é respeitada pelos meninos. Pode não ser lá fora, eles falarem entre eles, mas diretamente eles não enfrentam ela. [...] Os meninos não enfrentam ela, se alguém soltar uma piada pra ela e ela olhar assim, eles baixam, eles murcham, *o mais valente da sala baixa a cabeça pra ela*. Porque um olhar dela pra eles já derruba a força deles, só um. Uma mulher assim, imagina com outra mulher. Ela vai de frente assim, ela fica de frente pra eles assim e se alguém diz alguma gracinha, eles não repetem, eles não repetem. Brincam só uma vez e se ela olhar pra eles, eles não repetem. (Vitória, professora, entrevista, 11/12/2006, grifos meus) (NEVES, 2008).

Assim, a violência é uma forma reconhecida e legitimada de se colocar no mundo e ser respeitada. Contra as brincadeiras de mau gosto dos meninos, a violência é uma forma de não ser incomodada, não ser vítima, pois foi assim que aprenderam com seus familiares, professores/as e amigos. Se reproduzissem o papel de frágil, seriam vítimas de várias formas de violência. Porém, as disposições de gênero são estranhas ao papel protagonista das garotas, principalmente quando envolvem o recurso à violência e do qual não são vítimas. As poucas formas de reconhecimento das mulheres como protagonistas de atos violentos envolvem a necessidade de uma disputa por homens, seja ela real, como no caso de briga em 2013, ou não – como na briga de 2008.[10] Na pesquisa 2008, a briga entre Julia e Catarina só ficou inteligível quando surgiu um suposto homem como vértice da briga.[11]

No caso da investigação 2013, o temor pela traição foi se construindo como um fio condutor da pesquisa, como descrito na tese. Além do caso que culminou em briga na escola, houve outro caso em que um garoto foi aconselhado a romper com a namorada porque ela havia sido beijada por outro rapaz durante o fim de semana – a solução da crise foi o acordo (com anuência da mãe dela) no qual a menina somente sairia de casa para festas com a presença do namorado, do contrário, ficaria em casa. Um terceiro caso refere-se a um rapaz que disposto a romper o namoro de alguns

---

[10] As relações que se apresentaram no campo eram todas heterossexuais.
[11] Por restrições de espaço não será possível reproduzir as declarações da gestão escolar quanto a essa briga, mas é fundamental ressaltar que para ambas o conflito entre as meninas só ficou claro quando identificaram um possível homem como vértice. Porém, para Maria (diretora), Catarina apresentaria um possível namorado, e para Antonia (vice-diretora), era um homem casado.

anos com sua namorada[12] porque ela iria para a viagem de formatura em Porto Seguro (BA). Todo esse esforço para que não ficassem com a pecha de traídos perante os colegas. As entrevistas realizadas demonstram que, embora com questionamentos sobre os privilégios dos rapazes, garotas e garotos apontam para a incorporação de disposições de gênero expressas em seus comportamentos amorosos (heterossexual), estéticos (implante de silicone, roupas, artísticos), culturais, sociais, familiares, etc. Durante a realização das observações em campo, foi possível ver Ana isolada no pátio durante os intervalos, enquanto Pedro já estava incorporado ao grupo de amigos com toda a tranquilidade. Pude testemunhar Clarice cutucando Mauro ao dizer: "Ana é nome de puta, não é Mauro?", durante uma aula que acompanhei. Eles e elas compartilham de uma série de interpretações e construções sociais sobre o que é ser homem e o que é ser mulher:

> [...] acho que vem plantado na cabeça da gente. A gente cresce vendo isso, então acaba para gente ficando estranho ver uma mulher fazendo papel do homem, mais ou menos isso. É isso, existe o papel do homem e da mulher (Mauro, aluno 2º EM, entrevista, 28/11/11) (NEVES, 2013).

Embora possivelmente magoado com o fato de ter sido traído (e a entrevista reviver essa história), Mauro é claro em sua fala ao expressar a socialização masculina, recorrendo a expressões como "vem plantado na cabeça da gente" e "a gente cresce vendo isso" para concluir que "existe o papel do homem e da mulher". Ele a responsabiliza por não ter resistido às iniciativas de Pedro: "[...] ela deu em cima de dois homens, mais por isso que ela é galinha [...]". Porém, o que permite generalizar as afirmações de Mauro é a fala da própria Ana quando interpelada sobre como seria caso fosse ela a "traída", demonstrando o quão difícil é ultrapassar os limites das disposições de gênero ao afirmar que cabe às meninas resistir às investidas dos rapazes:

> Ana – Então para nós dois a situação era a mesma e aí as pessoas, óbvio, me julgaram bem mais por que eu sou menina. Eu acho que se acontecesse isso comigo, eu também ia colocar a culpa mais na menina do que no menino.

---

[12] Durante a pesquisa de campo percebeu-se que a "viagem de formatura para Porto Seguro (BA)" é "objeto de consumo" dos jovens dessa classe social. No caso em tela, a namorada estudava em outra escola e, por isso, iria para Porto Seguro em outra data que não a dele.

Paulo – Por quê?
A – Não sei. Eu ia achar que a culpa, porque tem esse negócio que menino toma a iniciativa e aí, a culpa seria dele por ele ter tentado e a menina só cedeu, entendeu? Mas é meio nada a ver isso. Só que eu acho que se acontecesse isso comigo, eu ia jogar mais a culpa nela do que nele. [...] Exatamente, os meninos, são poucos os meninos que estão namorando agora, eles querem muitas meninas e não é certo. Mas os meninos mais enturmados assim são aqueles que ficam com todas as meninas (Ana, aluna 1º EM, entrevista, 21/11/11) (NEVES, 2013).

Socializados/as dentro de um discurso que atribui determinados papéis para cada um dos sexos, garotos e garotas assumem posições que remetem a um modelo de oposição binária de um sexo em relação ao outro. Assim, ao reconhecer que utilizaria esses mesmos preceitos de fidelidade, recato, submissão, passividade para julgar uma futura suposta *traidora*, acaba-se por impor à mulher a responsabilidade pela consumação ou não da *traição*, isentando, dessa forma, os rapazes de qualquer responsabilidade. Portanto, caberia à mulher o recato, bem como torna-se (fiel) depositária da honra alheia (honra da família, do namorado, do marido...). Afinal, desde sua socialização na família, com os/as colegas da escola, passando pelas novelas,[13] séries de televisão, filmes, etc., tais disposições de gênero estão explicitadas e reforçadas. Como afirma Bourdieu (2002a), os esquemas ou instrumentos que alguém utiliza para avaliar a si mesmo/a ou a outra pessoa são resultados da incorporação de classificações, naturalizadas, de que seu ser social é produto. O *habitus* é "[...] a presença operante de todo o passado do qual é o produto [...]" (BOURDIEU, 2009, p. 93). O relato de Ana também ilustra o conceito de violência simbólica desenvolvido por Bourdieu, o qual seria, resumidamente, a aceitação da desigualdade pelos oprimidos por meio do reconhecer como válidos os argumentos que os opressores utilizam para garantir seus privilégios.

Para encurtar o causo...

Após a exposição dos conflitos e resultados das duas investigações, temos um quadro que apresenta que, entre os grupos, há uma socialização

---

[13] Somente a título de ilustração, as novelas televisivas sempre apresentam uma briga entre mulheres motivadas ou pelo ciúme ou por inveja. Tornam-se relevantes e importantes os apontamentos de Setton (2002a).

de gênero basicamente comum no sentido de algumas interdições e permissões, sendo que para as jovens de 2013 a permissividade é muito maior talvez por possuírem pouca ou quase nenhuma obrigação doméstica e/ou familiar, o que lhes permite usufruir outros espaços de socialização como academia, curso de língua, dança, que exigem maior circulação e menor controle parental. Ambas as investigações apontam que as disposições de gênero são incorporadas com grande sucesso por essas garotas. As jovens de 2008 estão expostas e socializadas em ambientes nos quais diversas formas de violência estão presentes cotidianamente tornando-a compreensível e "natural". Tal processo de socialização resulta que, para serem respeitadas, devem recorrer à violência. Uma socialização comumente mais atribuída e "aceita" entre os rapazes, por isso são duplamente reprovadas/punidas: (1) por recorrerem à violência e (2) por serem meninas que recorrerem à violência.

Por outro lado, as meninas de 2013 são as que incorporam as disposições de gênero da maneira mais socialmente difundida: embora desejem igualdade no tratamento entre homens e mulheres (garotos e garotas), reconhecem o discurso "oficial" como válido, isto é, no caso exposto aqui, que a mulher é responsável por recusar o assédio masculino. Durante todo um mês os agentes estavam em acordo com o *habitus*: a "traída" sendo vítima e ofendendo a "traidora"; esta, por sua vez, isolada socialmente; o "traidor" incorporado ao grupo e identificado como garanhão; o "traído" em "um lugar" não muito agradável à masculinidade. No entanto, foi o rompimento da posição de "traidora" (ao mesmo tempo agente de insegurança e vítima de agressão) que foi a razão de ocorrer a briga. Naquele momento Ana rompe mais uma vez com o que é esperado de uma garota.

Assim, por fim e ao cabo, o senso comum e nosso atual Governo atribuem à "frouxidão" ou relativização da socialização das meninas e meninos como razões para a ocorrência de violência, como poderia ser identificado com as garotas de 2008. Porém, a briga de 2013 revelou que mesmo a socialização mais tradicional ("menina usa rosa, menino usa azul") não é eficiente para o combate às violências nas escolas e nem às de gênero, porque tais disposições não enfrentam os conflitos, somente os colocam dentro de um lugar comum.

Um olhar para a socialização na construção das desigualdades de gênero no contexto escolar

Sandra Unbehaum
Thais Gava
Elisabete Regina B. Oliveira (*in memoriam*)

Este capítulo apresenta parte da fundamentação teórica da pesquisa "Elas nas Ciências: um estudo para a equidade de gênero no Ensino Médio",[1] realizada entre 2016 e 2017, cuja motivação é a análise da desigualdade de gênero nas trajetórias profissionais das mulheres, em especial nas áreas das exatas.

Kaizô Iwakami Beltrão e José Eustáquio Diniz Alves (2009) argumentam que o século XX se destaca pela reversão do hiato educacional de gênero, uma das conquistas mais significativas das mulheres, infelizmente, sobretudo para as mulheres brancas. Isso ocorreu, em parte por transformações socioeconômicas e culturais e por uma série de políticas sociais adotadas para garantir o acesso das pessoas à Educação Básica, sendo que as mulheres ultrapassaram os homens em termos de anos médios de escolaridade.

De fato, houve um aumento no acesso em todos os níveis educacionais tanto para mulheres quanto para homens, mas isso não pode ser interpretado como uma superação das desigualdades de gênero na educação, pois mesmo com trajetórias mais constantes e longevas, elas continuam concentradas em cursos e carreiras consideradas socialmente como "femininas", com menor valorização econômica e pouco reconhecimento social.

---

[1] Estudo fruto de uma iniciativa da Fundação Carlos Chagas (FCC), apoiada pelo Instituto Unibanco, e que contou com a parceria do Insper e da Secretaria de Educação do Estado de São Paulo. Realizado em dez escolas de Ensino Médio da cidade de São Paulo, com a participação de estudantes e professores das áreas das exatas. Neste texto apresentaremos a fundamentação teórica que embasou este trabalho.

Questionamentos sobre essa desigual inserção têm motivado estudos no campo da Educação Básica, até mesmo com foco em dados de desempenho, que indicam melhor resultado dos meninos na Matemática – disciplina fortemente visada nas avaliações – e problematizam concepções que utilizam essa informação para justificar certo desinteresse das meninas pela área das exatas (BAMBERGER, 2014; KOENIG; HANSON, 2008; MAWASHA *et al.*, 2001). Especificamente no Brasil, são poucos os sistemas de avaliação que avaliam regularmente as disciplinas de Física, Química, Ciências Biológicas, limitando-se às disciplinas de Língua Portuguesa e Matemática, e tampouco problematizam os processos de ensino-aprendizagem considerando indicadores que possam contribuir para identificar vieses de gênero.

Tão importante quanto promover a entrada das mulheres nas áreas onde elas apresentam menor representação é entender os processos que levam à produção de sua ausência. Os estudos de gênero discutem a construção social e histórica das persistentes desigualdades entre homens e mulheres.

Joan Scott (1990), referência teórica de nossa pesquisa, cunhou "o sentido definitivo que gênero assumiu para as ciências sociais", como assinala Marlise M. Matos Oliveira (1997). Para Scott, gênero é um elemento constitutivo das relações sociais baseado nas diferenças percebidas entre os sexos. Nesse sentido, nos alerta sobre o gênero como forma primeira de significar relações de poder. Ao considerar gênero como "um conjunto objetivo de referências que estruturam a percepção e a organização concreta e simbólica de toda a vida social e como meio de decodificar o sentido e de compreender as relações complexas entre diversas formas de interação" (SCOTT, 1990, p. 16-17), é preciso olhar para os vários espaços de socialização (família, escola, instituições religiosas e políticas) não só como espaços de produção de desigualdade de gênero e relações de poder, mas também como espaços fecundos para mudanças. Estudiosas têm se dedicado a pesquisar qual o lugar da instituição escolar na manutenção ou no rompimento das inequidades que historicamente limitam o desenvolvimento das potencialidades das mulheres.

Estudos nacionais e internacionais (ROSEMBERG, 1996; FINCO, 2003; ALTMANN *et al.*, 2013) argumentam que já na Educação Infantil determinadas práticas educativas e atitudes de professoras e professores podem influenciar expectativas em relação aos potenciais e às habilidades de meninas e de meninos. Gunderson (2012) apresenta uma extensa revisão de estudos norte-americanos sobre o papel da família e dos professores de escolas de Ensino Fundamental nas relações de gênero e atitudes de estudantes com relação à Matemática. De acordo com essa autora, as famílias e os professores manifestam expectativas distintas para homens e mulheres em relação à Matemática, o que influenciaria no interesse das crianças nessa disciplina e no desempenho delas. Acredita-se que essa dinâmica siga e ganhe força ao longo da trajetória escolar, sobretudo no momento das escolhas profissionais que tendem a ocorrer ao final do Ensino Médio. Nesse contexto, questiona-se: em que medida determinadas escolhas e trajetórias de vida podem estar sendo determinadas por vieses de gênero ao longo do processo de escolarização?

Marília Carvalho (2012), em artigo sobre um estado da arte de dissertações e teses que abordam diferenças de desempenho escolar entre os sexos, faz ressalva sobre a não neutralidade da instituição escolar na questão de gênero e coloca a necessidade de se ampliarem estudos sobre a complexidade dos processos de socialização. Ela argumenta que:

> [...] uma melhor compreensão das diferenças de desempenho escolar entre os sexos passa, principalmente, por um aprofundamento teórico que permita uma apreensão mais complexa e não hierárquica das relações de gênero no campo simbólico, para além das relações entre homens e mulheres. Uma leitura que possa deixar de avaliar as relações de gênero como negativas ou positivas, sem estabelecer conexões diretas com o sexo dos agentes, o que permite, ao mesmo tempo, ir além dos contextos e pensar a cultura escolar de forma mais geral (CARVALHO, 2012, p. 159).

Um dos níveis de ensino de reiterado interesse é o do Ensino Médio, por sua importância na ressignificação para a vida de jovens dos mais diferentes contextos do país. Além de ser a última etapa da Educação Básica, é o momento na trajetória de vida no qual são colocadas as expectativas referentes ao desenvolvimento da autonomia intelectual e do pensamento crítico, mas também a continuidade dos estudos para o ingresso no Ensino Superior e a entrada no mundo do trabalho qualificado. Nesse sentido, esse nível de ensino representa um importante desafio para a sociedade, pois ao mesmo tempo em que demanda políticas de universalização que garantam o acesso e a permanência, com qualidade, a um maior número de pessoas, também coloca a necessidade de um olhar apurado para demandas de grupos específicos, como é o caso das meninas e, mais especificamente, sua relação com as áreas das exatas e tecnologias, aspectos esses que muitas vezes extrapolam o ambiente escolar, mas que impactam diretamente no curso de vida e nas escolhas.

Com a finalidade de contribuir para a discussão sobre a intersecção entre os processos de socialização e gênero, com o objetivo de refletir sobre os efeitos que levam as meninas a precocemente rejeitarem ou desconsiderarem seu potencial para uma trajetória profissional no campo das Ciências Exatas, organizamos nossos argumentos, neste texto, em dois pontos. O primeiro deles relacionado à constituição da ciência como um campo de gênero masculino na produção de conhecimento e de atuação e, consequentemente, um obstáculo ao acesso e à permanência das mulheres nessa área. E o segundo, a necessidade de um olhar para a atuação de agentes socializadores no processo de "generificação" das escolhas profissionais das meninas e dos meninos, mas também como possibilidade de alternativas na construção da equidade de gênero no ambiente escolar. Espera-se que essa reflexão possa agregar, ao campo de estudos sobre gênero e educação e sobre escolhas profissionais, um olhar crítico para os processos de socialização, em particular aquele que ocorre no ambiente escolar e a sua importância na desconstrução dos estereótipos de gênero.

Gênero e ciência: a construção social da área científica como campo "masculino"

Optamos por empregar o referencial sociológico de Pierre Bourdieu, especialmente os conceitos de *campo*, definido como espaço de relações entre grupos com distintos posicionamentos sociais, e como espaço de disputa e, portanto, de poder; o conceito de *habitus* determinado como um conjunto de práticas sociais, representações e oposições binárias que gerariam "esquemas gerativos" a partir dos quais os sujeitos percebem o mundo e nele atuam e, por fim, o *poder simbólico,* "o qual só pode ser exercido com a cumplicidade daqueles que não querem saber que lhes estão sujeitos ou mesmo que o exercem" (BOURDIEU, 1998, p. 8).

Levando a noção de *campo* para a ciência, Bourdieu (1983) a trata como um campo social, cujas relações de força e monopólio, interesses e estratégias se revestem de formas específicas e legitimadas pelos membros dominantes nesse campo, conforme suas próprias atribuições e interesses:

> Assim, a definição do que está em jogo na luta científica faz parte do jogo da luta científica: os dominantes são aqueles que conseguem

impor uma definição de ciência, segundo a qual a realização mais perfeita consiste em ter, ser e fazer aquilo que eles têm, são e fazem (BOURDIEU, 1983, p. 128).

O poder que estaria em jogo no campo científico seria o da autoridade científica, traduzida pela "capacidade técnica e poder social; ou [...] o monopólio da competência científica, compreendida como capacidade de falar e de agir legitimamente, que é socialmente outorgada a um agente determinado" (BOURDIEU, 1983, p. 122-123). E para que funcione como um campo "é necessário que haja algo em disputa e gente disposta a disputar, que esteja dotada dos *habitus* que implicam o conhecimento e reconhecimento das leis inerentes ao jogo, do que está em jogo" (BOURDIEU, 2002b, p. 120, tradução nossa). Às mulheres, historicamente, o acesso ao campo científico tem sido negado ou dificultado, seja por falta de acesso ao conhecimento erudito, científico, como aconteceu durante séculos, seja por mecanismos mais sutis de exclusão na contemporaneidade, como a dificuldade de inserção profissional nos campos mais disputados de conhecimento. Nessa luta, a resistência interna dos membros dominantes dos campos "trata de defender seu monopólio e de excluir a competência" (BOURDIEU, 2002, p. 120, tradução nossa).

Silva e Ribeiro (2014, p. 451) reforçam que a trajetória das mulheres nos campos científicos tem sido dificultada por um "modelo masculino de carreira, que envolve compromisso de tempo integral para o trabalho, produtividade em pesquisa, relações academicamente competitivas e a valorização de características masculinas". Tal modelo não contempla as jornadas múltiplas como mãe, esposa e dona de casa, que muitas mulheres enfrentam devido às desigualdades de gênero no espaço doméstico. Aliás, a maternidade chegou a ser invocada como compulsória nas trajetórias femininas, de modo que o acesso ao ensino superior poderia prejudicar as famílias nesse sentido, como aponta Valerie Walkerdine:

> No século XIX, as mulheres das classes médias e superiores estavam lutando para entrar na universidade. Mas os esforços para proibi-las centravam-se em torno de teorias que argumentavam que o trabalho intelectual exauria suas capacidades reprodutivas, fazendo com que elas não quisessem ou fossem incapazes de ser mães. Isto numa época onde havia grandes receios sobre a degeneração e o futuro do tipo correto de material humano a ser cultivado, mais tarde visto como a "Raça Imperial". A raça que devia nascer para governar tinha que ser assegurada já na infância e para isso era necessário

> conservar as mulheres longe do contágio da razão (WALKERDINE, 1995, p. 213).

Essa mesma autora faz uma retrospectiva da história da construção social da Matemática, ressaltando a necessidade da desconstrução do senso comum, que parece privilegiar a ideia de que as meninas – ao contrário dos meninos – não possuem habilidade para o sucesso nessa disciplina.

> Desde o Iluminismo, se não antes, o conceito cartesiano de razão tem estado profundamente imbricado em tentativas de controlar a natureza. A racionalidade foi escolhida para ser um tipo de renascimento do eu pensante, sem a intervenção de uma mulher. O eu racional era profundamente masculino, um eu do qual a mulher havia sido excluída, seus poderes considerados não apenas inferiores, mas também subservientes. O sujeito "pensante" era macho; a fêmea fornecia o suporte biológico para a procriação e serviços voltados à possibilidade do "homem". A doutrina filosófica foi transformada no objeto de uma ciência em que a razão se tornava uma capacidade investida no corpo e, depois, na mente, apenas do homem (WALKERDINE, 2007, p. 13).

O senso comum – reforçado por diversas abordagens históricas sobre o estudo da "natureza humana" – tende a situar as mulheres prioritariamente no campo da emoção, enquanto os homens no campo da razão, no qual se localizam as disciplinas científicas, como a Matemática, a Física, a Química e a Biologia. Para Walkerdine, essa abordagem concebe o corpo sexuado como *lócus* para a elucidação do funcionamento da mente. Portanto, a razão jamais será neutra na perspectiva do gênero:

> O sucesso na Matemática é tomado como uma indicação do sucesso em raciocinar. A Matemática é vista como o desenvolvimento da mente lógica e racional. Aqui é onde a importante questão a respeito do sucesso das meninas aparece. Aquelas explicações que até permitem o sucesso das meninas afirmam que ele é baseado em seguir regras de nível inferior, na memorização e no cálculo, e não na compreensão apropriada. Portanto, elas negam esse sucesso mesmo quando o anunciam: meninas "apenas" seguem regras. Elas são boas quando comparadas com meninos "desobedientes", que podem "quebrar as regras do jogo" (produzir regras conceituais) (WALKERDINE, 2007, p. 12).

A construção social e histórica da ciência como espaço de disputa e poder, analisada na perspectiva de gênero, aponta para um quadro pouco acolhedor para as mulheres, apesar de avanços nas últimas décadas. Se for evidente a desigual presença e atuação das mulheres nas áreas das ciências consideradas de menor prestígio, é importante considerar na história de vida das meninas e dos meninos os processos socializadores – familiar, escolar, midiático, religioso, entre outros – de forte teor sexista, que afetam a percepção deles e delas, em especial, sobre suas probabilidades de ocuparem, no campo social, político e econômico – sempre em disputa –, um lugar menos subjugado e subsumido às marcas do sexo e do gênero feminino.

A incorporação de um *habitus* de gênero – o qual orienta o lugar social de homens e mulheres nas diferentes sociedades – ocorre por meio de processos de socialização, ao longo dos quais agentes socializadores, como a família, a escola e a mídia atuam no sentido de reafirmar as estruturas sociais desiguais, porém não sem lutas, resistências e rupturas. A seguir, discutiremos as formas como a desigualdade entre homens e mulheres nos campos científicos se refletem na socialização de jovens mulheres estudantes, afetando suas escolhas ou rejeição por carreiras profissionais nos campos científicos.

Socialização, gênero e ciência: os agentes socializadores e a incorporação do *habitus*

Relembramos que *habitus* se constitui como esquemas inscritos nos corpos, ou seja, história incorporada e fruto das experiências sociais. Para Bourdieu (2002b), a socialização é a incorporação pelo *habitus*, é, portanto, conhecimento adquirido. Sendo assim, a socialização assume centralidade nesse processo, seja na socialização primária, pela família, seja na secundária, por meio da escola, por exemplo. Ramires Neto (2006) faz uma articulação entre o conceito de *habitus* de Pierre Bourdieu e o conceito de gênero para chegar ao conceito de *habitus* de gênero:

> Ao recortar o conceito de *habitus* pelo eixo do gênero tentaremos identificar traços importantes na produção dos corpos e seus modos de agir: a identidade de gênero – resultante da ação e assimilação de um *habitus* – aparecerá inscrita num corpo sexuado e sexualizado, com disposições duráveis, mas não imutáveis. O gênero é, portanto, uma dimensão central no processo de construção das identidades individuais e coletivas, processo esse que se

revela através da complexa incorporação de um *habitus* de gênero. [...] O pertencimento de gênero pode ser entendido como uma das coordenadas cruciais de um agente ou por um grupo de agentes (RAMIRES NETO, 2006, p. 27).

A família, como instituição – na qualidade de primeiro e dos mais importantes agentes socializadores –, sofreu inúmeras transformações ao longo da história. A família nuclear tradicional, composta por pai, mãe e filhos, disputa espaço com outros tantos modelos familiares na atualidade. O modelo tradicional, baseado na desigualdade e na hierarquia de gênero, das gerações mais velhas sobre as mais novas, enfrenta mudanças irreversíveis com a crescente autonomia das mulheres, sua entrada no mercado de trabalho, participação política e com o advento dos métodos contraceptivos.

A construção das subjetividades infantis e juvenis é marcada por uma socialização diferenciada dos sexos, desde a socialização familiar, desdobrando-se ao longo dos sucessivos espaços socializadores. As relações de gênero estruturam todo o conjunto das relações sociais, assim como as instituições, o trabalho, a política, a cultura, o conhecimento científico, entre outras. Essas instituições – que podem ser compreendidas como os campos sociais de Bourdieu – configuram-se na forma de estruturas hierárquicas nas quais os homens tendem a deter grande parte do poder. A socialização escolar não é muito diferente, mesmo sendo a educação espaço predominantemente feminino, revelando que a estrutura hierárquica transcende o gênero predominante.

A escola oferece aos sujeitos conhecimentos especializados, além de ampliar suas vivências sociais, podendo reproduzir e ampliar as desigualdades – entre elas, as desigualdades de gênero –, seja em suas práticas, no currículo, nos livros didáticos, nas interações sociais, seja nas relações de poder. Abramovay, Castro e Waiselfisz complementam:

> Destaca-se a escola como o ambiente de socialização mais constante e frequente de jovens, sendo a convivência na escola maior, em número de horas, do que na família, em muitos casos. Dessa forma, a socialização e as relações estabelecidas "na" e "com" a escola são fundamentais ao se discutirem as questões ligadas à juventude (ABRAMOVAY; CASTRO; WAISELFISZ, 2015, p. 33).

Como instrumento conceitual, o *habitus* nos auxilia na apreensão de "um sistema de disposições duráveis, estruturas estruturadas predispostas a funcionarem como estruturas estruturantes, isto é, como princípio que gera e estrutura as práticas e as representações que podem ser objetivamente 'regulamentadas' e 'reguladas' sem que por isso sejam os produtos de obediência de regras" (BOURDIEU, [1972] 1983, p. 47).

Pode-se dizer que até a década de 1960, a Sociologia refletia sobre a família e a escola como instituições separadas, porém coerentes, com funções complementares na socialização das crianças. Depois da década de 1970, há uma mudança irreversível na sociedade brasileira, com o aumento de um mercado de bens simbólicos, que veio a conferir às relações sociais uma configuração sociocultural diferenciada. Essa nova e crescente configuração foi trazida principalmente pela consolidação de tecnologias que tornaram possível o aumento da circulação de informações e entretenimentos embutidos de uma forte marca socializadora.

O surgimento da cultura de massa utilizando os instrumentos tecnológicos de divulgação passou a dividir (ou competir) com a família e com a escola a socialização dos indivíduos: "família e escola, tradicionalmente detentoras do monopólio de formação de personalidades, aos poucos perdem seu poder na construção das identidades sociais e individuais dos sujeitos" (DUBET; LAHIRE *apud* SETTON, 2005). De acordo com Setton (2005, p. 346), essa nova configuração cultural, favorecida também pela fragilização das instituições tradicionais de socialização, acaba por promover transformações "nas maneiras de aprendizado formal e informal, na adaptação e na percepção que o indivíduo contemporâneo passa a ter sobre o mundo e sobre ele mesmo".

Para Setton (2002), tanto a escola como a família constituem dois subespaços sociais que produzem, reproduzem e difundem disposições de cultura; a família, como primeira instância socializadora, transmite às novas gerações um patrimônio econômico e cultural que determinará – ou favorecerá – o posicionamento dessas novas gerações nos diversos campos sociais dos quais elas fazem parte. Embora sejam as instâncias mais presentes, relevantes e importantes na formação de crianças, adolescentes e jovens, outra instância tem emergido para concorrer com o poder da família e da escola na formação: a mídia.

Essa certamente é uma particularidade dos processos de socialização da contemporaneidade, que não partilhamos com as gerações passadas. O conjunto de mensagens e informações difundidas pelas instâncias midiáticas, em nossa era, é onipresente e incessante, seja em aparelhos celulares, *tablets*, televisores, etc. A mídia constrói e difunde discursos, modelos e referências de gênero que têm grande impacto na socialização de todas as gerações, de todos os estratos sociais, de modo indissociável da família e da escola. A mídia é responsável pela criação e disseminação de discursos e modelos de gênero que apresentam referências importantes, sobretudo para jovens em formação identitária. Representações de homem, mulher, homem cientista e mulher cientista, por exemplo, são explicitadas nos diversos meios de comunicação, sendo apreendidas e incorporadas nas matrizes do pensamento e da ação, ou seja, torna-se o *habitus* dos sujeitos.

Para Reznik *et al.*:

> [...] a imagem de cientista como um personagem masculino aparece de forma persistente em diversos estudos que avaliam a percepção de meninos e meninas. Esta visão se reflete no baixo interesse das meninas em seguir a carreira científica (REZNIK *et al.*, 2017, p. 833).

Não somente masculino, o estereótipo de cientista inclui também ser branco, ter uma idade mais avançada, usar óculos – que remete às longas horas de estudo para a obtenção do conhecimento –, utilizar linguagem acadêmica, usar jaleco branco, entre outras imagens. Nessas imagens, há a naturalização da inteligência do homem cientista, como se fosse um atributo inato. Essas imagens vêm de representações presentes na sociedade, mas também na ficção:

> Em análise sociológica de 60 filmes de ficção, produzidos no período de 1929 a 1997, Eva Flicker (2003) mostra que os homens cientistas predominam como protagonistas – e, dentre estes, há preponderância da imagem de "cientista maluco". Já a cientista mulher é retratada, principalmente, dentro do estereótipo de professora e não reforça o estereótipo de cientista maluco. Além disso, há ênfase nos atributos físicos – bonita, jovem, corpo atlético e vestida com roupas provocativas. Quando as mulheres trabalham em equipe, em geral, têm uma posição subordinada aos homens. A autora avalia que a representação da mulher nesse universo fictício contribui para a formação de mitos acerca de uma menor competência da mulher cientista e acentua as formas de discriminação social da mulher na ciência (REZNIK *et al.*, 2017, p. 835).

Esses autores concluem que as imagens sobre homem cientista e mulher cientista disseminadas pela mídia contribuem na percepção de meninas adolescentes e jovens para sua autoimagem, bem como para seus planos de carreiras profissionais futuras.

Considerações finais

Recapitulando, temos, por um lado, agentes socializadores como a família, a escola e a mídia, produzindo e reproduzindo discursos, modelos e referências de gênero, em que a desigualdade entre homens e mulheres é ainda normalizada e naturalizada. Por outro lado, temos jovens incorporando – e questionando – tais discursos, modelos e referências e, a partir deles, formando um *habitus* que guiará suas escolhas e decisões de vida. Nesse cenário desigual e complexo é importante que haja reflexões sobre as trajetórias[2] formativas que guiam as escolhas profissionais das mulheres jovens, tendo como ferramenta o conceito de gênero para explorar os motivos e os processos pelos quais elas definem suas carreiras profissionais.

É importante frisar nossa compreensão dos processos de escolha de uma vida profissional, entendida como confluência de diversos fatores intervenientes e não exclusivos, como a família, a escola, a comunidade, o mercado, bem como aspectos oriundos das condições sociais, culturais e afetivas e subjetivas dos indivíduos. Ainda que não se possa isolar completamente um único fator interveniente no processo de escolha profissional das jovens, o recorte por nós estabelecido foi o do ambiente escolar, para a compreensão de como pode ser construído o viés de gênero nesse processo de escolha. Há uma expectativa social para que o/a jovem esteja preparado/a para promover a transição para a vida adulta, seguindo certas etapas socialmente estabelecidas. A primeira delas seria a conclusão de sua escolarização, no mínimo, a escolarização básica, o que tornaria o/a jovem preparado/a para a etapa seguinte, a continuação dos estudos e o ingresso no mercado de trabalho. Este último conferiria ao/à jovem a independência financeira necessária às próximas etapas: união conjugal e reprodução – etapas comuns para muitos/as jovens. Essas fases de transição não são estáticas, sendo afetadas por outros marcadores sociais, por exemplo, de classe social e raça/etnia. A sequência linear tradicionalmente estabelecida parece já não encontrar eco nas vidas de jovens das classes populares, sobretudo pela escassez de trabalho na economia atual. A atividade profissional constitui-se como um dos elementos importantíssimos da transição do/a jovem para a vida adulta. Machado Pais (2001) afirma que é no trabalho que o/a jovem se relaciona

---

[2] Entendemos trajetórias como "série de posições sucessivamente ocupadas por um mesmo agente (ou por um mesmo grupo) num espaço que é ele próprio um devir, estando sujeito a incessantes transformações" (BOURDIEU, 2006, p. 189).

com seus pares, constituindo fonte de realização pessoal importante na construção de sua identidade.

A pesquisa "Elas nas Ciências: um estudo para a equidade de gênero no ensino médio" evidencia conflitos e angústias expressas durante a realização dos grupos de discussão com estudantes do Ensino Médio público paulistano. Embora cada um dos jovens tenha manifestado uma "profissão dos sonhos" em mente, tinham claro também o peso da realidade vivida. Nessa mesma direção, Neiva e colaboradores alertam:

> A escolha profissional não depende de uma única variável, ao contrário, é multifatorial. Vários fatores influenciam na maior ou menor qualidade da escolha e no tipo de vínculo que o sujeito vai desenvolver com o seu objeto de trabalho. Dentre eles, podem-se citar: os políticos, os econômicos, os sociais, os educacionais, os familiares e os psicológicos. Em relação aos fatores psicológicos, algumas variáveis podem influenciar a escolha profissional, tais como: os interesses, as habilidades, os traços de personalidade, os valores, as expectativas com relação ao futuro e a maturidade para escolha profissional (NEIVA *et. al.*, 2005, p. 2).

Apesar da profissão dos sonhos, cada jovem sabe reconhecer claramente que o investimento em uma carreira dependerá das possibilidades econômicas de sua família. Cursos como Medicina ou Engenharia, em universidades de prestígio, mesmo públicas, demandam muitos anos de estudo em período integral, sem a possibilidade de trabalho integral simultâneo. Carreiras que exigem estudos avançados e longos anos de dedicação exclusiva costumam fazer parte do sonho, mas não da realidade desses/as jovens. A impossibilidade de estudar e ingressar em carreiras científicas ou de maior prestígio social reduz o leque de opções de jovens de ambos os sexos dos estratos populares, mas tende a ser mais cruel com as mulheres, mais com as negras e mais ainda, com homens negros.

As jovens mulheres de classes populares, alunas de escolas públicas, além da barreira econômica, enfrentam também diferentes obstáculos para a inserção em carreiras científicas e tecnológicas. Esses campos, no sentido *bourdieano,* como espaços de poder masculinos, valorizam os atributos percebidos socialmente como masculinos. Alguns desses espaços – tanto na educação formal como no mercado de trabalho – são hostis e injustos para com as particularidades de gênero, no que se diz respeito às mulheres. O *habitus* de gênero, incorporado pelas mulheres ao longo de sua socialização, faz com que pensar em uma carreira nesses campos exija sacrifício de outros planos de vida, como por exemplo, união conjugal e maternidade. Portanto, essas escolhas estão intrinsecamente associadas ao *habitus* de gênero.

Sem dúvida, nem todas as jovens se renderão ao *habitus* de gênero, pois não é destino, tão somente uma pré-imposição. Aquelas que conseguem superar o obstáculo econômico e que estejam dispostas a afrontar a barreira do *habitus* de gênero e seguir para uma carreira nas áreas científicas e tecnológicas ainda enfrentarão o desempenho escolar em disciplinas importantes para essas áreas, como Matemática, Física, Química e Biologia. Sem um bom desempenho, uma boa familiaridade e domínio, principalmente por Matemática, a possibilidade de sucesso em estudos mais avançados nas carreiras científicas e tecnológicas fica reduzida.

O acesso ao conhecimento científico, intrínseco à vivência escolar, é impactado por vieses de gênero, raça, orientação sexual, classe. A pesquisa "Elas nas Ciências" tomou o desempenho em Matemática na avaliação do Saresp do ano 2014 como critério para a seleção das escolas públicas participantes do estudo. Meninas e meninos apresentam média muito abaixo do desejado. No entanto, as meninas têm resultado inferior aos meninos. Por que isso acontece? A resposta não está somente na escola, obviamente. É preciso considerar uma soma de fatores que perpassam todas as instâncias de educação: financiamento, formação inicial e continuada de professores/as, a gestão escolar, o currículo, as práticas escolares, os materiais didáticos, a ausência de programas de sensibilização para a diversidade na escola (seja de gênero, raça/etnia, diversidade sexual, seja de respeito à pluralidade de ideias).

A escola é reconhecida como um espaço dinâmico, de acesso a conhecimentos – mesmo controlados e previamente definidos – que permitem ampliar a visão de mundo, desabrochar novas ideias e, portanto, ser também um espaço potencial de transformação social. Por outro lado, a escola é igualmente reprodutora de normas e valores tradicionais, mantenedora e veiculadora de estereótipos e de relações hierárquicas, conforme aponta Bourdieu (1998). Tanto o campo da educação como os estudos de gênero debatem sobre o caráter conservador, assim como sobre seu potencial de transformação, de resistência. Essa ambivalência torna a educação ferramenta de disputa, de controle e de rebeldia, um espaço estratégico para os Estados e para a sociedade (STROMQUIST, 2007).

Ninguém será capaz de negar mudanças históricas nas relações sociais e familiares, tampouco negar reconhecimento dos direitos fundamentais das mulheres – mesmo sob constante ataque à sua legitimidade. No entanto, ainda podem ser identificados mecanismos de dominação e de controle sobre as mulheres, bem como os efeitos perversos de uma heteronormatividade compulsória sobre os corpos e a subjetividade de homens e de mulheres. E como escreve Marlise Matos, "uma teoria que fracasse na apreensão e no registro das tensões, dos conflitos, das transformações e dos processos diferenciados de poder dentro das relações de gênero não nos seria de muita utilidade" (MATOS, 1997, p. 45). O desafio está em espraiar a apreensão dos efeitos do *habitus* de gênero, das contradições, das novas vivências e existências – e elas, de fato, existem – para além do campo da pesquisa científica, transformando práticas e estruturas, mas também narrativas que insistem em restringir sonhos de meninas e de meninos.

O que nos ensinam meninas e meninos quando escapam das fronteiras de gênero?

Daniela Finco

As questões relacionadas à diversidade de gênero na infância em nossa sociedade têm sido foco de polêmicas e discussões. Romper com esses modelos hegemônicos, medos e preconceitos presentes na educação de meninos e meninas não é uma tarefa fácil. São muitas as lacunas e os desafios, principalmente nas políticas de equidade de gênero para a educação brasileira. Abordar a temática de gênero na infância significa a necessidade de discutir políticas para diversidade na Educação Infantil, direitos humanos de meninos e meninas, estratégias de enfrentamento para redução do sexismo, das discriminações, dos preconceitos e das violências de gênero. A definição dessas políticas está vinculada à luta histórica por uma sociedade mais justa e igualitária, desde a pequena infância.

Considerando a questão atual da falácia da "ideologia de gênero" (MISKOLCI, 2017, 2018; JUNQUEIRA, 2017) como um mecanismo de incitação de pânico moral na educação das crianças, como tentativa de controle e cerceamento das transformações sociais e culturais, e como resposta do campo conservador diante da suposta ameaça aos avanços das políticas no campo dos Direitos Humanos. É preciso questionar as bases nas quais se fundamentam a afirmação "menina veste rosa e menino veste azul". Afinal, o que as crianças nos revelam sobre as questões de gênero? O que nos ensinam quando escapam das fronteiras de gênero?

Para problematizar essas questões, retomo neste capítulo alguns resultados da minha tese de doutorado (FINCO, 2010) por meio de uma pesquisa, realizada há aproximadamente dez anos, com crianças de 4 e 5 anos, assim como com as professoras, em uma escola de Educação Infantil da rede municipal de São Paulo (Emei), no Grupo de Pesquisa Estudos de Gênero, Educação e Cultura Sexual (EdGES). O objetivo foi observar e interpretar as interações entre professoras e crianças em geral e, especialmente, as crianças que transgridem os padrões de gênero que lhes são impostos, dando significados e estruturando suas experiências sociais.

Na pesquisa descrevo algumas práticas e estratégias de organização caracterizadas pelo controle, pela regulação e pela normatização dos corpos de meninas e meninos, as quais – dez anos mais tarde – ainda se mostram amplamente atuais. Alerto para a existência de uma disciplina heteronormativa, que separa, segrega meninos e meninas e individualiza a criança que transgride as fronteiras de gênero. Finalmente, buscando compreender a lógica das crianças, aponto que apesar de todas as formas de controle identificadas, o poder dos adultos sobre meninas e meninos não é universal e unilateral.

Ao encontrarem espaço para a transgressão, meninas e meninos vão além dos limites do que é predeterminado para cada sexo, desejam brinquedos diferentes daqueles que lhes são impostos e buscam outros sentidos, ressignificando a cultura na qual estão inseridos e demonstrando formas variadas e originais de relacionamento. Ao contrariarem as expectativas dos adultos, meninas e meninos problematizam suas vidas, criam novas formas de relações, transgridem. A positividade das transgressões traduz-se no modo como resistem aos padrões preestabelecidos, quando expressam seus desejos, recriam e inventam maneiras de brincar, de ser menino e de ser menina (FINCO, 2003, 2004).

Assim, meninas e meninos encontram brechas, escampa e criam estratégias inteligentes para alcançar seus desejos. Apesar de toda bagagem de estereótipos, as crianças ainda encontram espaços para a transgressão: meninos e meninas reagem como podem e, sendo assim, algumas crianças resistem à pressão das expectativas. Podemos perceber como as expectativas de gênero e suas concepções materializadas nos brinquedos e nos corpos das crianças têm como contraponto as transgressões operadas por elas.

Meninas e meninos participam dos processos de mudanças que caracterizam a sociedade contemporânea. E as diferenças que as crianças nos mostram são elementos importantes para compreendermos os modos como as infâncias contemporâneas são construídas, diante das fortes marcas de violências de gênero que vivenciamos cotidianamente em nossa sociedade. Talvez o estranhamento a essas diferenças possa ser o primeiro passo desse olhar desconfiado, para um movimento de interpretação e de desnaturalização de algumas crenças sobre meninos e meninas, e possa fazer com que algumas certezas sejam desfamiliarizadas e desconstruídas, e para isso temos o conceito de gênero como uma poderosa ferramenta de análise.

A denúncia do pretenso caráter fixo e binário de categorias como feminino e masculino, contido nas explicações biológicas para as diferenças cognitivas entre homens e mulheres, tem no conceito de gênero parte do reconhecimento do caráter social e historicamente construído das desigualdades fundamentadas sobre as diferenças físicas e biológicas (Scott, 1999). A forte desigualdade de gênero, ainda presente em nossa sociedade, afeta até mesmo as pesquisas sobre o desempenho e o desenvolvimento cognitivo de meninas e meninos. As afirmações biológicas sobre diferenças sociais nem sempre são cientificamente válidas, pois o conhecimento científico também é socialmente construído (Fausto-Sterling, 2000; Citeli, 2001).

Ao buscar as causas sociais e culturais das diferenças entre meninos e meninas, encontraremos, ainda hoje, suas origens em reações automáticas, em pequenos gestos cotidianos – cujos motivos e objetivos nos escapam – que repetimos sem ter consciência de seu significado, porque nós os interiorizamos no processo educacional. São preconceitos que não resistem à razão nem aos novos tempos e que continuamos a considerar verdades intocáveis, nos costumes e nas regras inflexíveis.

Assim, olhar para as diferentes formas de expressão de meninas e meninos por meio de suas brincadeiras pode nos revelar a convivência com as diversas formas de ser e de relacionar das crianças. É na riqueza de possibilidades de aprender com o outro e com o diferente por meio das brincadeiras que essas relações ganham potencialidade. A brincadeira possui uma qualidade social de trocas, descobrem-se significados compartilhados, recriam-se novos significados e encontra-se lugar para a experimentação e para a transgressão. Ao considerar que meninas e meninos nem sempre fazem aquilo que os adultos querem ou esperam que elas/eles façam, que é necessário tratar do tema das relações de gênero na infância a partir de uma perspectiva diferenciada, na tentativa de um olhar não adultocêntrico, observando os movimentos de transgressão e discutindo as resistências aos modelos.

Diante das opressões e violências que as crianças sofrem, meninos e meninas podem deixar de exercitar habilidades mais amplas, deixam de experimentar, de inventar e de criar. O modo como estão sendo educados pode contribuir para tornarem-se mais completos ou, por outro lado, para limitar suas iniciativas e suas aspirações. Anete Abramowicz (2003) afirma que as crianças exercitam suas potências. Elas as experimentam, as inventam, as criam, as ampliam, ou as inibem. Nós podemos ajudá-las na potencialização das suas potências. Porém, essa dimensão fica comprometida quando não existem relações horizontais, quando nós, adultos, definimos significados precipitados, sem buscar compreender, muitas vezes, os significados para as crianças. Precisamos problematizar a forma pela qual as/os adultas/os tendem a discutir o que é melhor para crianças sem recolher os seus pareceres, ou mesmo ouvi-las.

Expectativas de gênero diferenciadas

Ao longo da pesquisa foi possível identificar um complexo processo de expectativas nas interações entre os adultos e as crianças que orienta e reforça diferentes habilidades nos meninos e nas meninas, de forma sutil, transmitindo mensagens e expectativas quanto ao tipo de comportamento e de desempenho intelectual mais adequado para cada sexo. Meninas e meninos são sistematicamente descritos com comportamentos e potencialidades que correspondem às características mais socialmente desejáveis para o masculino e para o feminino.

A forma como a professora conversa com a menina, elogiando sua meiguice, ou quando justifica a atividade sem capricho do menino; o fato de pedir para uma menina a tarefa de ajudar na limpeza da sala e ao menino para carregar algo; a forma como o adulto separa um conflito, defendendo e protegendo a menina da agressividade dos meninos – isso torna possível perceber como as expectativas são diferenciadas para as meninas e os meninos.

Muitas vezes, meninas e meninos procuram corresponder às expectativas expressas por suas professoras. Pesquisas apontam que as justificativas para as diferenças de desempenho escolar entre as meninas e os meninos do Ensino Fundamental, por exemplo, estão relacionadas às representações e às expectativas dos/as professores/as quanto à caracterização dos comportamentos: as meninas são apontadas como mais responsáveis, dedicadas, comunicativas, estudiosas, interessadas, sensíveis, atentas. Enquanto aos meninos são atribuídos os seguintes comportamentos: são malandros, não têm hábitos de estudo, não ficam em casa para estudar, saem para jogar bola, faltam às aulas, são dispersivos, têm interesses fora da escola, são agitados, não prestam atenção, ainda que mais inteligentes. Essas pesquisas mostram que a maioria das professoras considera que as meninas possuem uma capacidade maior de adaptação ao contexto escolar, pois suas características, mais passivas e calmas, são compatíveis com as normas escolares.

A pesquisadora Marília Carvalho aborda essa questão ao longo de suas investigações sobre processos avaliativos e gênero. Em uma de suas pesquisas, a autora problematiza as ideias trazidas por estudos realizados anteriormente de que os meninos são mais indisciplinados, mais desorganizados, e as meninas têm todo um comportamento que facilita o ser "aluno". Questiona ainda a ideia de que "as meninas já viriam da própria organização familiar e da socialização primária mais preparadas para exercer esse ofício, porque seriam mais passivas, obedientes, calmas, silenciosas, ordeiras, caprichosas, minuciosas" (SILVA et al., 1999, *apud* CARVALHO, 2003, p. 189), e desconstrói desse modo a explicação de que as meninas seriam mais adaptadas à escola, revelando que tem encontrado em suas pesquisas outros modelos de ensino, assim como formas plurais de ser menina e de ser menino.

Pesquisas apontam ainda a organização familiar e a socialização primária feminina como responsáveis por certo tipo de conduta das meninas. Certas características seriam valorizadas pela escola como a passividade, obediência, calma, silêncio, ordem, capricho e minúcia. Além disso, o fracasso escolar é enxergado de maneira diferenciada para ambos os sexos. Os efeitos de uma história de insucesso escolar são ainda mais perversos para as repetentes. O mau rendimento escolar reforça o estereótipo de que não existe um espaço para as mulheres no saber. Nesse sentido, a reprovação dos meninos pode ser entendida por professoras/es como coisa de moleque, coisa da idade, rebeldia, ao passo que do lado das meninas tal resultado pode expressar burrice, incompetência, "não dá para a coisa", "resta-lhe apenas o lar" (ABRAMOWICZ, 1995).

De tal modo, as marcas de gênero vão sendo impressas nos corpos de meninos e meninas de acordo com as expectativas dos adultos, que fazem parte da forma como uma determinada sociedade concebe o que significa ser menino e ser menina. As características físicas e os comportamentos esperados para meninos e meninas são reforçados, às vezes, de forma inconsciente, nos pequenos gestos e nas práticas de organização do dia a dia na Educação Infantil. Nosso corpo, nossos gestos e as imagens corporais que sustentamos são frutos de nossa cultura, das marcas e dos valores sociais por ela apreciados. O corpo – seus movimentos, posturas, ritmos, expressões e linguagens – é, portanto, uma construção social que se dá nas relações entre as crianças e entre estas e adultos, de acordo com cada sociedade e cada cultura (VIANNA; FINCO, 2006, 2009).

Torna-se, assim, indispensável pensar sobre práticas, habilidades e configurações corporais infantis e também sobre os modelos cognitivos nelas referenciados, como relações sociais de gênero, processadas, reconhecidas e valorizadas na e pela cultura na qual se inserem. É importante perguntar como esses mecanismos se fazem presentes na educação de meninas e meninos; de que maneiras são inscritos em seus corpos, como normatizam, disciplinam, regulam e controlam seus comportamentos, posturas, verdades e saberes.

Juntos ou separados? Uma questão de intencionalidade pedagógica

A segregação entre meninos e meninas é uma questão de interesses compartilhados, porque as meninas apreciam as mesmas atividades que outras meninas, e os meninos apreciam as mesmas atividades que outros meninos (THORNE, 2002, 1993). Os brinquedos possuem um papel essencial nas vidas diárias dos meninos e das meninas. As maneiras como as crianças brincam e o papel ativo em criações apontam que os meninos encontram recompensas para interagir com brinquedos de meninos, e com os meninos, e as meninas, para interagir com brincadeiras de meninas juntamente com as meninas. Segundo as professoras participantes da pesquisa, quando meninos e meninas brincam juntos, brincam com os papéis masculinos e femininos muito bem definidos.

> As meninas tentam se agrupar e elas brincam com brincadeiras de meninas, panelinha, fogãozinho, boneca, carrinho, carrinho de boneca, é claro! (Professora Maria).
>
> Alguns meninos brincam junto com as meninas, vão ao supermercado com os carrinhos, brincam de fazer compras, brincam de panelinha (Professora Raquel).
>
> Os meninos também gostam de brincar na casinha, eles colocam o carro na garagem, eles brincam de papai, mamãe e filhinha. Agora os carrinhos eles não deixam elas pegarem, os carrinhos são propriedade dos meninos. Se uma menina pega um carrinho, o bicho pega, para eles as meninas têm as bonecas para brincar (Professora Neuza).
>
> Se as meninas atrapalharem nas brincadeiras dos meninos, eles vêm reclamar para mim. "Eu tô brincando com isso e ela quer tirar de mim." É porque eles mesmos se agrupam (Professora Sara).

É preciso questionar a forma como os corpos de meninas e meninos passam, desde muito pequenos, por um processo de feminilização e masculinização, responsável por torná-los "mocinhas" ou "moleques". Esse minucioso processo repete-se e está presente na forma como os brinquedos são oferecidos para as crianças pequenas. É necessário questionar e desconstruir a lógica binária na apresentação do mundo para as crianças: enquanto os brinquedos e as brincadeiras forem associados a significados masculinos e femininos, que hierarquizam coisas e pessoas, apresentaremos a meninos e meninas significados excludentes. É importante ressaltar a necessidade das práticas regidas por uma intencionalidade educativa, visto que a não interferência, ou seja, a neutralidade não garante o favorecimento de algo e/ou de algum propósito, enfim, de um objetivo (SAYÃO, 2005, 2008).

Uma prática intencional que atue diretamente para o não favorecimento de práticas sexistas, que não se limite a dizer para as crianças que é possível que meninos brinquem de boneca ou meninas de carrinho; com isso, estaremos oportunizando relações mais solidárias ou menos hierárquicas quanto ao gênero, o que é importante, mas ainda é pouco. Com a mediação de profissionais que se reconheçam em sua condição social de homens ou mulheres e possam, através de diferentes experiências, tomar consciência de que "antivalores" como hierarquia, poder e dominação precisam ser constantemente desmistificados, estaremos ajudando, assim, a ampliar as concepções de infância e gênero.

Meninos, casinhas e bonecas?

A brincadeira de casinha das crianças também é um espaço interessante para pensar nos espaços ocupados por homens e mulheres em nossa sociedade e na forma como as crianças enxergam essa relação; para atentar à capacidade das crianças de extrapolarem a simples ideia de reprodução de papéis na brincadeira, sendo capazes de recriar a cultura. A brincadeira de casinha é um dos espaços privilegiados onde o cotidiano e o mundo privado podem ser repensados a todo o momento pelas crianças. Percebi que durante as brincadeiras de faz de conta na casinha, as crianças incorporam diferentes papéis, imitando, negociando e experimentando, mas também criando diferentes e novas possibilidades de ser e de se relacionar.

A criança, ao brincar, está trabalhando suas contradições, suas ambiguidades e seus valores sociais: é na relação com o outro que ela constitui sua identidade. Em nossa sociedade atual é difícil, por exemplo, continuar sustentando a importância de que um menino não brinque de boneca, pois, cada vez mais, o pai assume responsabilidades de cuidado com suas próprias crianças.

Pode-se argumentar que as inversões de papéis durante as brincadeiras também podem ocorrer em consequência de estarmos, atualmente, diante de alterações no âmbito do relacionamento familiar. Podemos concordar com isso, mas essa afirmação não significa que essa forma de brincadeira esteja baseada somente em elementos de "imitação da realidade", pois a criança pode estar brincando com questões advindas de seus próprios questionamentos, mesclando sua capacidade imaginativa e crítica para elaborar e protagonizar diferentes formas de ser.

Assim, é importante destacar que a capacidade de transgressão das crianças, como, por exemplo, transgredir os papéis sexuais dentro de uma brincadeira de casinha, não significa que elas somente invertam os papéis, baseadas em uma lógica dualista das relações; elas brincam com esses papéis, multiplicando as possibilidades de ser, brincando com possibilidades plurais, com elementos de fantasias e realidade. Experimentam novas brincadeiras com novos significados e recriam novas formas de ser e de relacionar-se.

Para as professoras participantes da pesquisa, "os meninos até brincam com boneca, mas é com o papel masculino, papel de pai". Segundo as professoras, não havia problemas em um garoto brincar com bonecas, pois poderia ser sinal que ele estaria "experimentando a paternidade" ou "cuidando de um irmãozinho".

A maior parte das orientações nas propostas de uma educação para igualdade de gênero possui esta proposta: "meninos e meninas podem brincar com casinhas, bonecas...". Porém, como foi possível perceber, essas orientações não dão conta da complexidade, das dúvidas e dos preconceitos contidos nessas relações. Isso fica evidente na ideia de que os meninos brincam de boneca, somente para assumir o papel masculino do pai, somente quando eles "brincam de papai e mamãe":

> Nas brincadeiras da brinquedoteca meninas gostam de fantasiar, já os meninos gostam dos carrinhos, a maioria brinca com os carrinhos. Os meninos até brincam com boneca, sim, mas é com o papel masculino, papel de pai (Professora Gilda).

O desejo do menino de brincar de boneca tornava-se um problema quando não estava relacionado ao papel masculino hegemônico, e principalmente quando esse desejo se repetia muitas vezes e passava a ser a brincadeira preferida do menino, em detrimento das "brincadeiras de meninos". Como mostra a preocupação da professora: "É complicado quando o menino quer só as bonecas". Ainda é frequente a afirmação de que "meninos não gostam de bonecas" ou "brincar de boneca é difícil". Além da brincadeira com o papel de pai, esta era a outra forma como brincadeira com boneca "era aceita", a boneca para o jogo sexual dos meninos:

> Os meninos gostam de brincar de boneca. Mas para beijar, para passar a mão, para beijar que nem na novela, cada um pega uma boneca daquelas maiores e ficam competindo, eles botam no colo e agarram e beijam, elas estão sem roupas, eles passam a mão no corpo das bonecas. Eu finjo que não estou vendo, senão eles se inibem, vão achar que eu estou proibindo, então eu fico na minha, fico meio de lado, olho de rabo de olho e continuo conversando (Professora Neuza).

Aqui cabe questionar sobre quais são as condições de brincadeiras que permitem que meninos tenham acesso às bonecas em nossa sociedade? Quais expectativas de gênero estão presentes na educação dos meninos? Quais as concepções de masculinidades presentes nesse processo educativo?

De acordo com Belotti (1975), ao adulto não basta escolher o brinquedo pela criança: quando dá uma boneca a uma menina, o adulto não se contenta em simplesmente oferecer-lhe, mas também lhe mostra como se segura nos braços e como se acalenta. É bastante curioso observar como os meninos da mesma idade, não ensinados como as meninas, seguram nos braços as mesmas bonecas de maneira muito mais despreocupada, por exemplo, mantendo-as em pé e não à vontade, passando-lhes um braço em volta do pescoço, apertando-as ou mesmo esmagando-lhes a cabeça. Em todos os casos, o acalentar a boneca está quase sempre ausente.

As categorizações, ou seja, a norma cultural de que existem brinquedos certos para meninos, e outros, para meninas, estão relacionadas à preocupação com a futura orientação sexual da criança. As preocupações e as angústias dos adultos diante das questões de gênero na infância estão ligadas às dificuldades em lidar com essa questão, bem como com as dificuldades encontradas para diferenciação entre a identidade de gênero e a identidade sexual.

> Ainda é forte a confusão com a vinculação entre identidades de gênero, sexualidade e orientação sexual permeada por tabus e preconceitos. "Poxa, o que tem um menino brincar de boneca, nesta parte do brincar eu acho que não tem nada de mais. Mas eu estou falando quando é uma coisa de ser..." (Professora Miriam).

As normas sexistas e expectativas de gênero também são pesadas para os meninos. A existência de um "código" invisível que evidencia as diferenças entre meninos e meninas, afirmações e regras que vêm sendo impostas social e historicamente e que regem, então, a trama das relações, ditando o que pode ou não ser feito por meninos, colocando atribuições para eles (Pollack 1999).

A seleção dos objetos e brinquedos deixados à disposição dos meninos tem uma intencionalidade que quase sempre é relacionada à construção de uma determinada masculinidade, divergindo dos brinquedos destinados às meninas. A pesquisa clássica de Elena Gianini Belotti já revelava na década de 1970 as marcas de masculinidade presentes nos brinquedos destinados aos meninos: meios de transporte de todas as dimensões e de todos os tipos, naves espaciais, armas (Belotti, 1975).

Em recente pesquisa sobre os primeiros contatos das crianças com os brinquedos no âmbito da educação, foi possível perceber que a forma como são guardados e oferecidos pode consistir em uma manipulação da brincadeira, uma pedagogia do gesto e da vontade, configurando-se, assim, uma educação do corpo, para educar "meninas e meninos de verdade" (Vieira; Finco, 2019). A escolha dos brinquedos destinados às crianças, assim como a aprovação ou não aprovação de adultos por determinados brinquedos demonstram uma cultura que não ignora as marcas de gênero na infância, mas as reproduz com base no binarismo, na segregação e na desigualdade.

Meninas no futebol?

Para as meninas existe uma vastíssima gama de objetos miniaturizados que imitam os utensílios caseiros, como serviços de cozinha e toilette, bolsas de enfermeira com termômetro, faixas, esparadrapo e seringas, dependências como banheiros, cozinhas completas com eletrodomésticos, salas, quartos, quartinhos para bebês, jogos para coser e bordar, ferros de passar, serviços de chá, eletrodomésticos, carrinhos, banheirinhas e uma série infinita de bonecas com o respectivo enxoval.

Além disso, as crianças do sexo feminino, desde muito cedo, são educadas a constranger seus corpos e a usar unhas pintadas, saltos altos, maquiagem, mechas coloridas nos cabelos e são educadas a consumir moda. Estranha-se quando as meninas não possuem estes como seus brinquedos prediletos. Estranha-se ainda mais quando o interesse pelo futebol supera o desejo pelas "brincadeiras de meninas".

Quando os adultos afirmam que a própria criança faz suas opções a respeito das brincadeiras, não refletem sobre o âmbito das possibilidades que se oferecem, ou seja, do material para jogar, encontrável e disponível, permitido, incentivado ou desencorajado. Para Belotti (1975), os jogos e os brinquedos são frutos de uma determinada cultura em cujo âmbito se podem fazer escolhas aparentemente amplas, mas, na realidade, bastante limitadas. Para as meninas, as brincadeiras estavam voltadas às bonecas e com brinquedos relacionados à questão da beleza: batom, espelhos, pente.

De tal modo, para as meninas, ultrapassar as fronteiras de gênero era interpretado de maneira mais tranquila, e era caracterizado por não desejar "brinquedos típicos de meninas", principalmente representado pela insistência em jogar futebol. Isso era justificado pela convivência por longos períodos com meninos, o que instiga na menina a agressividade e o desejo pelo uso dos "brinquedos dos meninos".

Diferentemente da relação com os meninos, em nenhum momento presenciei o convite para que as meninas jogassem futebol ou participassem dos campeonatos de futebol. Os meninos, através de sua habilidade técnica do saber jogar futebol, impõem-se no espaço (a quadra) de suposta liberdade para todas as crianças brincarem (WENETZ; STIGGER; MEYER, 2005). A ausência das meninas nos jogos de futebol era justificada pelas professoras como fruto de desinteresse, por desistência diante das brigas com os meninos e por não saberem as regras. Assim, meninos eram considerados como aptos para o jogo de futebol, enquanto as meninas eram vistas como menos habilidosas. Algumas vezes, as meninas solicitavam auxílio da professora para mediar a relação com os meninos, mas as professoras não interferiam, acreditando que esse não fosse o papel delas.

> Eu tinha uma menina que se interessava pelo futebol. Ela ia e se enfiava no meio dos meninos, jogava. Mas eu não incentivo... Acho que não é papel da escola (Professora Raquel).
>
> Às vezes elas vão, mas os meninos vêm me avisar, olha as meninas na quadra! E logo elas desanimam e acabam desistindo, deixam de jogar, pois não são muito bem recebidas pelos meninos... (Professora Maria).
>
> As meninas que participavam do campeonato são duas ou três no máximo, são aquelas que gostam, vão e se enturmam com os meninos e jogam. As outras nunca pediram para jogar. Acho que não é papel da escola. Nem acho que a escola tem que incentivar essa vontade (Professora Rosa).

> Tinha uma menina que gostava de jogar, mas depois que ela caiu de joelhos e se machucou toda, não quis saber mais de jogar. Mas ela assiste, gosta muito de assistir (Professora Jaqueline).

O convite à brincadeira ou a proposta de ensinar o futebol para as meninas, muitas vezes, não são vistos como *papel da escola*. As diferenças biológicas e habilidades corporais acabavam sendo justificativas para afastar as meninas dos jogos de futebol, por *serem frágeis* e por se "machucarem frequentemente"; a mesma norma de gênero era reproduzida muitas vezes também na forma como os meninos as recebiam na quadra de futebol.

Os brinquedos e as oportunidades oferecidos para meninas e meninos, carregados de expectativas diferentes para cada sexo, proporcionam vivências corporais limitadas. Os brinquedos são produtos culturais que possuem um enredo social carregado de significados, expectativas e intenções, sendo negociados constantemente. Podemos identificar relações de poder, processos de negociação entre as crianças, principalmente em situações de conflito na disputa pelo brinquedo, em que se evidenciam interessantes argumentos: "mas este é de menina", "escolhe outro, este é cor-de-rosa", "mas as meninas têm as bonecas para brincar", "a Érica pegou um carrinho, professora!".

As tentativas de conquistar o brinquedo exigiam bons argumentos, e as crianças sabiam que essas eram boas argumentações. Às vezes, quando esse argumento não era suficiente para as crianças, a disputa precisava de um elemento de fora, com mais poder, para definir e terminar com a situação de conflito. Essas situações mostram as complexas estratégias de manipulação que as crianças fazem do papel normalizador que os adultos frequentemente assumem nas definições, reposição e preservação das fronteiras de gênero exclusivas (FERREIRA, 2003). Muitas vezes, para as crianças, a resposta da professora era definitiva para finalizar a disputa e definir com quem o brinquedo ficaria.

Nesse complexo processo, a manutenção das fronteiras de gênero é intensificada, e se perpetuam as dicotomias de gênero, a separação dos grupos opostos e antagônicos, baseadas em qualidades e competências ditas "masculinas" e "femininas", construindo um sistema de valores que as sustenta como tal (FERREIRA, 2004).

Por outro lado, as crianças também nos mostram que são capazes de ultrapassar as fronteiras e os preconceitos em relação à carga de estereótipos que sofrem, buscando brechas e escapando das normas de gênero.

As crianças brincam entre si indistintamente, brincam entre meninos e meninas, também brincam sozinhas e entre grupos de meninas e grupos de meninos. Brincam com diferentes brinquedos e brincadeiras de vários temas: posto de gasolina, caixa eletrônico, feira de frutas, castelo encantado, casinha, hospital, escritório. Brincam com diferentes brinquedos, bonecas, secador de cabelo, espada, carrinho, panelinhas, *kit* de ferramentas, mamadeiras, trenzinhos, animaizinhos... Meninos e meninas compartilhavam e representavam diferentes papéis.

Brincam de faz de conta, de jogo de papéis. Brincar de ser noiva, pirata, príncipe ou rumbeira, brincar de ter cabelos compridos, brincar ora de ser papai, ora de ser filhinha, ora de ser mamãe, ser médica ou monstro, professor, secretária ou frentista... Brincando, a criança experimenta diferentes formas de ser. Brincar com os jogos de papéis é diversão e improvisação, é imprevisível e rico de oportunidades para reflexão e aprendizagem.

O que não se pode negar, entretanto, é que as crianças podem muito mais do que ser o que não são, ou o que ainda não são, durante as brincadeiras. Impulsionadas pelo desejo de se apropriarem das coisas do mundo, as crianças estão sempre prontas para mostrar novas possibilidades, expressando as diferentes dimensões humanas constitutivas do ser e tornando-se crianças à sua moda (PRADO, 1998).

Além do prazer e da necessidade que a criança sente de brincar, a brincadeira contribui para sua formação como indivíduo crítico, criativo, autônomo e atuante; por isso, vivenciar a brincadeira de forma livre e espontânea é muito importante para a participação cultural, crítica e criativa. Compreender e respeitar as escolhas das crianças é fundamental para que, entre professores/as e crianças, haja uma relação horizontal, não adultocêntrica. A construção de um olhar investigador e atento às crianças pode reduzir drasticamente o prejuízo que os preconceitos e as atitudes moralizantes impõem às crianças.

Algumas considerações: aprendendo com meninas e meninos

Meninas e meninos nos revelam suas capacidades de estabelecer relações sociais múltiplas no confronto e na construção das suas diferentes experiências. Ao escaparem das fronteiras de gênero, meninas e meninos elaboram sentidos para o mundo, construindo sentidos particulares que não se confundem e nem podem ser reduzidos àqueles elaborados pelos adultos.

O grande desafio está no olhar atento ao modo como as crianças brincam umas com as outras e principalmente na busca de enxergá-las não só como protagonistas das suas próprias experiências de vida, mas também como atores sociais competentes, envolvidos numa dupla integração social: no mundo adulto e num mundo de crianças, onde elas eram capazes de se organizar socialmente como grupo (FERREIRA, 2004). É essencial compreender como tal processo de negociação é vivido e significado pelas crianças, bem como quais conhecimentos, saberes e elementos sociais e culturais estão envolvidos (BUSS-SIMÃO, 2013).

A brincadeira ocupa um lugar importante no processo de construção das identidades de meninos e meninas. Nesse sentido, compreender o que as crianças sabem e aprendem acerca do gênero através das suas brincadeiras é tão importante quanto perceber os usos que dão a esse conhecimento no contexto das relações sociais de poder e de resistência em que se envolvem no grupo com outras crianças.

Olhando para as brincadeiras das crianças, vê-se que o seu faz de conta e suas fantasias mostram o papel ativo que elas têm na construção social das suas relações e identidades de gênero (FERREIRA, 2004). O brincar é uma forma de vivenciar o mundo e, por isso, traz um sentido que será diferente para cada um, independentemente se é uma menina ou se é um menino.

A escolha do brinquedo está relacionada à forma como ele vem sendo oferecido e permitido. São os adultos que esperam que as meninas sejam de um jeito e que os meninos sejam de outro (FINCO, 2003). Meninos e meninas que, apesar de toda essa pressão exercida pelos estereótipos dos brinquedos, ainda conseguem manifestar seus desejos e vontades através dos brinquedos e das brincadeiras. Brincando, as crianças compartilham a acumulação de tensão, a excitação da ameaça e o alívio e a alegria da fuga. Meninas e meninos, quando brincam, borram as fronteiras sobre o que é considerado tipicamente masculino ou feminino.

Se ser menina e ser menino fosse apenas uma construção biológica, não seria necessário tanto empenho para defini-los rotineira e reiteradamente como tal. É perceptível que existem intensos esforços para que as crianças desenvolvam uma identidade de gênero feminina ou masculina – existe uma busca pelo desenvolvimento "normal" da masculinidade e da feminilidade. Há uma forte preocupação, na história dos estudos dos comportamentos masculinos e femininos durante a infância, com a necessidade de uma clara identidade de gênero, por se acreditar na "maleabilidade das identidades das crianças" pequenas. É necessário estar atento para como os resquícios das contribuições das áreas médicas, biológicas e psicológicas ainda estão presentes no imaginário das pessoas nos dias de hoje e influenciam na "educação do corpo", como nos alerta Carmen Soares (2002, 2003).

As preferências e os comportamentos de meninas e meninos não são meras características oriundas do corpo biológico, são construções sociais e históricas. Portanto, não é mais possível compreender as diferenças entre meninos e meninas com explicações fundadas no determinismo biológico. O papel que a biologia desempenha na determinação e na definição dos comportamentos sociais é fraco, pois a espécie humana é essencialmente dependente da socialização. É fundamental desconstruir a ideia de um corpo essencialmente natural. O corpo não é uma entidade meramente natural, ele é uma dimensão produzida pelos imperativos da cultura. Nossa sensação física passa, obrigatoriamente, pelos significados e pelas elaborações culturais que um determinado meio ambiente social nos dá (Mauss, 2003).

É necessário, portanto, problematizar a ideia de que existe uma natureza humana, uma essência imutável, que percorreria todas as culturas, todos os grupos sociais; e que homens e mulheres teriam uma espécie de substrato comum, que seria mais ou menos inalterável. Não é possível desvincular o homem da cultura. Ultrapassar a desigualdade de gênero pressupõe compreender o caráter social de sua produção, a maneira como nossa sociedade opõe, hierarquiza e naturaliza as diferenças entre os sexos, reduzindo-as às características físicas, tidas como naturais e, consequentemente, imutáveis.

Além disso, é preciso pensar uma educação para as crianças como sujeitos históricos, culturais e sociais, cujas vidas são marcadas por diferenças, de modo a não poderem estar encerradas dentro de categorias fixas (Camargo; Salgado, 2019). Talvez, para isso, tenhamos que pensar em um/a adulto/a-professor/a diferente, capaz de proporcionar as condições que permitam e favoreçam a autonomia infantil não somente em relação à reconstrução, pela própria criança, do conhecimento já produzido, mas também para a ação coletiva da cultura infantil, advinda dessa experiência, da sua imaginação e do conhecimento espontâneo (Faria, 2006).

Assim poderemos incorporar o discurso das diferenças não como um desvio, mas como algo enriquecedor de nossas práticas e das relações com as crianças, possibilitando desde cedo o enfrentamento de práticas de sexismo e a construção de posturas mais abertas em direção à construção de uma sociedade mais plural e menos violenta.

Relações de gênero e práticas escolares

Edna de Oliveira Telles

Este capítulo tem como base minha dissertação de mestrado,[1] que teve a finalidade de analisar práticas escolares sob a ótica das relações de gênero na perspectiva da educação inclusiva e observações de escolas de Ensino Fundamental que acompanho como supervisora. Gênero é definido como uma construção social, histórica e cultural, como um elemento que constitui as relações sociais baseado nas diferenças entre os sexos e como primeira forma de dar significado às relações de poder (SCOTT, 1995).

Entende-se "educação inclusiva" como aquela em que a preocupação basilar é a busca de ações para que se concretizem os direitos de aprendizagem de todas e todos que estão na escola. Em outras palavras, para além do acesso, é preciso garantir a permanência na escola, de forma que todas e todos tenham as mesmas oportunidades de participação, escolha e desenvolvimento (TELLES, 2019).

Vivemos sob a hegemonia do neoliberalismo, em que há o aumento do desemprego (penalizando mais as mulheres/mulheres negras e os jovens), a consolidação do modelo da sociedade de consumo (e um modelo de consumo: mulher objeto, padrões fora da realidade), conflitos resultantes dos choques entre identidades plurais (dificuldade na relação com "o outro" diferente do modelo hegemônico), uma cultura eurocêntrica, androcêntrica (MORENO, 1999), em que se encontram ainda ranços do patriarcado tradicional. Castells (1999) afirma que "o patriarcalismo, uma das estruturas sobre as quais se assentam todas as sociedades contemporâneas", permeia toda a organização da sociedade,

---

[1] A pesquisa, cujo título é "O verso e o reverso das relações escolares: um olhar de gênero sobre os usos dos tempos em uma escola municipal da cidade de São Paulo", teve orientação etnográfica e realizou-se em uma escola municipal da cidade de São Paulo. O principal objetivo foi investigar os significados de gênero na escola, nas relações entre as crianças e dessas com os/as demais educadores/as.

da produção e do consumo, à política, à legislação e à cultura e caracteriza-se pela autoridade imposta do homem sobre a mulher e os filhos no âmbito familiar.

Além disso, assistimos às reformas educacionais que desqualificam os/as trabalhadores/as da educação (a maioria mulheres), nas quais o discurso de qualidade de educação que se tem é um discurso pautado nos valores de mercado, na meritocracia e no individualismo. As reformas educativas ocorrem no contexto da sociedade neoliberal, motivadas por imperativos econômicos, trazendo a lógica de "mercado" para os discursos relativos a mudanças na escola.

No campo educativo, a lógica neoliberal tem sido caracterizada por um conjunto de ideias que fazem apelo à "eficiência", "eficácia", "excelência", "qualidade", "escolha da escola pelos pais", etc., revelando uma focalização das políticas educativas, designadamente das políticas de autonomia e gestão local da escola, nos direitos de consumidor, mais do que nos direitos de cidadão (WHITTY, 1996). Essa lógica embasa as avaliações externas de alunos/as e professores/as, a comparação entre escolas, a produção de materiais pedagógicos prontos para a simples reprodução realizada pelos/as professores/as, os discursos sobre a introdução de novos artefatos tecnológicos nas escolas como inovação educativa *a priori*, na maioria das vezes, desconsiderando as características das escolas, seus professores, alunos e comunidade. Os modelos que regeram e regem a formação docente não são neutros. Eles acompanham a história do país e as ideias pedagógicas de uma determinada época, que, por sua vez, são marcadas por relações de poder. As relações entre a instituição escolar e a sociedade são determinantes do papel que a escola deve cumprir, ou seja, são os interesses políticos e econômicos de um momento histórico específico que orientam o papel da instituição escolar (TELLES, 2016, p. 68).

Considerando o exposto anteriormente, pode-se afirmar que assistimos a um retrocesso em relação à educação (corte de programas importantes, corte de verbas para pesquisas nas universidades públicas, reforma do Ensino Médio [em que disciplinas como Sociologia e Filosofia perdem espaço], "lançamento" de currículos homogeneizadores em âmbitos nacional, estadual e municipal, corte de secretarias e ministérios relativos à diversidade e avanço das bancadas religiosas no âmbito público). Tem-se difundido uma visão e um entendimento conservador na educação, que "toma corpo" em decisões como supressão dos termos "gênero" e "diversidade sexual" no Plano Nacional de Educação, em planos estaduais e municipais, na divulgação do discurso de que existe uma "ideologia de gênero" que tem como objetivo a destruição da família tradicional, entre outras ações embasadas em ideias que partem de movimentos como Escola Sem Partido e Movimento Brasil Livre (MBL).[2]

A situação das mulheres nessa sociedade é ainda mais complexa, se considerarmos a intersecção entre as categorias gênero, raça, classe social, idade, religião.[3] O acesso à educação (paridade de sexo) ainda não foi suficiente para reverter a desigualdade de gênero no mercado de trabalho em relação a salários, feminicídio, situações de assédio e dificuldades advindas da maternidade, no acesso à renda e à propriedade, na representação parlamentar, aguçando a necessidade da análise sobre a diferença entre educação mista e coeducação.

O contexto de invasão das ideias neoliberais na educação e das desigualdades a que a sociedade está submetida, entre elas as desigualdades de gênero, mostra a necessidade de debate e reflexão sobre os imensos desafios que temos na construção de uma educação e de uma escola democráticas, com qualidade social e numa perspectiva emancipatória. Portanto, sem uma educação para as relações de gênero desde a primeira infância, dificilmente esse quadro de desigualdade social com base no gênero terá possibilidades de mudança. A educação pública com qualidade social tem como um de seus princípios garantir o acesso e a permanência na escola de todos e todas, independentemente de raça/etnia, sexo, gênero, classe social, religião, idade. Esse princípio está explícito em documentos e legislações educacionais que vão desde a LDB a currículos oficiais. Falar de gênero na escola é falar de diversidade, inclusão e avaliação (questões tão evidentes nos discursos educacionais atuais), o que implica pensar em uma educação para a igualdade entre meninos e meninas.

Gênero e práticas escolares: da reprodução de estereótipos aos desafios de mudanças

Sabe-se que a cultura escolar – como um conjunto de teorias, princípios, normas e práticas docentes sedimentadas ao longo do tempo – não é neutra e reflete o modo como as relações sociais de gênero são produzidas e configuradas socialmente. Dessa forma, a instituição escolar em seu cotidiano e em suas práticas reproduz estereótipos de gênero, mas

---

[2] Esses movimentos não serão objetos de análise neste capítulo.
[3] Em relação ao tema da interseccionalidade, ver Davis (2016); Collins (2000); Crenshaw (2002, 2004); Lugones (2008); Spivak, (2010); Ribeiro, D. (2017).

também pode os contestar. Isso posto, questiona-se: de que maneira a escola reproduz desigualdades de gênero? Quais as possibilidades de transgressão de estereótipos? Como significados de gênero aparecem na escola? A escola trabalha efetiva e intencionalmente com as questões que envolvem as relações de gênero e sexualidade visando à igualdade entre os sexos, como pregam documentos oficiais que exprimem as políticas públicas educacionais em nosso país?

A reprodução das desigualdades de gênero por meio dos significados presentes no cotidiano escolar aparece muito mais nas relações das pessoas adultas com as crianças e jovens, e as possibilidades de transgressão e relações dinâmicas e contraditórias ocorrem muito mais nas relações entre as crianças, longe do controle adulto ou contestando esse controle (Telles, 2005).

Esse é um dado preocupante porque justamente as pessoas que deveriam preparar-se para lidar com a diversidade de modo a articular uma educação equânime – no caso, as pessoas adultas que trabalham na escola, incluindo e dando destaque aos docentes – são as que reproduzem estereótipos de gênero. Essa situação nos leva a refletir sobre a importância da formação dos professores e profissionais da educação para as relações de gênero. É relevante destacar que essa situação ocorre não por responsabilidade pessoal dos docentes e demais profissionais da escola, mas porque há inúmeras formas de reprodução de estereótipos de gênero na sociedade, os quais fazem parte da constituição dos sujeitos e aparecem em falas, modos de se relacionar com as pessoas em relação à pluralidade, que, sem perceber, também educam e constroem significados.

A instituição escolar produz e reproduz as concepções dominantes de sexualidade e de gênero na sociedade e, muitas vezes, segrega aquelas e aqueles que não se coadunam com a masculinidade hegemônica, com formas de feminilidade mais submissas e com a heteronormatividade (Louro, 1997; Vianna, 2018).

As diversas maneiras como os significados de gênero aparecem nas práticas escolares dependem da organização dos contextos em que se dão as relações, do controle exercido com intensidades maiores ou menores sobre as crianças, da linguagem utilizada pelas pessoas envolvidas nessas relações e nos materiais disponíveis e dos símbolos que essas linguagens carregam.

A instituição escolar historicamente utiliza-se de diferentes formas de controle para cumprir com seu papel relativo às aprendizagens das crianças: controle do tempo, das atividades e dos bebês, crianças, jovens e mesmo adultos. Esse controle manifesta-se formalmente nas regras oficiais, nos rígidos horários, seriações, classificações, filas, formas de organização das salas de aula, que são medidas construídas há longos anos e que ainda servem como paradigma de eficiência escolar e de bom uso do tempo. Soma-se a isso o controle dos corpos e a produção de corpos dóceis e escolarizados (TELLES, 2005; FOUCAULT, 2004), além de outra forma de controle que é menos formal, que é a autoridade adulta expressa em gestos, falas, olhares e atitudes.

Desigualdades de gênero nas práticas escolares

Um olhar para a maneira como ocorre a reprodução das desigualdades de gênero no âmbito escolar é importante para que seja possível a reflexão acerca das possibilidades de intervenções mais sistematizadas, em outras palavras, conhecer o que acontece nos ajuda a olhar para a realidade, confrontar com o que é esperado em relação a uma escola pública justa e democrática que garanta não somente o acesso, mas, também, a permanência de todos e todas na escola e permitir pensar na construção de outras práticas recontextualizadas. Nesse sentido, apresento abaixo duas situações observadas por mim e que considero emblemáticas para análise.

Situação 1

A professora Raquel (orientadora de sala de leitura) iniciou sua aula dizendo que hoje era "hora do conto". Mostrou às crianças um livro sem texto e sem imagens, um livro só com cores. Disse que a cada dia contaria uma história em sequência e que as cores daquelas páginas representariam temas a ser desenvolvidos em cada aula. E começou perguntando às crianças que cores seriam aquelas. A primeira cor, as crianças responderam em coro: cor de pele! A professora disse que não, que aquela cor tinha nome e aí entraram em consenso dizendo que era bege. Ela corrigiu dizendo que era dourado. Aí passou a explicar o que cada cor representava. Segundo a professora, o dourado representa o céu, representa Jesus. Ela ia passando as cores, perguntando seus nomes e explicando o significado de cada uma. Em seguida veio a cor preta e *a professora explicou que a cor preta representa o pecado, a escuridão, a maldade*. O vermelho, o sangue de Jesus; o branco representa a paz, a ressurreição; o verde, o crescimento. Como o dourado representa Jesus e era a primeira cor da sequência, então aquele dia a história seria sobre Jesus. [...] Ela trocou de livro e pegou um outro com ilustrações. Virou algumas páginas e mostrou várias figuras dizendo que elas representavam o que não existe no céu. Disse que no céu não existe sol nem lua; como Jesus é a luz do mundo e mora no céu, lá não precisamos nem de sol nem de lua. E foi perguntando às crianças que figuras eram aquelas que estavam vendo. A figura seguinte era um vidrinho de remédio. Ela explicou que no céu não precisaremos tomar remédio, pois Jesus cura. Outra figura mostrava duas crianças chorando (as crianças eram brancas). A professora explicou que no céu não haverá crianças chorando. Depois apareceu a figura de uma vela. Ela explicou que no céu não precisaremos de velas. Depois vinha a imagem de um túmulo. Ela disse que no céu não há cemitério porque lá ninguém morre. [...] *Aí a professora mostrou a figura de um coração preto e perguntou: "O que isso representa?". E ela mesma respondeu: "O mal, o pecado. A cor preta representa coisas ruins. No céu não existirá isso".* [...] Ela continua dizendo que na bíblia estão escritos os nomes de todas as pessoas que entrarão no céu. Ela questionou: "Será que os nomes de vocês estão lá? *Só vai entrar no céu quem acreditar em Jesus, meninas boazinhas e meninos sérios que acreditem em Jesus".* [...] Continuando, disse: "Não importa onde você mora aqui. *Lá no céu você morará em uma mansão, não em uma casinha simples. E ainda tem a vantagem de ser para sempre"* (TELLES, 2005, grifos meus).

Situação 2
O Diego levantou-se e mexeu com a Sara, atravessou a classe, foi até o lugar onde ela estava sentada, apertou a cintura dela e saiu correndo para o seu lugar [em diversas situações Diego mexia com essa menina, puxando seu cabelo, passando a mão em seu corpo]. A menina ficou furiosa, levantou-se bruscamente de seu lugar com o rosto vermelho e pediu para que a professora tomasse providências. A professora tentou fazer com que o aluno pedisse desculpas [e depois de um bate-boca e solicitação da presença de um inspetor] vira-se para Sara e diz: "Você está muito saidinha. E outra: *você dá bola para os meninos, depois reclama. Você anda e conversa com os meninos, depois eles mexem com você e você reclama. Dá bola pra os meninos. Deixa a sua mãe vir aqui que eu vou falar pra ela o que você faz, quero ver se ela vai reclamar!"* (TELLES, 2019, grifos meus).

Na primeira situação descrita acima, percebe-se a violência simbólica praticada pela instituição escolar em relação às crianças que ali estavam. Tudo o que dizia respeito à realidade das crianças – classe desfavorecida, a maioria das crianças era negra, religiões diferentes – estava posto como algo ruim. Desconsiderou-se a laicidade da escola e, além disso, a professora da sala de leitura associava meninas e meninos a ideias preconcebidas baseadas em lados opostos e em estereótipos em relação ao gênero, pautados em uma visão determinista biológica.

Constata-se o preconceito de classe, o racismo e a discriminação de gênero nas falas da professora, associando essas características diretamente a cada um dos sexos. Dessa forma, a escola reproduz a estrutura de poder e dominação presentes em nossa sociedade, segundo a qual o paradigma dominante de identidade ideal é o homem, branco, classe média alta, cristão e adulto.

Na segunda situação, a professora titular da sala culpabiliza a vítima pelo fato de o menino mexer com ela. Esse é o mesmo argumento utilizado por estupradores e agressores de mulheres quando, ao justificar suas atitudes, culpabilizam as vítimas alegando que elas "provocaram". Os meninos que presenciaram as cenas provavelmente acreditam que têm razão e continuarão agindo dessa forma e as meninas continuarão afastando-se cada vez mais da convivência com eles – pelo menos na escola, onde são incentivadas a isso – e podem desenvolver a tendência a pensar que estão erradas ou culpadas, se não houver nenhuma intervenção em relação a situações como essa (TELLES, 2005, 2019). Chama atenção o fato de que são professoras diferentes em tempos escolares distintos, mas que de certa forma compartilham de ideias semelhantes no que diz respeito a significados de gênero. Essas mesmas crianças foram submetidas a muitas outras situações, como por exemplo, após terminarem suas atividades, a professora as convidava a ler cadernos de um jornal até que todos/as terminassem suas tarefas, porém distribuía o caderno de moda para as meninas e o caderno de esportes para os meninos; os meninos da escola eram incentivados a jogar futebol e a aprender as regras do jogo, enquanto as meninas jogavam sem nenhuma intervenção em relação ao esporte (e, nesse caso, era uma terceira professora, a de Educação Física); em sala de aula, falas que direcionavam formas estereotipadas de ser menino ou menina eram usadas frequentemente em diferentes situações, como elogiar um menino pela sua coragem em detrimento do medo das meninas; reforçar a ideia de que meninas são tagarelas e não aprendem matemática; elogiar o caderno de um menino dizendo que parecia "um caderno de menina"; dizer para os meninos que eles "são homens e devem se comportar como tal" ou para as meninas que elas "devem se sentar direito e se darem ao respeito, pois são meninas". Em algumas situações as meninas foram incentivadas a calarem-se frente ao desrespeito praticado por colegas meninos com o argumento de que deveriam "evitar confusão"; os meninos eram "ameaçados" pela professora da classe a fazer coisas consideradas "de mulher", como por exemplo "varrer a sala", e a mesma ação era considerada "natural" para as meninas; a escola organizava as crianças em fila de meninas e meninos, a Educação Física era separada por sexo e a professora da disciplina alegava que isso acontecia porque "os meninos são extremamente agressivos e as meninas qualquer coisinha choram, reclamam, então é melhor evitar que fiquem juntos"; a maioria das crianças que frequentavam aulas de reforço era meninos, sendo geralmente os mesmos "colocados para fora da sala de aula" por comportamento inadequado;[4] comportamentos considerados assertivos (como argumentar, tomar iniciativas, flertar, por exemplo) eram aceitos quando praticados por meninos e tidos como desvio de comportamento quando realizados por meninas. Todas essas situações juntas corroboram a construção de significados de gênero pautados em uma visão binária, estereotipada, desigual e irreal no que se refere aos comportamentos e às relações de/entre meninos e meninas, reproduzindo modelos hegemônicos de masculinidade e feminilidade[5] em detrimento da pluralidade de significados possíveis.

Somam-se a isso os significados presentes nos materiais e livros didáticos, que geralmente reproduzem estereótipos, assim como a mídia em geral, a TV, as revistas de grande circulação, as igrejas e os mais variados grupos sociais que as crianças frequentam. Isso torna-se ainda mais grave se considerarmos que estamos vivendo tempos sombrios de retrocesso e conservadorismo. No ambiente escolar, o planejamento curricular ensina também a partir do que está silenciado. Nesse caso, os silêncios definem o que é possível de ser abordado pelo currículo, traçando os limites do que é considerado melhor, natural e certo em relação ao gênero.

Estudos mostram que alguns trabalhos desenvolvidos nas escolas – principalmente nos anos finais do Ensino Fundamental e Médio e restritos à disciplina de Ciências e Biologia – trazem a discussão de gênero e sexualidade, mas o fazem a partir de um enfoque de gênero e sexualidade em termos biológicos e médico-higienistas, por exemplo, quando vinculam o sexo à reprodução ou simplesmente às doenças sexualmente transmissíveis, reduzindo o debate a processos fisiológicos (FRANÇA, 2008; BORDINI, 2009; DUARTE, 2009; DULAC, 2009). Outras formas de

---

[4] Sobre essa questão, ver trabalhos de Abramowics (1995); Carvalho (2003b, 2004), Brito (2004).
[5] Ver Connell (1997).

sexualidade têm, dessa forma, um não lugar ou um lugar secundário, e as representações de alunos e professores se limitam ao entendimento da relação sexo-afetiva heterossexual, dando sustentação ao estabelecimento de uma conduta sexual considerada padrão e registrando-se um verdadeiro pânico moral ao se mencionar a possibilidade de seu tratamento para além da visão heteronormativa (BORGES, 2008). Como um exemplo referente "aos que ficam de fora", as garotas homossexuais fazem parte de um campo de disputa que permanece silenciado. Não excluído, pois "o silêncio e a invisibilidade forçada não devem ser confundidos com sinal de ausência" (CAVALEIRO, 2009), mas ainda inferiorizado e não reconhecido (VIANNA; CAVALEIRO, 2012). Além disso, a própria inserção das demandas advindas dos movimentos de mulheres e da população LGBTI não garante a superação das relações de poder que definem parâmetros tradicionais que sustentam as relações de gênero em nossa sociedade.

Algumas escolas passaram a assimilar o discurso relativo a demandas da discussão de gênero em termos de organização institucional, no texto do Projeto Pedagógico das escolas com base em documentos oficiais, porém essa apropriação ainda está mais ligada à formalidade do que à transformação das relações sociais. Geralmente o que se tem é uma discussão sobre diversidade e respeito às diferenças a partir da eleição de algumas datas comemorativas emblemáticas, como a "semana da mulher", baseada no dia da mulher, sempre no mês de março, e esse trabalho acaba por reproduzir, na maioria das vezes, uma visão de feminilidade hegemônica e estereotipada: a questão indígena aparece no mês de abril e a questão racial, no mês de novembro. Esse trabalho, não raras vezes, reforça os paradigmas dominantes, trazendo valores e conhecimentos a partir de uma identidade do homem, branco, heterossexual, classe média alta, cristão e adulto, reforçando ideias androcêntricas, eurocêntricas e racistas.

Um outro olhar é possível...

> *Eu não estou mais aceitando as coisas que eu não posso mudar. Eu estou mudando as coisas que não posso aceitar.*
> ANGELA DAVIS

É relevante ressaltar que muitos docentes e mesmo escolas em geral (tanto públicas quanto particulares) realizam trabalhos em relação à temática de gênero tentando abordar o assunto em uma perspectiva plural, com o intuito de desconstruir estereótipos de gênero, mas essas práticas ainda não são amplamente difundidas. Um exemplo é a EMEF Ernani Silva Bruno, que desenvolveu um trabalho com as crianças das séries iniciais em relação aos brinquedos, proporcionando momentos em que todas as crianças brincavam com brinquedos considerados "de menina", como bonecas e utensílios de cozinha, e em outros momentos todas brincavam com brinquedos considerados "de menino", como carrinhos e bonecos. Assim, desconstruíam-se estereótipos e se conversava sobre as experiências com as próprias crianças em rodas de conversa, em que as falas e os questionamentos das crianças tornavam-se materiais de análise e estudos nos horários coletivos de formação das/os professoras/os, momento em que (re)planejavam suas ações a partir da reflexão sobre a própria prática (TELLES, 2010). Essa mesma escola vem trabalhando há três anos com o que denominaram de "4 eixos", que são: mulher, questões raciais, LGBTI e indígena. A coordenadora pedagógica relatou em entrevista que essas questões perpassam todo o currículo escolar e todas as ações planejadas desde o primeiro ano (crianças com 6 anos) até o nono ano (jovens de 14 anos). Entre as ações desenvolvidas estão: estudo das temáticas por professores e equipe gestora em horários coletivos (com posterior planejamento de ações com crianças e jovens); estudo das temáticas com os/as alunos/as; assembleias com as crianças para discutir questões problematizadoras das temáticas; seminários temáticos; produções de textos de diferentes gêneros cujos conteúdos estão relacionados às temáticas; realização da "Ernanada",[6] que são três dias de atividades múltiplas com base nas temáticas estudadas, planejadas e organizadas pelas crianças e jovens, momentos em que se misturam em diferentes idades, com turmas diferenciadas por cores. Ainda segundo a coordenadora pedagógica, no ano de 2019, com perspectivas de continuidade em 2020, os "4 eixos" estão sendo trabalhados junto com um estudo aprofundado sobre Direitos Humanos. Essas ações – na avaliação da coordenadora da escola – têm contribuído para a construção de possibilidades de resistência e de outras significações das feminilidades e das masculinidades. Os grupos de alunos/as têm discutido a questão da violência contra a mulher e outras violências que ferem os direitos humanos. A coordenadora destaca que essas práticas não seriam possíveis se não houvesse o empenho da formação continuada e sistematizada na escola, onde as temáticas são a tônica das reflexões nos horários coletivos.

---

[6] O nome "Ernanada" deriva do nome da escola: EMEF Ernani Silva Bruno.

O lugar da formação de professores/as

Não dá para falar sobre gênero e práticas escolares sem mencionar a relevância da formação de professores/as. Trabalhar com as questões de gênero nas políticas e práticas educativas nos coloca o desafio de refletir sobre símbolos culturalmente disponíveis; sobre socialização de bebês, crianças e jovens; sobre atribuições referentes a diferentes masculinidades e feminilidades; sobre os conceitos normativos, as regras e normas que dizem respeito a gênero nos campos científico, político, jurídico e educativo; sobre as concepções políticas implantadas e difundidas nas instituições escolares e sobre a construção das identidades individuais e coletivas nesse processo, procurando denunciar a pretensão universal e generalizada de um modelo ainda dominante de masculinidade e de feminilidade, baseado em uma visão determinista e androcêntrica.

Esse é um campo em tensão e disputa, em que as possibilidades de produção, reprodução e resistência à discriminação de gênero interagem de maneira complexa e nos colocam muitos desafios: conscientização e formação do corpo docente, em que se possam discutir propostas e atividades realizadas na escola; analisar criticamente os livros didáticos; inserir no currículo saberes e vozes das culturas negadas e silenciadas, com a perspectiva de superar a invisibilidade de diferenças e afirmar uma imagem positiva dos grupos oprimidos, destacando avanços, conquistas e formas de luta desses grupos (questões de classe, raça/etnia, gênero, relações de poder); favorecer uma visão dinâmica, contextualizada e plural das identidades culturais, de estudantes e educadores nas formações, relacionando-as ao contexto em que vivemos e à história de nosso país.

Para que a formação de professores/as seja significativa e traga possibilidades de reflexão sobre a prática, na perspectiva freireana da "ação-reflexão-ação" tornando possíveis mudanças e descontinuidades no que se refere às questões de gênero e sexualidade, é necessário que sejam considerados nesse processo a aprendizagem dos alunos, os contextos e as necessidades desses contextos, os professores, sua formação e as relações estabelecidas entre as práticas pedagógicas, os saberes docentes e o contexto institucional (PINAZZA, 2014; FORMOSINHO, 2009; FULLAN, 2009; BARROSO, 2003; FULLAN; HARGREAVES, 2001; OLIVEIRA-FORMOSINHO, 2009).

O professor deve estar no centro do debate educacional, de forma ativa e tendo suas experiências e práticas consideradas de forma respeitosa dentro de um processo de mudanças educativas necessárias (TELLES, 2016). Nesse sentido, "a ciência da educação não se encontra nos livros, nem nos laboratórios experimentais, nem nas salas de aula onde se ensina, senão nas mentes dos que dirigem a atividade educativa" (DEWEY, 1929, p. 32). "Portanto, a ciência da educação não pode ser uma 'ciência de gabinete' (arm-chair science), descolada do mundo, do trabalho, das pessoas e de suas práticas educativas" (PINAZZA, 2013, p. 55).

Um bom exemplo é o trabalho de Vasconcelos (2018), uma pesquisa-ação em que se desenvolveu uma formação com os professores de duas escolas municipais de São Paulo em relação a gênero, a partir das questões e necessidades emanadas do próprio grupo, com possibilidades de articulação, planejamento, ação e reflexão de trabalhos desenvolvidos com os/as alunos/as na perspectiva da diversidade de gênero, mostrando mudanças de concepções e de práticas pedagógicas.

Uma visão de formação centrada na escola e nos contextos exige vontade política e um outro olhar para o que se tem realizado em termos de formação continuada, principalmente no que se refere a questões relativas a gênero e sexualidade. As perspectivas contemporâneas de formação no Brasil ainda estão obscuras frente à realidade da onda conservadora em que vivemos.

Isso posto, uma forma muito significativa de enfrentar o desafio das demandas escolares em relação a gênero e sexualidade é o fortalecimento dos Projetos Político-Pedagógicos das escolas na perspectiva de uma educação democrática, inclusiva e emancipadora, em que é possível, coletivamente, articular demandas e organizar a formação a partir das necessidades das escolas em intersecção com a busca pela garantia de direitos para todas e todos que lá estão. Assim, espera-se estreitar diálogos com as universidades públicas que pesquisam essas temáticas organizando-se nas lutas sociais por educação de qualidade e para a efetivação da responsabilidade do Estado com a formação inicial e continuada condizentes com a realidade plural que temos em nosso país.

Ofício de aluno: análise das configurações de aluno sob o olhar das relações de gênero

Fábio Hoffmann Pereira

Partindo da constatação de que meninos têm trajetórias escolares mais acidentadas do que meninas, vários pesquisadores e pesquisadoras têm buscado compreender as diferenças de desempenho escolar em âmbitos os mais variados: fazendo análises estatísticas dessas diferenças (FERRARO, 2010), ouvindo as percepções de professoras (DAL'IGNA, 2005), analisando disciplinas específicas (CASAGRANDE, 2011), acompanhando o cotidiano escolar em um espaço de tempo mais longo (CARVALHO, 2009), no encaminhamento para a recuperação escolar (PEREIRA, 2008) e para salas de recursos (GONZALEZ, 2013), nas formas pelas quais a socialização familiar pode influenciar o desempenho de meninos e de meninas (SENKEVICS, 2015), entre tantas outras investigações nesta temática.

Alguns trabalhos quantitativos (ROSEMBERG, 2001; ROSEMBERG; MADSEN, 2011) apontam que não são apenas meninos, nem quaisquer deles, que têm complicações e rupturas na sua trajetória escolar. Os meninos negros apresentam trajetórias muito mais acidentadas no percurso escolar, comparados a outros grupos de sexo e cor/raça. As meninas negras se saem pior do que os meninos brancos. Dessa forma, o argumento amplamente difundido na literatura acadêmica nacional e internacional durante os anos 1980 e 1990 de que todos os meninos iriam mal na escola cai por terra. Rosemeire Brito (2004) e Patrícia Penna (2009), ao trabalharem com análises de gênero sobre o desempenho escolar no cotidiano, constatam que os motivos para o baixo desempenho dos meninos/rapazes na escola em relação às meninas/moças podem ser os mais variados possíveis. Daí talvez a inexatidão e a pluralidade de explicações que costumeiramente são dadas para os fenômenos do fracasso escolar, em particular, dos meninos. Trabalhos que procuram observar o que as crianças realmente fazem e ouvir o que as crianças dizem a respeito de sua vida escolar, entretanto, são poucos no Brasil. Como crianças tornam-se alunos? Como aqueles e aquelas, com seus diferentes níveis de desempenho escolar, procuram se adequar às normas, regras e rituais da organização da instituição? Em quais aspectos os meninos e as meninas elaboram o conhecimento a respeito do trabalho de aluno na escola e em quais aspectos a construção da aprendizagem disso que chamaremos aqui de "ofício de aluno" é diferente dependendo do sexo da criança?

Partindo dessas premissas e desses questionamentos, este capítulo apresenta resumidamente uma investigação em nível de doutorado (PEREIRA, 2015) sobre como meninos e meninas conformam diferentes configurações de ofício de aluno. O "ofício de aluno", expressão utilizada originalmente por autores de língua francesa (CHAMBOREDON; PRÉVOT, 1986; SIROTA, 1993; PERRENOUD, 1995), refere-se a um conjunto de aprendizagens de que os estudantes precisam se apropriar para viverem sem problemas na escola. Régine Sirota explica o ofício como a aprendizagem das "regras do jogo escolar", sendo o bom aluno aquele que consegue tornar-se "nativo da organização escolar" (1993, p. 89). Para Philippe Perrenoud, o ofício de aluno varia de local para local, de escola para escola, de comunidade para comunidade, de "um professor para outro, de acordo com as expectativas de cada um, os métodos, os modos de manejar a classe, a concepção de aprendizagem, de ordem, do trabalho, da cooperação, da avaliação, etc." (1995, p. 201-202). O "ofício de aluno" seria o trabalho desenvolvido pelo estudante na instituição escolar, que compreende um conjunto de saberes sobre os comportamentos apropriados, o cumprimento de tarefas, a organização do tempo e do material. Compreender e performar esse ofício dos modos como exigidos pela instituição escolar parece ser um diferencial fundamental na avaliação da aprendizagem e obtenção de notas e conceitos.

Os objetivos do estudo aqui apresentado foram compreender como alunos e alunas configuram seu ofício de aluno; em quais aspectos essa construção é mais simples e em quais é mais complexa ou difícil para as crianças; discutir em quais aspectos a configuração do ofício de aluno é semelhante e em quais aspectos ela pode acontecer de forma diferente para meninos e para meninas; compreender quais são os agentes principais que estabelecem relações de interdependência para a configuração de um ofício de aluno e como eles podem influenciar diferenças ou desigualdades de gênero; entender como as culturas de pares infantis influenciam a construção ou a configuração desse ofício e, dessa forma, contribuir para a compreensão dos fenômenos conhecidos como "fracasso escolar" quando começam a aparecer desigualdades educacionais, ainda no início do Ensino Fundamental.

O quadro teórico que norteou a condução da pesquisa teve base em dois campos de estudo, as Relações de Gênero e a Sociologia da Infância, bem como o conceito de *configuração* de Norbert Elias. Além disso, o próprio conceito de *fracasso escolar* foi problematizado, sendo aqui compreendido como um conjunto de fenômenos (CHARLOT, 2000) que, combinados ou não, podem produzir situações e histórias individuais que levem a algum tipo de trajetória escolar acidentada, interrompida (PATTO, 1999), ou a situações de não aprendizagem (MOYSÉS, 2001).

Os aspectos teóricos e metodológicos da Sociologia da Infância foram importantes para colocar as crianças no centro das observações e das análises, procurando compreender os momentos em que elas utilizavam a "reprodução interpretativa" (CORSARO, 2011), e em que medida elas apareceriam como agentes (JAMES, 2009) nas relações de interdependência que se formavam na turma estudada, tornando possível o aparecimento de diversas e plurais configurações do ofício de aluno. O quadro teórico-metodológico associado aos campos dos estudos de gênero possibilitou um olhar analítico (SCOTT, 1995) para as relações (NICHOLSON, 2000; CONNELL, 2009; VILANOVA, 1994) que poderiam produzir diferenças e desigualdades entre os meninos e as meninas na escola.

Para Norbert Elias, o indivíduo não é um ente que sofre forças das instituições sociais para se constituir; ele está em constante relação com outros indivíduos e instituições e esse caráter relacional da sociedade caracterizaria o equilíbrio de poder mais ou menos estável que lhe permite constituir-se socialmente. Nessa constituição social, as relações de interdependência que o indivíduo estabelece com o meio em que vive, com outros indivíduos e instituições, em sua época, formam o que o autor chama de *configuração* (ELIAS, 2011, p. 16). A proposta teórica de Norbert Elias foi de fundamental importância para os aspectos epistemológicos, metodológicos e analíticos desta pesquisa.

Tendo em vista os objetivos e a teoria, partimos para um trabalho de campo de inspiração etnográfica (CARVALHO, 2003c, p. 188-189) realizado por meio do acompanhamento durante o ano letivo de 2012, de fevereiro a dezembro, da turma do segundo ano da professora Fátima. Entre as atividades desenvolvidas em campo, as principais foram observações gerais e de situações recorrentes, aplicação de questionário socioeconômico respondido pelas próprias crianças e entrevistas individuais com a professora Fátima e com cada uma das 26 crianças da turma. A opção por entrevistar as crianças individualmente trouxe consequências que facilitaram e outras que dificultaram a análise posterior. Os/as alunos/as puderam falar mais livremente sobre aspectos que lhes incomodavam nas relações entre pares e sobre quem indicavam como amigos e amigas, o que não teria sido possível para algumas crianças se as entrevistas tivessem ocorrido em duplas ou em pequenos grupos. Por outro lado, ficar sozinho numa sala com um adulto, sentados um em frente ao outro e longe dos colegas e da professora, tornou a maior parte das entrevistas um jogo de respostas de "sim ou não" por causa da timidez provocada pela situação de entrevista, semelhante à forma escolar *adulto-pergunta, criança-responde*, o que dificultou algumas análises posteriores.

Os meninos, em geral, ficavam mais calados na entrevista, assim como as meninas que eram percebidas como boas alunas. As entrevistas mais dinâmicas foram com João Afonso e com Tiana,[1] ambos percebidos como maus alunos tanto pela professora quanto pelos pares. Algumas meninas percebidas como alunas medianas, com conceitos medianos e sem indicações como boas ou más alunas por parte da professora ou dos colegas, também concederam entrevistas com falas mais alongadas e articuladas.

As observações mostraram que, mesmo em silêncio, muitas dinâmicas acontecem numa sala de aula, fugindo ao controle do professor. Eram tantas interações ao mesmo tempo que era impossível tomar nota de tudo o que acontecia, mesmo que aparentemente todos/as estivessem fazendo as tarefas, sem que nenhum aluno ou aluna estivesse fazendo um ruído sequer. Este texto apresenta brevemente três agentes que podem formar relações de interdependência para a configuração do ofício de aluno: a professora; o espaço e os materiais escolares; e algumas das relações entre os pares.

A professora como agente de configuração do ofício de aluno

Em última instância, quem organizava a turma, quem escolhia os conteúdos a serem ensinados e a forma como seriam trabalhados, quem também permitia ou interditava muito do que acontecia dentro e mesmo fora da sala de aula era a professora. Profissional experiente, que procurava sempre formação continuada e reconhecida como boa professora pelas

---

[1] Todos os nomes são fictícios.

colegas, Fátima demonstrava carinho por todos e procurava dar atenção àqueles alunos e àquelas alunas que pareciam ter dificuldades no que ela procurava ensinar. Constantemente podia-se vê-la em pé curvada sobre uma criança sentada à mesa, ajudando com a tarefa, orientando a leitura, a escrita, a contagem e o cálculo. Entretanto, no que se referia às diferenças de gênero no trabalho em sala de aula, muitas questões podem ser objeto de reflexão no modo como Fátima organizava e coordenava o trabalho de sua turma.

Em primeiro lugar, a separação dos alunos em filas separadas por sexo, na entrada e na saída, que em princípio parecia uma norma da escola, era um aspecto não formal, uma vez que cada professora organizava as filas de sua turma à sua maneira. Algumas filas eram rigidamente organizadas em ordem crescente de altura dos alunos e das alunas, outras em ordem de altura decrescente. Em algumas filas, pude observar que as crianças competiam e até mesmo empurravam-se pelo lugar na fila. Diante dessa diversidade de maneiras de organizar a fila, não poderíamos pensar uma maneira em que não houvesse divisão por sexo? No segundo ano da professora Fátima, as filas eram organizadas por ela de tal forma que os lugares eram tomados de acordo com a ordem de chegada de cada menino e menina.

Assim como observado por Barrie Thorne (1993), a divisão dos alunos por sexo era bastante nítida na ocupação do espaço externo: os meninos dominavam a quadra sempre chutando alguma coisa, desde uma bola até uma latinha amassada ou até mesmo uma das canecas utilizadas para servir bebidas da merenda escolar, enquanto a maioria das meninas corria pelo pátio externo, revezava-se nos balanços ou pulava corda. Havia ainda alguns meninos e meninas que ao início da aula ficavam sentados esperando pela professora ou sentavam-se perto dela nos momentos de parque, ou ainda algumas meninas e poucos meninos que ficavam vagando pelo pátio, sem interagirem muito com outras crianças. Aconteciam também muitas brincadeiras de provocações entre meninos e meninas. Em momento algum observei ou ouvi comentários de que essa cultura de separação tenha sido questionada pela professora Fátima ou por qualquer outra profissional da escola.

Entre os rituais a que chamamos de *preâmbulo da aula*, aqueles momentos em que as crianças estão dentro das instalações da escola e que ainda não são momentos de aula propriamente ditos, como aguardar o horário, caminhar do pátio até a sala de aula, sentar-se e retirar os materiais, entre outros, a prática de fazer o cabeçalho e copiar a "rotina do dia" tinha muito a ver com o aprendizado de um ofício de aluno. Pela repetição praticamente diária dessa tarefa, a professora ensinava aos meninos e às meninas a organização para se iniciarem os trabalhos, bem como apresentava uma lista daquilo que deveria ser feito ou aprendido no dia. Observações desse *preâmbulo* mostraram que algumas crianças, em sua maioria meninos, demoravam para cumpri-lo antes de começarem a fazer as lições que a professora havia planejado para o dia e isso apontava para algumas primeiras percepções sobre as diferenças de desempenho escolar. Nos aspectos gerais, em suma, parecia que as meninas se tornaram mais autônomas para a realização dessas tarefas, cumprindo-as com maior facilidade e rapidez do que os meninos.

Do conjunto de alunos que se antecipava à professora ao escrever, uma maioria de meninas terminava o cabeçalho antes mesmo de a professora começar a escrevê-lo na lousa. Algumas meninas, entretanto, continuavam ao longo do ano recebendo intervenção da professora para que se apressassem ou até mesmo uma intervenção mais próxima, de sentar-se ao lado, mostrar na lousa o próximo trecho a ser copiado, e também em que lugar no caderno deveria ser escrito. Era o caso, principalmente, de Marta e Clara, duas meninas que com o passar do tempo foram recebendo menos auxílio da professora, e foram elogiadas como crianças que a surpreenderam pelo bom avanço na aprendizagem que Fátima percebia nelas.

Quanto aos meninos, poucos se antecipavam à professora, à exceção de Caetano, mas penso que a maioria, tanto dos meninos quanto das meninas, sabia como deveria fazer o cabeçalho, preferindo esperar até que a professora começasse a fazê-lo e ordenasse que começassem a copiá-lo. Dos meninos que recebiam constantemente intervenção da professora, Ramón sempre estava mais "atrasado" em relação aos demais alunos e alunas e sempre recebeu atenção da professora até o último dia da observação.

Em momentos de condução da aula, especialmente em Matemática, foi observada a falta do reconhecimento do esforço e das conquistas das meninas por parte da professora, o que acabava por demonstrar um incentivo da participação apenas dos meninos (PEREIRA, 2019). Já nas aulas de Língua Portuguesa, a participação tanto de meninos quanto de meninas era aparentemente mais equilibrada.

Dois alunos e uma aluna, João Afonso, Ramón e Marta, recebiam intervenção constante da professora, sendo convocados a fazer a lição na mesa dela sob sua supervisão quase todos os dias e também recebendo orientações mais pontuais. Assim como Isaac, aluno com síndrome de Down, recebiam tarefas especialmente planejadas e preparadas para eles, diferentes daquelas que os demais alunos da turma faziam.

Em suma, não somente ao ensinar os conteúdos relacionados ao currículo formal, as ações da professora Fátima apareciam como pontos-chave para que os meninos e as meninas da turma aprendessem alguns aspectos do "ofício de aluno" e, mesmo sendo considerada excelente professora e parecendo muito dedicada e atenta àqueles e àquelas que pareciam não acompanhar o ritmo da turma, ela tinha atitudes que poderiam produzir diferentes formas de configuração do ofício de aluno para meninos e para meninas, como, por exemplo, ao ignorar a separação espacial entre meninos e meninas na disposição da sala de aula, ao não estimular o hábito dos meninos de fazer o cabeçalho antes que ela solicitasse, como era praxe de muitas meninas, e ao incentivar a participação de meninos nas aulas de Matemática e das meninas nas aulas de Língua Portuguesa.

O espaço e os materiais na configuração do ofício de aluno

A professora organizava as mesas e as crianças da turma em quatro disposições diferentes, que variavam no dia a dia: em filas com mesas dispostas individualmente; em fileiras com as mesas lado a lado, formando uma espécie de bancada com os alunos próximos uns aos outros; em duplas ou trios; e em semicírculo, com a abertura voltada para o lado da lousa. Nesta última forma de disposição, as crianças podiam sentar-se muito próximas a dois colegas, um de cada lado, o que garantia trocas mais dinâmicas das informações e materiais e, ao mesmo tempo, que todos e todas podiam se ver e serem vistos pelos colegas. Tal disposição permitia, aparentemente, maior interação entre as crianças e o volume de ruído de conversas era um pouco mais baixo, comparado àquele da disposição em duplas ou trios.

Havia, também, uma separação por sexo que aparecia muito nitidamente na disposição das carteiras em semicírculo. Os meninos ficavam todos de um lado e as meninas, todas de outro. Geralmente, elas ocupavam a metade do semicírculo próxima à porta da sala de aula, enquanto eles sentavam-se próximos à parede oposta, mais próximos à mesa da professora. O aluno que sempre estava sentado muito perto da mesa da professora Fátima era Isaac, aluno que tinha síndrome de Down e raramente fazia as mesmas tarefas que os demais.

Quando a disposição das mesas era aquela clássica das escolas brasileiras, em filas de mesas individuais, algumas crianças sentavam-se sempre muito perto da mesa da professora, tais como os já citados Ramón, Marta e João Afonso, considerados pela professora como os piores alunos da turma. Por isso, talvez, embora todos tivessem certa liberdade para escolher onde se sentar, os lugares desses meninos e menina eram sempre próximos à mesa da professora. As mesas perto da lousa e no centro eram uma área dominada por algumas alunas, lideradas por Fernanda, um grupo de meninas extremamente competitivas entre si e também em relação aos demais alunos e alunas da turma. Elas eram quase sempre percebidas pelos pares como boas alunas. Renata e Clara, que chegavam atrasadas constantemente e preferiam sentar-se ao fundo das filas próximas à porta, lugares mais distantes das vistas da professora, eram exemplos bastante claros de estratégias que algumas meninas assumem para colocarem-se em posições "invisíveis" (PENNA, 2009) na sala de aula. As meninas que eram amigas geralmente sentavam-se próximas umas das outras, enquanto os meninos não necessariamente ficavam perto. A distância com que os meninos se sentavam uns dos outros poderia ser um recurso da professora para mantê-los disciplinados, mas também parecia uma estratégia deles para que pudessem se levantar com maior frequência para buscar materiais emprestados e aproveitar para conversar fora do lugar.

Outro exemplo de pretexto encontrado pelos alunos e pelas alunas para levantarem-se e conversarem com quem estava longe era ir até a lata de lixo para apontar o lápis. O espaço ao redor da lata de lixo era muito utilizado por meninos e meninas como ponto de encontro para conversas e piadas, algumas vezes até para driblarem a lição, sempre sob o pretexto de que estavam apontando lápis. Além de frequentar os arredores da lata de lixo, passar o tempo remexendo na mochila parecendo procurar algo e organizar os lápis de cor deixando-os perfeitamente enfileirados pareciam ser estratégias mais utilizadas pelas meninas para deixarem a lição de lado, nem que fosse por alguns instantes. Com essas estratégias, os meninos pareciam mais visíveis para a professora, uma vez que precisavam se deslocar de seus lugares para ter momentos de pausa entre as lições, enquanto as meninas faziam essas paradas mais silenciosamente, sem incomodar o andamento da aula, o que talvez contribuísse para uma percepção de que elas fossem mais estudiosas do que eles.

Quanto à vestimenta, os meninos pareceram mais frequentemente fiéis ao uso do uniforme, talvez porque nele havia uma predominância da cor azul, geralmente associada à masculinidade. Quando usavam outras peças, os meninos geralmente portavam tons neutros como o marrom e o preto, ou tonalidades escuras de azul e de verde. Já as meninas, quando rompiam com o padrão de uso do uniforme escolar, carregavam peças ou detalhes cor-de-rosa, associados culturalmente à feminilidade. O mesmo podia-se observar em relação a alguns materiais, como estojos e mochilas. Assim, apesar de a entrega de uniformes e materiais seguir um padrão de cores e estampa único para meninos e meninas, a ressignificação do material e do vestuário era uma constante. Meninos e meninas traziam marcas de gênero ao utilizarem-se de artefatos, para posicionarem-se nas relações de gênero, diferenciando-se principalmente pelas cores e pelas estampas.

As meninas pareciam ter o hábito de continuar a copiar a lição da lousa ou de fazer as tarefas enquanto a professora as explicava, o que fazia com que mesmo aquelas que não eram consideradas boas alunas pela professora fossem adiantando suas tarefas, enquanto os meninos geralmente esperavam até que a professora Fátima desse o comando de que era para copiarem e ficavam mais "atrasados" em relação às meninas. Alguns paravam tudo o que faziam, frequentemente ficando sem terminar as lições, e acabavam estigmatizados pela professora como "fracos", que sempre se atrasavam na realização das tarefas e "nunca a terminavam". Apesar disso, as broncas que a professora dava publicamente eram aplicadas mais frequentemente às meninas, às vezes por motivos bastante banais, como organizar seus lápis sobre a mesa ou no estojo enquanto a professora explicava a tarefa.

As meninas também pareciam ter o hábito de procurar a professora mais vezes do que os meninos para perguntar como organizar o caderno. Perguntavam se a cópia deveria ser em continuidade na linha, quantas linhas deveriam deixar para as respostas, etc. Os meninos nem sempre perguntavam e, por isso, fazendo ao seu jeito, faziam as tarefas fora do formato com uma frequência muito maior. Isso talvez ajude na percepção que geralmente professores têm de que eles possuam maiores dificuldades para se organizar e para aprender.

Os pares como agentes de configuração do ofício de aluno

Apesar da aparente tranquilidade que reinava na turma, considerada uma sala tranquila por outras professoras da escola, as observações realizadas e as entrevistas individuais com os alunos e as alunas da turma pesquisada revelaram que as interações entre os alunos e as alunas se mostravam envolvidas em muitos conflitos. De um lado, as meninas que se destacavam na turma por apresentarem bons conceitos pertenciam a redes de amizade e grupos extremamente fechados e, de outro, ficavam as meninas que, intencionalmente ou não, procuravam permanecer "invisíveis" na sala de aula. Nas entrevistas com as crianças, era perguntado sobre as relações de amizade, "quem na turma é seu amigo ou amiga?". Os meninos, em geral, apareciam como um grupo mais aberto de amizade, com um espectro maior de apontamentos em relação aos amigos. Ainda assim, alguns eram hostilizados por todas as crianças, em especial João Afonso, menino que vivia apenas com a mãe e passava grande parte do dia sozinho à espera do retorno dela do trabalho, revelando-se, na entrevista, uma criança com necessidade de afeto e atenção. Uma investigação atenta às culturas infantis trouxe à tona observações de que as culturas de pares são produzidas e reproduzidas interpretando o mundo não só em relação aos aspectos simbólicos disponíveis, mas em termos de relações sociais e relações de poder.

Nessas tramas de conflitos e de amizades, instauravam-se redes de ajuda mútua. Entre os alunos a quem ninguém pedia ajuda, figuravam três meninos e uma menina percebidos por seus colegas e também pela professora como maus alunos. Já alunas percebidas como medianas (nem como boas, nem como más alunas) pareciam ajudar-se mais do que as meninas consideradas boas alunas pelos pares da turma, que demonstravam um forte senso de competitividade. Nesse grupo de meninas consideradas boas alunas, a única aluna que os/as colegas viam como acessível para dar ajuda era recém-ingressa na turma, constantemente requisitada para ajudar outras crianças, enquanto entre os meninos, quatro deles eram solicitados pelos colegas.

Os meninos eram deixados mais livres para ajudarem quem eles mesmos considerassem que precisasse ou quem lhes pedisse. Eram também mais livres para se sentarem juntos de modo a se ajudarem. Quando as meninas ajudavam, geralmente partia-se de um direcionamento de Fátima, solicitando que ajudassem meninos ou meninas determinados por ela. Talvez pelo fato de serem deixados mais livres, mesmo nos momentos em que não é permitido ajudar, os meninos levantavam-se e procuravam explicações ou pediam respostas aos amigos. Esse hábito poderia causar certa confusão entre os meninos, já que tinham permissão para levantar-se em vários momentos e já que não estava tão claro para eles os momentos em que a circulação pela turma não era livremente permitida.

A análise das relações entre os pares nos momentos de ajuda com as lições e tarefas evidenciou que a percepção que a professora Fátima tem de seus alunos e alunas exerce influência sobre a percepção que os alunos e alunas têm uns dos outros. Assim, a identificação com outras crianças que recebem elogios constantemente faz aproximarem-se meninos e meninas com essas características, como, por exemplo, a configuração das meninas boas alunas e competitivas e dos meninos considerados bons alunos e solidários. As relações entre pares traçam configurações que passam mais discretamente e despercebidas pelo olhar da professora, como no caso de algumas meninas que sempre chegavam atrasadas e procuravam sentar-se isoladas dos demais alunos e distantes do olhar de Fátima.

Considerações finais

Este capítulo teve como objetivo apresentar como meninos e meninas estabelecem diferentes configurações de ofício de aluno. Para isso, procuramos caminhar pelas teorias que orientaram aspectos epistemológicos, metodológicos e analíticos que mostraram o quão imbricadas são as relações de interdependência para uma configuração social, no nosso caso, a do "ofício de aluno". Como pretendemos expor, tanto o professor quanto os materiais escolares, o espaço e as relações entre os pares imbricam-se na configuração deste ofício. Outras relações são igualmente importantes, como as formas de organização familiar e as relações raciais. Ficam em aberto estas e outras questões para estudos posteriores.

Quanto à importância da figura do professor nesse processo, aqueles alunos e alunas a quem ele dá maior oportunidades para falar em aula podem se tornar mais visíveis e serem percebidos como bons alunos. Já aqueles alunos e alunas silenciados, assim como aqueles a quem ele dá mais atenção e chama para a sua mesa, podem ser percebidos como os piores alunos da turma. A separação espacial dos lugares na sala de aula também mostra outro aspecto não só da divisão por sexo, mas também da aproximação de alunos e alunas que tinham percepções semelhantes de seu próprio desempenho escolar, mantendo especialmente meninas consideradas boas alunas em posição de destaque na sala de aula, meninos dispersos pelo ambiente e algumas meninas "invisíveis" em posições mais "escondidas" do olhar do professor. A relação entre os pares se mostrou igualmente como um dos mais importantes aspectos para a configuração do ofício de aluno de meninos e de meninas. Em meio às redes de disputa fortemente agressivas, em especial de algumas meninas e de poucos meninos, formam-se também redes de cooperação e de amizade muito profícuas para convivência dos meninos em geral e de algumas meninas consideradas alunas medianas ou más alunas e na ajuda com a superação de prováveis dificuldades escolares.

O que fica muito evidente é que se tornar aluno, apropriar-se dos códigos de conduta e da convivência escolar, isto é, configurar um ofício de aluno que seja coerente com aquele proposto e exigido pela escola, ainda que por meio da manifestação de posturas disruptivas ou percebidas como apáticas, não é tarefa em nenhum momento passiva dos meninos e das meninas.

Atitudes de algumas meninas de silenciamento e procura por posições de invisibilidade diante do olhar da professora Fátima, por exemplo, são reveladoras do quanto algumas crianças podem enfrentar situações de sofrimento, medo e vergonha pela simples presença em um espaço público como a sala de aula. Da mesma forma as configurações associadas às boas alunas revelam para além de um comprometimento com a própria escolarização e aprendizado, mostrando uma competitividade voraz, evidenciada por falas e atitudes que reproduziam exatamente algumas falas e atitudes que adultos e professores teriam em relação a seus alunos. Há, ainda, as configurações nas quais se encaixariam aquelas outras meninas consideradas alunas medianas pelo seu desempenho, com algumas parecendo invisíveis no dia a dia da sala de aula, bem como configurações associadas a alguns meninos, bons alunos, que agregavam muitos colegas e trocavam auxílio nas tarefas escolares com bastante frequência e reciprocidade.

Enfim, a pluralidade de configurações do ofício de aluno, no segundo ano da professora Fátima, mostrou que, ainda no princípio da escolarização e sem apresentar histórias anteriores de algum tipo de fracasso escolar, as crianças não são seres completamente imaturos, nem tampouco passivos em relação ao ambiente escolar, mostrando-se importantes agentes relacionais dentro da escola. As experiências vividas por meninos e meninas configuram aspectos semelhantes quanto ao sexo dos alunos e alunas, mas também evidenciam que desde cedo a atenção do professor para determinados assuntos, os arranjos e a determinação dos lugares nas mesas e cadeiras escolares, as relações e pressões praticadas entre pares infantis e as dinâmicas da aula são poderosos determinantes das maneiras, por vezes diferentes, como meninos e meninas experimentam a vida escolar, o que pode fazer aumentar cada vez mais as diferenças tanto de desempenho escolar quanto de acesso a níveis mais elevados da escolarização com o passar dos anos.

Quilombolas, homens e negros: identidades, masculinidades e educação

Alan Augusto Moraes Ribeiro

Como um tema central ou transversal, é crescente a produção no Brasil de debates públicos e estudos acadêmicos sobre "homens e masculinidades negras". Em uma recente revisão a respeito dos trabalhos sobre o tema, estipulamos que parte considerável desta produção estaria orientada por duas abordagens centrais. A primeira gira em torno de um *status sociológico da subordinação,* cujo elemento central destaca a marginalização política, a discriminação racial e estereótipos sexuais, bem como a exclusão econômica vivida por homens negros. A segunda envolve um *status sociológico do privilégio,* que apresenta "o homem negro e sua masculinidade" como a vivência corporal de privilégios e de benefícios patriarcais, lucros sexistas e, até mesmo, como um agente principal da violência doméstica e da violência urbana (RIBEIRO, A.; FAUSTINO, 2017, p. 174).

Embora faça críticas a um senso-comum que concebe masculinidades e homens negros de maneira monolítica, homogênea e literal (IKARD, 2002), muito desse debate público e dos estudos acadêmicos apresenta-se sob a forma de discussões mais autorreflexivas e especulativas e menos a partir de investigações empíricas, o que reforça a necessidade de estudos que discutam práticas sociais concretas de homens negros a partir de uma perspectiva de compreensão que tensione uma certa modalidade interpretativa que toma a consequência pela causa, a ontologia pelo discurso, bem como a ação socialmente complexa pela aparição colonialmente impressa (RIBEIRO, A.; FAUSTINO, 2017, p. 167). Ao encontrar a diversidade de experiências de homens negros, devemos discutir criticamente a relação entre as noções de coletivo e individual, atentar para as armadilhas da retórica da "experiência individual", e rediscutir a noção "homens negros" *a posteriori* e não como uma entidade *a priori*. Precisamos de pesquisas a partir da articulação entre raça, gênero e política a partir da empiria (West, 2001; Jackson; Dangerfield, 2004; Hooks, 2004).

Por sua vez, discussões que articulem gênero e outras diferentes categorias como raça, classe e sexualidade devem estimar que o saber a respeito da diferença sexual envolve significados variáveis e contraditórios, bem como processos políticos complexos através dos quais tais significados são criados (Scott, 1994, p. 25). Tal articulação talvez nos auxilie a qualificar o debate crescente sobre o tema das masculinidades negras, disputando, por sua vez, com os significados públicos depreciativos sob os quais homens negros são nomeados. Há uma disputa entre narrativas deslocadas sobre o Eu (Hall, 2005, p. 13) *versus* estereótipos e estigmas em torno dos quais masculinidades negras são associadas a comportamento "raivoso", virulência e truculência emocional, ingenuidade política, insensitividade e insensibilidade relacional, hipersexualização, pobreza moral e marginalização econômica (Conrado; Ribeiro, D., 2017). Pesquisar sobre o tema, portanto, permite teorizar problemas que nos possibilitem participar do debate público de maneira a criticar dicotomias e binarismos que ainda são persistentes quando raça e gênero são articulados (West, 1993; Gray, 1995; Gates Jr., 2001).

Ultrapassar esses binarismos nos permite identificar um conjunto de complexidades sociais vividas por diferentes homens negros que devem estar presentes em uma "percepção multiposicional do *ethos* masculino negro" (Ikard, 2002, p. 302), concebendo-os como sujeitos socialmente heterogêneos, culturalmente polimorfos e politicamente conflitivos (Awkward, 2001; Laymon, 2013). A análise sobre como *jovens homens negros não urbanos* passam a viver experiências de racialização em instituições educacionais urbanas a partir da pesquisa (Ribeiro, 2018; 2019) com jovens homens quilombolas na Universidade Federal do Oeste do Pará é parte do exercício de reflexão sobre dispositivos de diferenciação acionados pelos estudantes para a "confecção" de identidades raciais no *ethos* urbano. Como esses "dispositivos" interatuam nas narrativas do Eu feitas por esses sujeitos a partir da vida universitária? Qual é o Eu masculino de jovens homens negros quilombolas, estudantes universitários, fora dos territórios de origem? Quais os impactos da sociabilidade na universidade sobre a identificação de raça e gênero dos jovens homens negros quilombolas?

Um dos pontos de tensão entre os entrevistados reside nas dificuldades de execução das atividades disciplinares acadêmicas, vistas como parte das "exigências" necessárias para que um negro quilombola que está na universidade possa "merecer" estar e obter "respeito" dos demais colegas. As dificuldades de adaptação envolvem valores e ideias ora explícitos, ora latentes sobre o lugar do trabalho intelectual como atividade legítima entre homens negros de diferentes origens. Tais valores e ideias ainda inscrevem, sub-repticiamente, um lugar de *homem negro brutalizado* como expressão de uma disputa entre um tipo de anti-intelectualismo ("para que universidade, né?") e a valorização da educação como prática de autonomia política ("é aqui que a gente vai conseguir objetivos pro nosso povo") que faz parte dos conflitos vividos pelos entrevistados.

Jovens quilombolas e universidade: narrativas do Eu no mundo acadêmico

Os relatos dos entrevistados envolvem a vivência ambivalente de sofrimentos, discriminações e possibilidades de mudança em razão da presença na universidade. Como um *homem negro não urbano* narra sobre discriminação e sofrimento racial da mesma maneira que os *homens negros urbanos*? Como um estudante homem negro e quilombola, por exemplo, relata sua experiência de racialização, de masculinização, de migração para o espaço urbano e de percepção das vivências sociorraciais na universidade? O que um homem negro quilombola no/do espaço urbano concebe como possibilidade de mudança na universidade? Articulando *narrativas do Eu* a partir de uma noção de *projeto individual* (VELHO, 2004), que aparece em noções como: "sonho de trabalhar na cidade", "missão de vida com uma profissão", "interesse da pessoa própria e de sua família" em oposição às "cobranças das lideranças", "pessoas querendo mandar na minha vida" e "pessoal da comunidade que quer mandar no que eu faço", os entrevistados tentam conciliar a "obrigação de ajudar a família" como parte da "política pra comunidade" com a vivência de situações discriminatórias dentro da universidade em uma teia de relações conflitivas onde as individualidades passam a figurar diante do discurso da coletividade.

A individuação é um processo pouco discutido no estatuto sociológico das identidades quilombolas, ora vista como mantenedora da cultura tradicional, ora como agente de resistência à opressão racial (GOMES, 2015; AMARAL, 2008; FUNES, 2009; ALMEIDA, 2012). Se a individuação é enfatizada como posição linguística masculina que integra as narrativas desses sujeitos sobre si mesmos (BUTLER, 2010, p. 52) dentro de contextos institucionais, deve ser tal processo enfatizado mediante a interação com outros grupos sociorraciais. O conteúdo das entrevistas indica uma identificação quilombola que nos possibilita narrar uma posicionalidade de um "eu diferenciado", e não necessariamente um "eu isolado". Esse "eu diferenciado" é a apresentação social do indivíduo como uma realidade ontológica articulada e não subsumida ao coletivo. Assim, "ser um quilombola" é estar atrelado a uma identificação externa, recorrentemente realizada em situações minimamente tensas que envolvem experiências de dificuldades e sofrimentos sociopsicológicos decorrentes da vida na universidade. No quadro abaixo (Quadro 1), trago nomes fictícios dos entrevistados e da comunidade de origem, com informações reais sobre o curso de graduação. Realizei as entrevistas em outubro e novembro de 2017 e em abril e junho de 2018.

QUADRO 1
Nome, curso e origem dos estudantes entrevistados em 2017/2018

Nome do Entrevistado	Comunidade Quilombola	Curso de graduação	Ano de ingresso
Carlos	Passagem	Biotecnologia	2015
Bruno	Piafú	Antropologia	2015
Paulo	Murumurutuba	Pedagogia	2016
Antônio	Bom Jardim	Letras	2016
João	Piafú	Direito	2016

Carlos parou de trabalhar para ingressar na universidade; declarou que "queria entrar na universidade de qualquer jeito". Todavia, depois de mais de dois anos cursando Biotecnologia, afirmou que "não está gostando do curso". Tentará pela segunda vez ingressar em outro curso. Disse também que o alto número de reprovações que tem em seu histórico decorre da incompatibilidade com o curso. Para ele, "a pior coisa que tem é você levantar todo dia e fazer o que você não gosta, você perde autoestima, olha pra ti e desconfia da tua força, de ser o homem da tua casa... Ser fraco na universidade e ter que ser forte na tua casa é uma coisa que é nova pra mim".

Carlos é um jovem estudante cuja entrevista permite identificar uma "narrativa masculinista do eu" como uma modalidade discursiva que inscreve "ficções do eu para uma percepção multiposicional do *ethos* masculino negro" (AWKWARD, 2001, p. 190). Nessa modalidade narrativa, há constantes remissões a uma ontologia como um registro sociológico relevante que se antecipa às filiações identitárias. Esse tipo de narrativa evidencia ligações complexas entre formações discursivas sobre individualidades e relações de poder na confecção da identidade.[1] O "eu do narrador" não depende totalmente da identificação coletiva para existir socialmente, embora o "eu enunciado" apareça no interior da diferenciação na qual o "ser quilombola" é acionado.

> [...] não posso dizer que têm situações que eu poderia viver aqui que lá eu não iria viver. Essa situação de racismo, preconceito e discriminação podem acontecer lá na comunidade e aqui [na universidade] também, mas lá eu ia receber apoio da maioria, aqui eu recebo de poucas pessoas. Eu fico pensando nessa questão de o pessoal falar que não sou quilombola, que eu mudei de jeito, de pensamento, mas eu sei que tenho uma origem lá, tem pessoal da comunidade que quer mandar no que eu faço, que é uma parte ruim [risos], mas tem o meu interesse, interesse da pessoa própria e de sua família, né, de ser uma pessoa que estudou...
> **Pesquisador: Como assim? De que situação de preconceito você fala?**
> Tem, cara, tu sabe que tem, né? [risos] Eu sei que tem essas bagunças com a cor da gente, mas meus colegas são muito de boa comigo, tipo, eu não sofro essa discriminação... É... Mas olha, eu tenho uma boa relação aqui, lá na sala, não sinto isso muito... (Carlos, 22 anos).

Para Carlos, xingamentos e tratamentos diferenciais são atos racistas, assim como as brincadeiras sobre bolsas de estudos como sendo o único motivo que o leva para a universidade. Para ele, ter uma relação muito boa com seus colegas de sala de aula é o que talvez evidencie a quase inexistência de uma *experiência individual de racismo*. Embora diga que a própria tia "tinha sofrido isso de racismo" na universidade; para ele tanto os moradores da comunidade quilombola como os colegas da universidade podem ser racialmente preconceituosos. Para Carlos, "dividir homem e mulher é uma questão social", "assim como o racismo" que para ele "quase todos os alunos quilombolas vivem isso aqui [na universidade]". Carlos, todavia, é quem pontua um aspecto importante para falar sobre a relação entre as demandas coletivas da comunidade e a vida

---

[1] Sobre os riscos de reduzir debates sobre identidades ao moralismo político, tornando-as antecipações discursivas dos sujeitos, restringindo relações e práticas sociais múltiplas, ver Butler (1995, p. 439-447).

universitária. Para Carlos, as pessoas da comunidade, os familiares e os amigos também almejam ingressar na universidade, e, principalmente, as lideranças quilombolas:

> Esperam que a gente dê um retorno pra comunidade, que tu volte pra trabalhar lá, ajudar a comunidade a melhorar, ser o homem da família, desenvolver os comunitários; todos têm essa expectativa, tem essa reivindicação. Mas só que tu cria uma pressão, uma responsabilidade que tu recebe, que tu cria em cima da pessoa, porque de fato tu é minoria. Eles acabam criando uma expectativa pra gente que está aqui dentro, aqui dentro, eles acham que é mil maravilhas, que é tudo fácil, porque tu tá na cidade grande (Carlos, 22 anos).

Bruno disse que frequentou as primeiras séries do Ensino Fundamental no sistema escolar multisseriado, que funcionava em um barracão. Depois de finalizar o Ensino Fundamental, foi para a cidade de Manaus e lá cursou o Ensino Médio. A história escolar de Bruno foi "cheia de dependências e reprovações", cursou duas vezes a quinta série e duas vezes a sétima série. Para Bruno, viver situações de racismo na universidade é "revoltante", pois não é um lugar de respeito. Declarou que "o pessoal do Coletivo [de Estudantes quilombolas – CEQ] está apoiando para tentar achar uma solução, fazer uma denúncia sobre os casos". Mas, segundo Bruno "o racismo é assim algo global, mas também é algo muito individual". Disse que, ainda no Ensino Médio, viveu situações nas quais recebeu "muitos apelidos, xingamentos e por isso evitava ir para a aula". Por esse motivo, Bruno afirmou que "tinha dificuldade de escrever [...] demorava muito para escrever e os professores não tinham paciência".

> [...] minha família é de religião de matriz africana. A gente sofre muitos ataques e eu recebia muita pancada por isso na escola, de também precisar negar, dizer que eu era católico pra não ser chamado de macumbeiro. Na universidade isso deve existir, aqui é lugar de respeito [...] é aqui que a gente vai conseguir objetivos pro nosso povo, né. [...] Mas é assim: eu falo tranquilamente sobre isso... Tem momentos que até converso sobre, depende de quem está perto, se é uma pessoa tranquila, senão não faço questão de falar sobre (Bruno, 20 anos).

Sobre o curso de graduação em Antropologia, Bruno declarou que ainda está "entendendo o curso", descobrindo como ele poderá usá-lo no "mercado" para conseguir um "bom emprego", embora declare que as pessoas "dizem que é [um curso] bom". Bruno disse que precisa "estar aprendendo coisas que nunca aprendeu", vistas por ele como ensinamentos, habilidades e informações necessárias para cursar as disciplinas do curso.

Paulo traz um relato que compreende uma narrativa sobre a política acadêmica na qual ele percebe ser necessário participar com prudência e, ao mesmo tempo, identifica uma "micropolítica identitária" que envolve tentativas de definir racismo. Ele descreve o espaço acadêmico como um local de relações complexas, diferentes – e adversas – daquelas vividas nos territórios quilombolas, que compreende realidades tensas e conflitivas que desafiam modos de pensar sobre si mesmo:

> Mas essa questão do respeito, tipo, na universidade, é diferente, na comunidade tem os mais velhos, aqui é o professor, que tem umas exigências que tem que respeitar também [risos]. Mas eu acho que tem que ter o respeito, isso de tudo tem que ter o respeito, tem que ter uma missão de vida, uma profissão, entendestes? Mas eu acho que aqui [na Universidade], às vezes é importante ficar em silêncio, não falar umas coisas que são erradas agora, porque, tipo, tu não consegue participar de pesquisa, de bolsa... Tem também o tratamento que tem que dar, ainda mais quando tu participa dos debates... É por isso que *tô* entendo umas coisas aqui na UFOPA, tipo assim.. Minha colega falou que eu não sou quilombola. Eu perguntei pra ela e ela disse que era por causa da minha cor: "você é branco, não é quilombola, quilombola tem que ser negão!" [risos]. Aí eu disse que ser quilombola é gostar da tua origem, como ser homem de verdade é ter respeito pelas pessoas, brancos, quilombolas, mulheres, acima de tudo tem que ter respeito, mas isso aí, de quem é quilombola, quem não é, e tal, tem entre a gente, tem entre quem é de comunidades e fica também dizendo que fulano não é quilombola, que não pode ser representante... E tudo isso é desrespeito, é um tipo de preconceito também, não é? Eu acho, é minha opinião...
> **Pesquisador: E me diz uma coisa, você se sente desrespeitado por quê?**
> Olha, eu sinto assim, que sim... Eu não sinto esse racismo, o racismo mesmo, que tem, né? Mas não sinto tratado assim, não sinto que sou igual *os* outros, é... Olha, por exemplo... Uma vez eu fui *na* casa de um colega, mas eu não me entrosei muito, era *umas* conversa de cidade [risos], de carro, e tal, mas eu senti que era igual, e não era de lá, então não é desrespeito, mas é uma coisa de tratar a pessoa de um jeito que não é igual, né, eu acho... (Paulo, 21 anos).

Para Paulo, a valorização de uma "origem identitária" e o respeito às outras pessoas são elementos que definem o "ser quilombola", e não a identidade de cor. João também aponta para um papel lateral no grupo de amigos com os quais não conseguiu se "entrosar" completamente, uma vez que suas conversas eram "de rico". Autonomeando-se branco, João investe oportunamente em uma narrativa que destaca uma "origem cultural" para acionar sua identidade quilombola e não um "pertencimento racial". Ao registrar alguns valores comunitários tidos como parte dessa origem cultural quilombola – respeito aos mais velhos, respeito aos pais, respeito às pessoas de sua comunidade –, João parece sugerir que as coisas que aprendeu são socialmente indiferentes, similares ou idênticas ao que seus colegas de universidade aprenderam, ao mesmo tempo em que parece apontar para um "novo" aprendizado político sobre o que "não pode" ser dito sobre pessoas, coisas, ideias, pensamentos e comportamentos. Carlos também identifica aquela "micropolítica identitária", indicada anteriormente no relato de Paulo, como étnico-racial, e envolve o interesse de pessoas em se identificar como quilombolas nos períodos do ano em que são lançados os editais dos Processos Seletivos Especiais Quilombola (PSEQ) e Indígena (PSEI). Carlos descreve essa dinâmica micropolítica que envolve situações conflitivas na comunidade:

> [...] existem pessoas que já terminaram o Ensino Médio e moram perto da comunidade e nunca participavam de nada da associação e querem se associar pra poder fazer a prova. O meu padrasto é presidente da comunidade e já chegaram com ele pra perguntar: "Ah, tem mesmo vantagem, ganha bolsa mesmo pra estudar?". Cara, como é que alguém pergunta uma coisa dessas? Tem gente que nem mora próximo da comunidade que já tentou se associar só pra poder fazer esse processo seletivo. Mas aí a comunidade criou uma regra de que tem que estar pelo menos 6 meses associado antes da prova ser feita... A associação fez isso, pra evitar esse tipo de coisa, tem que participar das reuniões porque aconteceu isso que não era associado e 15 dias antes da prova teve gente que se associou. E tem muito jovem e pessoas que querem fazer a prova... Mas o problema é que não queriam ser quilombola e agora quer ser, está enfiando o rabo entre as pernas e está se associando (Carlos, 22 anos).

Carlos assinala que a "micropolítica identitária" que envolve a associação de quilombolas está diretamente associada ao acesso à universidade. Portanto, talvez a Universidade Federal do Oeste do Pará (UFOPA) esteja atuando como um vetor no cálculo político que envolve a identificação étnico-racial entre os estudantes quilombolas em associação com a possibilidade de obtenção de alguma estabilidade material para a realização das atividades universitárias e para a conclusão dos cursos de graduação, também vista como um canal para obtenção de bens e recursos profissionais e financeiros futuros.

Bruno, no trecho de entrevista abaixo, declarou que sempre realizou as tarefas de cuidado da casa, "tinha que fazer"; para ele, "[...] enquanto homem, foi muito louco perceber como se davam as divisões das tarefas. Varrer a casa, lavar a louça e cozinhar é coisa de homem e de mulher para minha mãe, que sempre ensinou a fazer". Para Bruno "essas divisões [entre trabalho de mulher e trabalho de homem] podem influenciar no discurso de hoje, nos espaços da mulher, de se um homem pode desconstruir o machismo mesmo". Um dos pontos intrigantes trazidos por Bruno, na conversa do grupo focal, pode residir na seguinte frase: "deixar uma mulher falhar é muito mais difícil do que deixar um homem falhar na vida e eu vejo isso na comunidade, muito mais do que na universidade". Para Bruno, estar na universidade é viver maneiras de repensar percepções individuais sobre a própria identidade coletiva, talvez experimentando um eu identitário pensante:

> A gente vive um processo de desconstrução, e durante isso a gente faz muita cagada [risos]. Coisas simples, por exemplo, tu vai comprar um lanche, aí atrasa e quem tá atendendo é uma mulher e a gente é super ignorante, mas se é um homem tu já conversa, até dá força. Então na comunidade, no ônibus, tem essas diferenças para as mulheres... Não tirando o meu da reta, mas eu hoje evito muita coisa pra falar e fazer por não saber o que falar e fazer (Bruno, 18 anos).

Sobre os casos de racismo existentes na universidade, Bruno é categórico: "eu penso logo no aspecto jurídico, iria logo tentar denunciar". Para ele, existe na universidade, tanto nas ações de colegas como de professores, a possibilidade de surgir o que ele chama de "racismo disfarçado". Ele se sente incomodado como a tentativa de algumas pessoas de dizer "ah, é uma brincadeira, é uma coisa de humor" quando fazem piadas racistas, quando emitem opiniões racistas. Bruno relatou que mesmo quando recebeu um elogio de uma professora, dentro da universidade, o racismo não deixou de estar presente: 'você é quilombola, bonito desse jeito!'. E aconteceu outras vezes e não tive o que fazer, baixei a cabeça. Mas se fosse hoje eu falaria alguma coisa". Bruno fala criticamente sobre a própria comunidade e sobre suas origens culturais e, ao mesmo tempo, discorre sobre certos marcadores que registram essa origem na medida em que não dispensa todos os elementos discursivos sobre incertezas e dúvidas acerca da *comunalidade* que decorre dessa origem:

> A minha comunidade teve muitas conquistas, que envolvem a história, a fé, religião, coisas que são da nossa vida, da vida dos avôs, dos pais, mas é na UFOPA que eu percebi essa parte do interesse da pessoa própria e de sua família que são diferentes, que a pessoa quer uma coisa que não bate com o que a família quer, tipo um objetivo de trabalhar no mercado e não na agricultura... A pessoa acha que é a partir disso que vem ser o que é quilombola, mas tem outras coisas que faz parte. Isso é algo novo, território, tudo mais. Ah, tem pessoas lá que falam: "Ah, tudo bem, sou negro, sou descendente". Mas o que é ser quilombola? É ter essa origem em uma terra, uma identidade, mas ser quilombola sem a terra é também ser quilombola, mesmo assim existem dúvidas, eu tenho dúvidas, e as pessoas têm, né? (Carlos, 22 anos).

Esse sentimento de identificação expresso por Carlos, que não se fecha no território e no corpo, que não justapõe mecanicamente a consciência, a posição e o lugar (GILROY, 2007, p. 151), parece ser um elemento presente em seu relato, mesmo que como um elemento de tensão, de "dúvida". Outro ponto de tensão, mas agora no relato de Bruno, reside na constatação de que na comunidade existem dificuldades em discutir um problema visto por ele como central: o racismo. Embora os quilombolas mais jovens, alguns deles estudantes do Ensino Médio, outros recém-graduados em universidades particulares, tentem organizar atividades que discutam racismo, o formato mesa-redonda ou palestra usado para fazer essa discussão não agrada aos comunitários:

> O que não tem na nossa comunidade é discutir racismo. O pessoal até tentou fazer isso na [semana da] consciência negra, mas o pessoal quer é dançar, bater tambor, fazer homenagem à santa, que é bom, mas... Pelo que eu entendi nas conversas, de tentar levar coisa pra nossa comunidade, coisas que acontecem na universidade, na nossa última tentativa, foi bem difícil... O pessoal gritava: "oh, você tá demorando muito, aqui na sala de aula, cadê o tambor, cadê a comida, vamos começar a dançar". Então discutir o racismo vai ser bem um ato bem raro de se entrar. Além disso tem a questão da representatividade. Em qualquer lugar que tu vai se apresentar...

> Por exemplo, tu se apresentar publicamente, nas rodas de conversas, *pros* amigos, pra tu tentar ter o empoderamento, ainda não consegui muita coisa sobre isso, de ser quilombola de pele clara, quero conseguir ler coisas sobre isso, de ser um quilombola de pele clara. E aí tu vê que educação é uma coisa que a comunidade quer, mas não quer o trabalho de estudar, de ler, de participar de projetos no curso (Bruno, 18 anos).

Bruno faz um registro que apareceu também na fala de Carlos e que nos remete às discussões sobre uma suposta "ilegitimidade identitária" ou "inautenticidade étnico-racial" atribuída aos "quilombolas não negros" por outros estudantes "quilombolas negros" e estudantes brancos. Também é a partir da tonalidade da pele, tipo de cabelo e traços faciais que aquela "micropolítica de identificação racial", construída dentro de um gradiente de cor que varia do mais claro ao mais escuro, se faz presente entre os estudantes quilombolas. Mesmo que Antônio afirme, controversamente, que em sua sala de aula não sofra "discriminação", embora afirme que "essa situação de preconceito pode acontecer lá na comunidade", é na universidade que vivencia as brincadeiras sobre o auxílio permanência que, controversamente, é parte da micropolítica de identificação e parece ser parte da jocosidade que o inscreve como uma individualidade identitariamente absoluta dentro da sala de aula:

> Assim, na época [2014] o pessoal sabia que eu era quilombola e tal... Os colegas sabem que eu sou, beleza, e assim: tem professores que não sabem, não sei se os colegas têm que se apresentar, mas na minha sala não tem que se apresentar todo semestre... Eu nunca escondi, e por isso eu nunca vivi essa situação, mas é normal... Tem professor que diz: "olha, pra mim todo mundo é igual, não tem essa de diferença!". Mas tem umas de brincadeiras de colegas que dizem: "como é que eu faço pra ganhar uma bolsa dessa, mas é só brincadeira", e eu fico pensando sabe, para que universidade, né? Eu não preciso, cara (Antônio, 20 anos).

Antônio também declara que, como homem, não permitiria ser alvo de racismo. Ele afirma que enfrentaria "qualquer um" que o tratasse de modo discriminatório ou preconceituoso:

> Por exemplo, a minha tia, eu sabia que ela já tinha sofrido isso de racismo [sic] há muito tempo, quando ela entrou na universidade... Ela é muito difícil de comunicação, cara, muito difícil mesmo.

> "Eu acho que a senhora tem que falar com o Coletivo"... Mas ela não falou e isso ficou se agravando e tem um cara que pega no pé dela... Ela diz que toda a turma dela está contra ela e todo mundo está contra ela. Acho que ela se acomodou muito e está pensando em parar de estudar. Cara, eu sou homem, né, não teria esse estômago para enfrentar isso que minha tia enfrenta... É por isso que eu acho que ela é forte pra aguentar isso tudo, ou é muito fraca pra não ter atitude pra fazer alguma coisa... Eu já teria explodido, que é uma reação natural, enfrentaria qualquer um... Aguentar gracinha? Eu já teria me irritado (Antônio, 20 anos).

João, aluno de Economia, que estudou em uma das escolas particulares mais tradicionais de Santarém, parece suscitar algumas dúvidas, a partir da própria trajetória individual, sobre a possibilidade de reivindicar uma identidade quilombola, uma vez que nunca viveu na comunidade:

> A princípio [sic] eu não entendia muito o que é ser quilombola... Eu sempre ia visitar minha avó, meus tios, minha tia, mas eu nunca fui participar das reuniões, saber dos movimentos, dessa parte da cultura que tem lá na comunidade. Mas minha tia dizia: "tua mãe é daqui, teu pai é daqui, vocês sempre estão por aqui, então tu mereces fazer o processo". (João, 21 anos).

Essas reflexões preliminares apontam para a existência de experiências sociais que envolvem o racismo dentro da universidade vivido por estudantes negros e quilombolas e, simultaneamente, apontam para a presença de uma "micropolítica de identificação étnico-racial" que apresenta um caráter colorista entre os estudantes.[2] Circulam, dentro e fora dos grupos de estudantes quilombolas, critérios de identificação étnico-raciais baseados em valores de autenticidade racial, que informam a definição de quem é ou não é "negro e quilombola" e quem é "apenas quilombola". Ao mesmo tempo, alguns elementos também parecem tensionar essa correlação direta entre identidade enraizada, supostamente autêntica, natural e estável, e as mudanças que envolvem espacialidades e territorialidades, que, por sua vez, mobilizam transformações de percepções intelectuais e aquisições de novas expectativas sociais sobre inserção no mercado de trabalho. Tais mudanças não são interpretadas como perda

---

[2] Colorismo é mobilizado para construir critérios de identificação baseados em uma ideia de autenticidade racial. Ver Harris (2008, p. 53-69); Hunter (2007, p. 237-254).

de alguma "pureza identitária", mas como possibilidade de aquisição do conhecimento acadêmico e de inserção no mercado de trabalho urbano.

Essa "política de identidades" parece apresentar especificidades nas dinâmicas de atribuição identitária entre os estudantes quilombolas. Tal política envolve dificuldades e possibilidades no sentido de integralização dos cursos de graduação, indica a presença de correlações de forças entre os próprios estudantes quilombolas que ora permitem, ora inviabilizam o poder de falar com "legitimidade identitária" nos fóruns de discussões e decisões políticas dentro da universidade e em espaços de sociabilidade próprios. Aparece, também, nas negociações de poder que determinam a representação oficial dos estudantes quilombolas dentro da instituição, obtendo ou não apoio político para viabilizar o recebimento de auxílios financeiros para a permanência na universidade, de bolsas de iniciação científica e de acesso aos grupos de pesquisas e projetos de ensino.

Nessa política de identidades, ser o *homem responsável* pela família passa a se articular com um outro lugar: ser aquele que tem uma "profissão" na família, ser aquele que é "acadêmico"; talvez esses lugares sejam informados pela imagem de "provedor" e de "homem da família", aquele que saiu da comunidade e ingressou na universidade. Um lugar tradicional patriarcal reservado a muitos homens negros oriundos de comunidades quilombolas situadas em contextos rurais, verificável no exercício de funções de lideranças políticas comunitárias, talvez se recoloque dentro do sistema de relações comunitárias, articulando para isso o prestígio e as possibilidades de circulação e inserção socioeconômica que a universidade pode viabilizar aos estudantes quilombolas. O *jovem negro homem responsável* que antes retirava do trabalho agrícola e pesqueiro o poder local e a fonte material para o exercício de sua *chefia de família*, talvez agora reforce esse poder com a formação em Direito, Economia, Pedagogia, Farmácia, Agronomia, etc.

As professoras e a nova gestão pública: entre o cuidado e as metas[1]

Marília Carvalho
Ivana Gonçalves de Oliveira
Ângela Esteves Modesto
Cláudio Marques da Silva Neto

O trabalho das professoras nos anos iniciais do Ensino Fundamental foi historicamente associado ao cuidado e a uma feminilidade, isto é, a características socialmente associadas a mulheres, tais como dedicação, valorização de recompensas não monetárias e envolvimento emocional. Nas últimas décadas, entretanto, esse modelo de trabalho foi colocado em questão por novas formas de gestão baseadas em noções de qualidade, eficiência, avaliação e responsabilização.

Essa "nova gestão pública", também chamada de "gerencialismo", significa uma mudança profunda no formato e no papel do Estado, que passa a ser visto e gerido como "uma empresa a serviço das empresas" (DARDOT; LAVAL, 2016, p. 288), uma gestão focada na concorrência e em resultados mensuráveis. Na educação isso implica fazer a identificação entre qualidade e bom resultado dos estudantes em avaliações de larga escala, ou seja, a qualidade da educação passa a ser definida por critérios de eficiência e produtividade, com uma evidente matriz empresarial (FREITAS, 2014).

Do ponto de vista da organização e do controle do trabalho, o gerencialismo está associado aos modelos de gestão que se firmaram com a reestruturação produtiva das últimas décadas do século XX, marcados por flexibilização, incremento da precarização e da intensificação do trabalho, ênfase em resultados, ampliação do individualismo e da concorrência entre os trabalhadores, assim como utilização de técnicas

---

[1] Este capítulo apresenta os resultados de pesquisa financiada pelo CNPq. Ele foi construído a partir da adaptação de dois artigos publicados anteriormente (CARVALHO, 2018; CARVALHO et al., 2018).

de envolvimento e participação destes nos planos das empresas (ANTUNES, 2008; ALVES, 2011). Além disso, também caracteriza esse período do capitalismo contemporâneo a expansão da razão empresarial para todas as esferas da vida, incluindo aquelas até então menos tocadas por esses processos, como o cuidado e as relações afetivas, que passam a fazer parte do mercado ou ao menos a obedecer a sua racionalidade e valores (MORINI, 2008; EVANGELISTA; VALETIN, 2013). A introdução da lógica da empresa, com suas metas e produtividade, nas salas de aula de escolas públicas, pode ser entendida como parte dessa expansão.

O gerencialismo exige dos educadores e educadoras posturas voltadas à eficiência, reforçando uma subjetividade voltada à satisfação do interesse pessoal, com ações individualizadas, competitivas, calculadas, dirigidas para a ascensão na carreira e a recompensa monetária. Tais princípios se fundamentam não apenas na lógica de mercado, mas também em valores que se consideram como relativos a uma forma de masculinidade (MAHONY; HEXTALL; MENTER, 2004; GARCIA; ANADON, 2009). Para alguns autores, essa orientação marcadamente masculina tenderia a marginalizar a feminilidade até então predominante na docência para crianças (BLACKMORE; SACHS, 2007; CHAN, 2011), trazendo novos desafios tanto para homens quanto para mulheres na construção de sua prática docente.

Em sentido analiticamente inverso, estudos sobre a expansão ao conjunto dos trabalhadores de aspectos tradicionalmente associados ao trabalho das mulheres falam em feminização do trabalho na contemporaneidade (MORINI, 2008; ABÍLIO, 2014), significando a expansão de elementos típicos dos trabalhos femininos. Características do trabalho doméstico, historicamente exercido pelas mulheres, hoje são centrais no trabalho em geral, de homens e mulheres: a presença crescente do trabalho não pago, o apagamento das diferenças entre tempo de trabalho e tempo livre e também entre locais de trabalho e moradia, a disponibilidade total do/a trabalhador/a, a mistura de trabalho com lazer e a invisibilidade do trabalho. Além disso, precarização, polivalência, informalidade, baixa remuneração e rotatividade, características das ocupações remuneradas de maioria feminina, também passam a ser elementos constitutivos do trabalho de todos. Assim, esse processo de feminização significa o estabelecimento de "uma nova antiga relação", nas palavras de Abílio (2014, p. 86), na medida em que as formas mais precárias e degradadas do trabalho se atualizam e constituem, hoje, nós das cadeias de produção internacionalizadas da economia global.

No caso das professoras dos anos iniciais do Ensino Fundamental, num país em que a precariedade e a informalidade são historicamente constitutivas do mercado de trabalho para homens e mulheres, parte das características "antigas" marcam a própria origem da ocupação de ensinar em escolas públicas, já nas primeiras décadas do século XX: polivalência, presença de trabalho não pago e invisível, mistura entre tempo de trabalho e tempo livre. Outra parte está presente em seu exercício desde os anos 1970: precariedade, baixa remuneração, rotatividade. Resta investigar de que forma essas características se transformam e se atualizam com a introdução da lógica empresarial na escola pública, implicando a ampliação e a informatização dos instrumentos de controle, a autointensificação e a pressão por resultados. Terão esses movimentos levado ao apagamento dos traços de feminilidade que marcaram o modelo de professora dedicada, que cuida de seus alunos e adora ensinar?

Para buscar respostas, foi feito um estudo qualitativo, com uso de observações e entrevistas semiestruturadas. Foi selecionada a rede pública estadual de São Paulo, por sua representatividade nacional e pela presença de uma política de gestão do trabalho docente baseada na avaliação padronizada da aprendizagem, com o estabelecimento de metas quantitativas e o pagamento anual de bônus. E foram entrevistadas, em 2017, nove professoras, dois professores e uma coordenadora pedagógica, que atuavam nos anos iniciais do Ensino Fundamental em nove escolas localizadas na capital paulista ou em municípios da região metropolitana. As aulas de oito delas foram observadas em uma ou duas seções.[2]

A gestão do trabalho docente na rede pública de São Paulo[3]

A rede estadual de Educação Básica de São Paulo abrange 5.300 escolas, nas quais estudam 4,3 milhões de alunos. De acordo com o Censo Escolar 2017, trabalhavam nessas escolas 148.738 professores, dos quais 29.662 regiam classes dos anos iniciais do Ensino Fundamental,

---

[2] Essas professoras foram convidadas a ceder entrevistas a partir de contatos anteriores da equipe de pesquisa ou por sugestão de outra entrevistada. Em razão da predominância de mulheres tanto na categoria quanto no grupo entrevistado, será utilizado neste capítulo o feminino (professoras). Todos os nomes são fictícios e todas as entrevistadas assinaram termo de consentimento livre e esclarecido.

[3] A maioria das informações desta seção foi retirada da página oficial da Secretaria Estadual de Educação de São Paulo, acessada em 01 nov. 2017 (http://www.educacao.sp.gov.br/). Dados provenientes de outras fontes têm a indicação.

correspondendo a 19,94% do total. Entre esses docentes dos anos iniciais, 91,8% eram mulheres (INEP, 2018).

Num estado governado desde 1995 pelo mesmo partido (PSDB), as políticas educacionais têm tido certa continuidade. Embora não se possa falar de um plano unificado, elas formam um conjunto marcado pela "nova gestão pública" e, como padrão, foram tomadas sem prévio debate na rede escolar (CASSETARI, 2010; MOURA, C., 2013; NOVAES, 2009; RIGOLON, 2013; ZATTI, 2017). E podem ser compreendidas a partir de dois eixos complementares: a implantação de um sistema de avaliação do fluxo escolar e do desempenho dos alunos por meio de testes padronizados (Índice de Desenvolvimento da Educação no Estado de São Paulo – IDESP); e a premiação das educadoras, seja a partir de uma avaliação das professoras para progressão na carreira (prova de mérito), seja a partir dos resultados do índice estadual e do cumprimento de metas preestabelecidas (bonificação por resultado).

As metas anuais são definidas desde 2008 e devem ser atingidas por cada ciclo em cada escola. Para que isso fosse possível, foi criado o currículo único, foram modificadas as provas anuais do Sistema de Avaliação de Rendimento Escolar do Estado de São Paulo (SARESP), que existiam desde 1997, e foi definido o índice IDESP, que além dos resultados das avaliações padronizadas, considera também o fluxo escolar.

No que diz respeito aos anos iniciais do Ensino Fundamental, há dois programas curriculares: Ler e Escrever, implantado em 2007, e Educação Matemática nos Anos Iniciais (EMAI), que começou em 2012. Eles consistem em currículos, cursos e atividades de formação continuada de educadoras, materiais detalhados para orientar as aulas, e materiais para os alunos. Ambos são permanentemente acompanhados por técnicos da secretaria (LIMA, 2014; RIGOLON, 2013).

Em 2017, os alunos foram submetidos a três tipos de testes externos, pois além da prova que dá origem ao índice estadual (SARESP) e das provas do sistema federal (Sistema de Avaliação da Educação Básica – SAEB), todos os estudantes, desde o 2º ano do Ensino Fundamental de escolas da capital, passaram a fazer Avaliações da Aprendizagem em Processo (AAP), testes bimestrais dentro de um Método de Melhoria de Resultados (MMR) introduzido pelo governo estadual.[4]

---

[4] A partir de uma experiência piloto, em 2016, o programa vem sendo implantado gradualmente nas diferentes regiões do estado.

No cálculo do valor do bônus a ser pago às trabalhadoras, são considerados: o resultado no IDESP de cada ciclo atendido pela escola; as faltas da servidora, incluindo até mesmo ausências por licença médica; e, a partir de 2014, o índice socioeconômico das famílias atendidas pela escola. Além disso, só tem direito ao bônus a trabalhadora que tenha tido vínculos com a mesma escola durante dois terços do ano letivo. Como o IDESP varia de um ciclo para outro, é possível que em uma mesma escola apenas parte das professoras tenha direito ao bônus, além das diferenças individuais no valor devidas à frequência. Trata-se, portanto, de critérios múltiplos, variáveis ao longo do tempo e que implicam um cálculo sofisticado, que já chega pronto às escolas.

Vimos nas entrevistas que as professoras pouco conheciam as regras e os critérios que conduzem aos cálculos do bônus, mesmo aquelas com muitos anos de experiência na rede estadual. E podemos supor que essa falta de clareza não resulta do acaso, uma vez que nesse tipo de controle "o que está em jogo não é a possível certeza de ser sempre vigiado, tal como no clássico panóptico, e sim a incerteza e a instabilidade de ser avaliado de diferentes maneiras, por diferentes meios e por distintos agentes" (BALL, 2001, p. 110). Essas condições ampliam não apenas o clima de insegurança, mas também a competição e as desavenças entre colegas.

A bonificação foi paga pela primeira vez em 2009 e garante até 2,9 salários extras para as equipes das escolas que atingem ou superam suas metas. Porém, como o pagamento está sujeito à disponibilidade orçamentária, com a crise fiscal do estado, nos últimos anos, o valor do bônus e até mesmo seu pagamento estiveram em questão.

Quanto ao controle e à padronização do trabalho das professoras, as entrevistas e observações nos mostraram que esse modelo de gestão tem sido bastante eficaz. As diferenças entre o ensino em cada sala de aula observada em 2017 eram pequenas, em contraste com os resultados de pesquisa realizada entre 1996 e 1998 também com professoras do Fundamental 1 da rede estadual de São Paulo pela coordenadora deste trabalho (CARVALHO, 1999). As observações recentes mostraram rituais que são seguidos meticulosamente, num patamar alto de homogeneização dentro do qual à professora cabe executar.

Por exemplo, visitando em dias próximos escolas localizadas em pontos diferentes da região metropolitana, encontrávamos professoras desenvolvendo a mesma sequência didática, com falas semelhantes. Nas paredes, cartazes ilustravam os mesmos projetos como "animais do jardim" ou "astronomia". Expressões pouco usuais eram repetidas por professoras que não se conheciam, como "leitura deleite", para se referir à leitura em voz alta no início da aula, considerada como obrigatória, embora fosse justificada no material oficial como fonte de prazer ("deleite").

Hierarquia: "o dirigente cobra dos seus diretores, que cobram dos coordenadores, que chegam nos professores"

Quais seriam os mecanismos que garantem esse controle e a padronização? Idealmente, as novas formas de gestão prescindiriam da voz de comando externa, o que se refletiria em redução dos níveis hierárquicos e em organogramas menos verticalizados. O controle se daria principalmente como autocontrole, pela internalização das metas, pela competição por resultados e pela autorresponsabilização (ANTUNES, 2008; ALVES, 2011; ABÍLIO, 2014).

Mas não foi isso que observamos no Ensino Fundamental 1 na rede estadual de São Paulo. A hierarquia de cargos na gestão da educação parece ter sido retomada com intensidade, com o fortalecimento das funções de coordenadoras pedagógicas, diretoras e supervisoras de ensino. Garcia e Anadon (2009) encontraram situação semelhante no município de Capão do Leão, Rio Grande do Sul:

> Essas formas de gestão da conduta deslocaram e ao mesmo tempo se combinam, pelo menos no nosso estudo, com formas mais tradicionais de controle do trabalho docente, como a supervisão direta no próprio local de trabalho e a demanda por trabalho burocrático para prestação de contas do ensino (GARCIA; ANADON, 2009, p. 83).

As entrevistadas que ouvimos mostraram ter clareza da presença desse tipo de controle hierárquico:

> É uma coisa que vem, o dirigente cobra dos seus diretores, que cobram dos coordenadores, que chegam nos professores; e aí o professor tem que dar explicação (Ester).

> É diretor cobrando de coordenação: "Ó, tem que trabalhar isso, isso e isso, para ter um rendimento melhor". Aí a coordenação vai, manda mesmo: "Trabalha isso. Vamos trabalhar. Ah, os alunos não estão atingindo essa expectativa de aprendizagem". Aí manda mesmo [...] porque não está tendo resultado no SARESP (Isac).

E as coordenadoras pedagógicas parecem ocupar um lugar ambíguo nessa hierarquia, sendo veículo de controle e cobrança e, ao mesmo tempo, fonte de apoio.

> As minhas coordenadoras são maravilhosas; assim, eu não tenho o que reclamar. Elas... tudo que elas propõem para a gente, elas estão ali do lado, sabe, elas não abandonam o professor. Não é jogado, não é uma coisa assim que: "Olha, vocês que vão fazer, e joga" [gesto]. Não, tudo elas acompanham; se tem um projeto, alguma coisa, praticamente elas te dão pronto, você só tem que aplicar na sala de aula, elas te trazem tudo que você precisa para fazer esse projeto (Renata).

A fala de Renata coloca também em evidência a ambiguidade do fato de receber "tudo pronto", ao mesmo tempo uma facilidade valorizada por algumas e uma restrição criticada por outras.

Material pedagógico: "lá está escrito como que a gente faz"

Além do controle burocrático, chama a atenção o nível de detalhamento dos materiais dos programas Ler e Escrever e Projeto Educação Matemática nos Anos Iniciais (EMAI), compostos de livro do professor e caderno do aluno. Não sem motivo, esses materiais foram chamados de guia, cartilha e apostila, em diversas falas, com diferentes graus de simpatia que vão desde uma professora que "adora o material" e gostaria que outra rede de ensino em que trabalha o adotasse, até outras que consideraram seu trabalho engessado, tolhido.

O livro do professor apresenta atividades para cada item e descreve como devem ser aplicadas:

> [...] o próprio livro do EMAI tem, assim, a conversa inicial que você tem que ter com o seu aluno, a problematização e a aplicação; então, o que você vai fazer, como é que você vai encaminhar aquela atividade. Tem, desde o momento que você chega na sala e fala, as perguntas que você deve fazer, até a aplicação final da atividade. Como é que você vai perguntar cada pergunta para eles, o que você vai falar antes, como é que você vai abordar, introduzir aquele assunto. Eu não acho ruim, até porque são sequências didáticas, né? (Manoela).

Além das instruções minuciosas, o material é organizado – e também utilizado pelas coordenadoras e supervisoras – de forma a definir os ritmos de aprendizagem.

> Aqui [em uma escola municipal] eu trabalho a apostila; na apostila vem só uma folha de explicação; então, eu saio fora, eu tenho essa abertura para sair fora; e trabalhar na lousa, dar mais conteúdo, dar mais exemplos, dar mais atividades. Coisa que no Estado eu não tenho, se eu saio, eu já me atraso. [...] É como se fosse um bolo, o Ler e Escrever: você pode até rechear, mas é muito pouco, você não pode ir buscar muitas fontes. [...] Então, eu sou assim, eu busco ir além, eu recheio esse bolo com outras fontes, mas não é o objetivo, ela deixa bem claro, a minha coordenadora (Claudia).

Até mesmo os livros didáticos parecem estar se aproximando cada vez mais desses programas, como destacou a professora Zuleica: "os livros didáticos, hoje, graças a Deus eles estão muito próximos do Programa Ler e Escrever, da proposta curricular; então, auxilia".

Os materiais dos programas são também a base de todo processo de formação continuada na rede estadual. Mesmo as reuniões nas escolas não são espaços de discussão coletiva porque são utilizadas pelas coordenadoras para repassar as formações que elas receberam, transformando-se em aulas. No caso do EMAI, faz parte das ações do programa o incentivo a uma formação continuada capilar, com grupos de estudo em cada escola, dirigidos à leitura e discussão dos materiais padronizados. Trata-se de uma atividade de duas horas uma vez por semana, voluntária e sem remuneração, da qual várias professoras nos falaram em termos semelhantes.

Ester também comentou da forte presença desses mesmos materiais nas faculdades de Pedagogia, fechando o círculo desde a formação inicial das professoras:

> Quem está fazendo Pedagogia, agora, já está fazendo – pelo menos a estagiária que eu tinha na minha sala – eles já faziam os estudos do EMAI, na faculdade, fazia estudo do Ler e Escrever, para estar dentro das práticas, né? (Ester).

Esse contexto recoloca a discussão sobre autonomia docente num patamar muito diferente daquele experimentado pela antiga professora primária que, fechada a porta da sala de aula, controlava seu próprio trabalho, como aquelas que uma de nós estudou nos anos 1990 (CARVALHO, 1999). Perguntadas explicitamente se consideravam ter autonomia em seu trabalho, as professoras que entrevistamos em 2017 pareciam ter dificuldade até na definição do termo.

> Eu tenho autonomia de passar a minha atividade [...] A gente entrega [para a coordenadora] uma semana de planejamento, para ela avaliar a atividade, para ter um acompanhamento. Quando está diferente, é o trabalho dela, ela nota alguma divergência, fala o que é, e o professor tem a autonomia de modificar baseado no conteúdo dos livros, do Ler e Escrever e EMAI (Isac).

Assim, o que vemos é uma multiplicidade de mecanismos de controle que se combinam e se reforçam, começando na formação (inicial e continuada), estendendo-se do planejamento do ensino às avaliações de aprendizagem e passando pela hierarquia burocrática e pela divisão de trabalho, na qual a professora é executora. Nesse conjunto, a promessa de recompensa financeira não parece ser o elemento central e certamente não traria os mesmos efeitos se isolada dos demais dispositivos.

Resultados: "Só para os números ficarem bonitos"

Freitas (2014) afirma, com base em estudos internacionais, que nas escolas "os processos de responsabilização concorrenciais rompem a confiança relacional ao exporem indevidamente o desempenho de gestores, pais, professores e alunos". A necessidade de encontrar culpados e as pressões superiores levam gestores a culpar professores, estes, a alunos e pais. "No meio de tal deterioração nas relações, emerge a fraude. Alunos são estimulados a procurar outra escola; outros são 'escondidos' nos dias de prova; professores são estimulados a mudar de escola pois 'estão derrubando as médias e o bônus da escola', etc." (FREITAS, 2014, p. 1099).

Na rede estadual de São Paulo não é diferente. Embora houvesse relutância em falar sobre isso, quase todas as entrevistadas disseram que já tinham ouvido falar de algum estratagema – incluindo fraudes na solução das provas e exclusão de alunos – e que sabiam de escolas em que eles eram comuns.

A ênfase nos resultados criava um ambiente baseado nas aparências, na imagem da escola e de cada professora, como expressou Marlucy: "É tudo só para os números ficarem mais bonitos". E foram muitos os relatos de providências específicas para melhorar os índices, que incluíam a realização de simulados e treinamentos, na linha do que descreveu Ravicht (2011), que aponta o risco de esse tipo de política induzir os professores a fazerem mudanças em suas práticas que nada têm a ver com a aprendizagem ou um ensino de qualidade, atividades que fazem com que os alunos dominem os métodos de realizar o teste, mas não o assunto em si.

> A escola estava quatro anos sem esse bônus, porque não atingia a meta, aí troca, troca coordenador [...] E no ano seguinte, assim, dois meses antes da prova do SARESP, ela pegou todos os 5º anos e ela simulava toda semana, simulado, simulado, simulado; e assim, para alcançar a nota. [E conseguiu?] Conseguiu. No ano seguinte, conseguiu (Isac).
>
> Tem escolas, inclusive teve denúncias e tudo mais, que eles trabalham pelo bônus, [...] pra mostrar serviço. [E como que se faz isso?] Arrancando o pelo do aluno [risos]. Então é assim, massifica, principalmente no fim do semestre, essa coisa do SARESP é massificada como se fosse um Anglo, um Objetivo, um Etapa, então é tudo muito bem treinado, chega na hora da prova e os alunos acertam tudo, a escola é linda maravilhosa, atinge o bônus e os professores ficam todos felizes, porque todos os anos têm o teto do bônus (Cintia).

Essa preocupação com os resultados nos testes tem consequência direta sobre o ensino, que passa a ser focado nesses objetivos mínimos, como o tal "bolo sem recheio" de que falou a professora Claudia. A avaliação orienta todo o processo e o que seriam conteúdos mínimos torna-se todo o conhecimento a que a maioria da população escolar tem direito de acesso.

> É esse o objetivo, eu tenho que cumprir esse objetivo, que é o Ler e Escrever, eu tenho que trabalhar em cima disso; porque toda prova, toda avaliação que vem do Estado – a AAP, por exemplo, Avaliação em Processo – é em cima do Ler e Escrever. Então, se eu fugir muito, quando vier, a criança não vai conseguir desenvolver (Claudia).

Além disso, algumas entrevistadas foram explícitas no que se refere a rituais de humilhação que são postos em prática a partir dos resultados de testes e da cobrança de metas:

> Ao ponto da diretora falar para nós que nós éramos incompetentes, em reunião: "Olha, eu não vou mais assinar a incompetência de vocês. Olha os resultados, vocês precisam mudar as estratégias de vocês". [...] E a coordenação, também, ela expunha o professor em situações desconfortáveis: "Olha, Valter, eu vi uma avaliação sua, que você fez isso, isso e isso. Você pode explicar para a gente o que você..." te colocava em situação de exposição (Valter).

Trata-se de uma característica intrínseca da gestão empresarial contemporânea aplicada à educação pública, uma forma de controlar expondo os resultados de escolas e de professores em ranqueamentos, responsabilizando os indivíduos (professores e alunos) pelos resultados e manipulando sentimentos como culpa, orgulho, vergonha, medo e inveja (Evangelista; Valentim, 2013; Rigolon, 2013).

A professora Marlucy evidenciou viver um grau alto de sofrimento psíquico ligado às cobranças em seu trabalho: "A gente fica muito sozinha, é muita cobrança, é mais cobrança do que auxílio". É interessante notar que falas muito semelhantes apareceram na pesquisa de Rigolon (2013), com as professoras mencionando sua sensação de solidão e fracasso diante de um processo de intensas pressões e cobranças: "a gente se sentia um lixo" (p. 214).

Há algumas décadas, a culpa vem sendo identificada como uma questão emocional importante para os professores (Dubet; Martuccelli, 1996; Hargreaves, 1994). Estudos indicam que, em especial nos anos iniciais, a culpa mostra-se associada, por um lado, às práticas de cuidado e ao envolvimento emocional das professoras com o ensino e com as crianças; e, de outro lado, às pressões decorrentes da intensificação do trabalho e da necessidade de prestar contas num sistema de avaliação externa (Evangelista; Valentim, 2013; Rigolon, 2013). As consequências da precarização do trabalho são vividas como fracasso individual da educadora, podendo resultar até mesmo em adoecimento e sofrimento psíquico.

> É muita preocupação com as cobranças, com as metas a serem alcançadas. Então, assim, influencia bastante, ao ponto de preocupar os professores, inclusive até desgastar emocionalmente, intelectualmente, os professores. Eu vejo, sim, muita preocupação (Valter).
>
> Eu já pensei em sair [da docência] por causa da parte psicológica mesmo [...] por mais que eu trabalhe internamente para não ficar me responsabilizando mais do que eu tenho que me responsabilizar, é difícil; se o aluno não está aprendendo, a escola acha que é sua culpa, a família acha que é sua culpa, e você também acha que é sua culpa. É complicado lidar com isso (Marlucy).

Nesse sentido, as técnicas de gestão empresarial mostram-se eficientes, ao ampliar mecanismos preexistentes de autocontrole e autointensificação que não dependem das pressões e cobranças hierárquicas. Como explicitou a professora Cintia, respondendo à pergunta "Você falou dessa pressão pelo cumprimento das metas, é uma pressão da direção, dos pais?": "Não, de nós mesmo, é dos professores mesmo" (Cintia).

São mecanismos de controle que envolvem convencimento, admoestações e humilhações, oferta de soluções prontas, jogos de poder, competição, manipulação de sentimentos e ênfase na performance e na aparência. Na verdade, vemos se desenhar um modelo híbrido de gestão, com a imposição das formas empresariais contemporâneas sobre um modelo mais antigo de trabalho, baseado em características tidas socialmente como femininas, tais como o envolvimento emocional, a dedicação, o cuidado e a culpa.

Por que a gestão empresarial não funciona bem nas escolas?

Já foram bem desenvolvidos argumentos contrários à aplicabilidade da gestão empresarial às escolas, principalmente pelo fato de que a concorrência, motor dos negócios, não se aplica à educação, menos ainda na esfera pública (FREITAS, 2014; AFONSO, 2009; RAVICHT, 2011). Mas no caso específico das premiações financeiras, por que essa medida tomada isoladamente seria pouco eficaz na obtenção de controle sobre o trabalho docente?

No plano internacional tanto quanto no Brasil, evidenciou-se que os professores atribuem grande importância às recompensas subjetivas de seu trabalho, àquilo que "não tem preço", nas palavras da professora Ester. Por exemplo, em Buenos Aires, Argentina, Robert (2013) encontrou professores e professoras que, para decidir-se pela adesão a um programa que oferecia bônus em troca do trabalho em escolas consideradas difíceis, levavam em conta a existência, nas equipes escolares, de projetos de trabalho coletivo voltados para a construção da cidadania, além da presença de boas relações com a comunidade: "os/as professores/as também desejavam o incentivo não monetário de fazer parte de um projeto mais amplo" (ROBERT, 2013, p. 19, tradução nossa).

Mesmo defensores das políticas de bonificação relatam esse fenômeno, que consideram parte das resistências a serem vencidas para a implantação bem-sucedida das medidas.

> A educação possui um *ethos* muito forte que prega a dedicação à educação como algo "altruísta" e "idealista". Os gestores e professores não admitem que sejam suscetíveis a estímulos econômicos (JUNQUEIRA, s.d.).

Nossas entrevistas parecem mostrar esses valores tidos como idealistas, e as professoras relutavam em admitir a importância do ganho financeiro:

> O bônus nem estimulou nem piorou o trabalho, o que vale mesmo é o trabalho do dia a dia em sala de aula, é a competência do profissional, não é o bônus que vai medir sua capacidade de ser um bom ou mau profissional (Cintia).

Quando essa importância era reconhecida, merecia uma boa justificativa:

> Se o bônus serviu para motivar? Serviu. Seria muito ingrato dizer, da nossa parte, que não. Principalmente a primeira vez que eu recebi, foi uma fase que eu estava num sufoco tão grande, eu com problema de saúde, o meu irmão internado que chegou... veio a falecer. Eu passei por situações muito difíceis, e aquele dinheiro, para mim, caiu do céu, foi um reconhecimento assim muito bem aceito (Zuleica).

Será que se trata de falas vazias, uma "pregação altruísta e idealista" descolada da prática? Estarão elas apenas reproduzindo ideias antigas e bem assentadas no meio escolar, argumentos percebidos como legítimos e adequados às mulheres na cultura em que essas professoras estão inseridas?

Parece que não, pois elas foram unânimes em falar da importância das recompensas não monetárias do seu trabalho, que classificaram como gratificante e significativo. Essas falas foram muito semelhantes entre iniciantes e professoras com mais de vinte anos de trabalho, entre homens e mulheres, entre pessoas com origem em famílias de baixa renda ou de setores médios, para aquelas cujo salário era irrelevante na renda familiar atual tanto quanto aquelas que sustentavam sozinhas a família. Vale ressaltar que as citações abaixo são parte das respostas à pergunta "O que você considera mais importante em seu trabalho?" – questão que não necessariamente levaria a esse assunto e poderia dar margem a considerações muito diferentes.

> Para mim, o que mais me gratifica é ver que o meu aluno aprendeu, sabe? Que ele está progredindo, que ele está evoluindo. [...] Isso me faz muito, muito bem. Eu acho que é o mais importante, porque ganhar dinheiro, a gente acaba ganhando com outras coisas também, se a gente for atrás. [...] Tem gente, às vezes, que deve fazer mais dinheiro do que eu, por dia, vendendo doce no metrô. Mas por que que a gente continua na sala de aula? Eu acho que é por causa desse sentimento mesmo, gratificante, de verdade (Marlucy, 28 anos de idade, um ano e meio de carreira).

> Semana passada, eu tive uma surpresa muito boa, que veio um ex-aluno, ele está fazendo doutorado, e ele é Engenheiro Químico. Foi meu aluno, um dos primeiros alunos que eu dei aula, há 24 anos atrás. E aí ele passou por aqui [...]. E eu fiquei super feliz de o aluno ainda lembrar, e você ver o progresso dele. Então, isso eu acho muito importante, você poder olhar para o futuro, e ver que você contribuiu um pouco para aquele aluno. [...] É muito bom trabalhar assim, num lugar que você está feliz com aquilo que você está fazendo (Ester, 47 anos de idade, 28 anos de carreira).

> O salário [na empresa em que trabalhava] era melhor, era o triplo da Educação. [...] Abri mão de muita coisa, materialmente falando, mas não me arrependo não, porque eu consegui fazer o que eu gosto (Valter, 50 anos de idade, 10 anos de carreira).

Entre as professoras cujas famílias dependiam de seu salário se poderia supor que fosse atribuída prioridade à recompensa financeira sobre a satisfação pessoal. Isso torna mais significativas as afirmações de Zuleica, que sustentava a família sozinha: embora falasse do magistério como um trabalho de onde tirava seu ganha pão, e não negasse a importância do bônus para resolver problemas financeiros que enfrentou, ela também relatou o prazer em ensinar e insistiu que o salário não era o mais importante.

> Ó, a recompensa de ver o resultado de cada um, superando; principalmente, aqueles que têm dificuldades gritantes. [...] O ano passado, eu tive um aluno que ele veio encaminhado de outra escola, mas depois que a gente descobriu a família... muito difícil, uma situação muito complicada a dele. [...] E ele se recusava a aprender, é tanto que foi um dos alunos que foi retido por excesso de falta. Mas, no finalzinho de tudo, ele virou para mim e falou: "Você foi chata, ainda bem, aí eu aprendi essas coisas com você". Então, isso é gratificante (Zuleica, 46 anos de idade, 30 anos de carreira).

Há que se considerar que a profissão docente decerto pode ser mais criativa e recompensadora que outras disponíveis para aquelas pessoas. O professor Isac, por exemplo, tinha 35 anos, era casado, tinha quatro filhos e garantia cerca de 70% da renda familiar. Filho de um lavrador do Maranhão, veio para São Paulo com 18 anos e trabalhou como cozinheiro e como empregado num supermercado. Quando se inscreveu no PROUNI, o curso de Pedagogia era sua última opção, mas foi o único que sua nota no ENEM o habilitou a frequentar com bolsa integral em uma faculdade particular. Ele relata que então sofreu "uma transformação": "me identifiquei, vi que era ali que realmente era a carreira que eu queria seguir", porque o ensino "é um trabalho encantador": "Quando a gente vê um avanço da criança, que ela não consegue ler, que ela não consegue aprender, ter a sua aprendizagem... um avanço. Quando você percebe que o aluno vem para você: 'Professor, eu estou lendo'. Isso é gratificante!" (Isac).

Em pesquisa realizada com pedagogas atuantes na Educação Infantil de Goiânia, Alves (2006) destacou que as entrevistadas argumentavam que seu trabalho requeria prioritariamente amor às crianças e à profissão. Mas o afeto era entendido como meio desencadeador de atitudes profissionais avaliadas positivamente por elas, como abertura a mudanças, compromisso e busca por aperfeiçoamento. Vemos a integração de diferentes argumentos, provenientes de uma matriz profissionalizante, que circula no Brasil principalmente a partir dos anos 1980, e do modelo mais antigo da professora dedicada, ambos combinados e ressignificados, como diferentes camadas. Essa forma de pensar foi atualizada pelas professoras que ouvimos e referida ao modelo gerencialista de gestão do trabalho, assim como ao debate sobre o direito ao conhecimento escolar:

> Hoje mesmo a coordenadora mostrou para a gente a meta do ano passado, do IDESP, *a gente superou a meta*; mas obviamente que não é perfeito... sempre tem aquele aluno que chega no 5º ano sem saber ler e escrever. Isso é uma *angústia* muito grande para a gente, dar conta desses alunos, então... (Cecília, grifos nossos).
>
> Eu acho assim, que o professor que faz o serviço dele com responsabilidade, a *responsabilidade social* que a gente tem, né, o compromisso social que a gente tem... porque eu vejo por esse lado, independente da gente ter bônus ou não, a gente vai ensinar aquilo para o aluno, aquilo que a gente tem obrigação, que é dever nosso ensinar e é direito dele saber. [...] O que as coordenadoras propõem *a gente acata, porque a gente pensa nos alunos* (Renata, grifos nossos).

Um modelo feminino de trabalho

Essas camadas, que misturam modelos de docência predominantes em épocas diferentes, refletem o fato de que as políticas empresariais de gestão na rede estadual de São Paulo foram implantadas como imposição de cima para baixo (Junqueira, s.d.; Cassetari, 2010; Zatti, 2017). Nos anos iniciais do Ensino Fundamental, elas foram impostas a professoras que historicamente partilhavam um modelo de trabalho baseado em características tidas como femininas.

No Brasil, são mulheres a maioria das professoras neste nível de ensino desde o início do século XX, quando se inicia a constituição de redes de escolas primárias públicas, cujo desdobramento histórico são os atuais anos iniciais do Ensino Fundamental. Em São Paulo, as professoras já representavam "70% do total de funcionários encarregados do ensino" em 1921, de acordo com Lourenço Filho (Reis, 1991, p. 72). Eram 93,3% no ensino primário em 1961, segundo Luís Pereira (Pereira, 1969). E em 2017 somavam 91,8%, segundo o Censo Escolar (Inep, 2018).

Mas não se trata apenas de uma presença numérica. Características de feminilidade vêm sendo persistentemente associadas ao trabalho de ensinar para crianças. Por exemplo, 92,5% das professoras primárias que responderam aos questionários de Pereira em 1959[5] afirmaram que a profissão era mais adequada às mulheres, e justificaram: "À mulher é mais fácil transformar a escola num segundo lar. Há inúmeros alunos que sentem essa falta em classe de professor"; "na minha opinião, a mulher está por natureza e instinto mais ligada à criança" (Pereira, 1969, p. 49).

Em 1996, estudando professoras dos anos iniciais do Ensino Fundamental da rede estadual de São Paulo, uma de nós encontrou um ideal de professora pautado pelas práticas de cuidado, entendido como atenção integral e individualizada a todos os aspectos do desenvolvimento das crianças e não apenas à dimensão cognitiva. Nas palavras de uma jovem professora, então com 21 anos: "Eu acho que o professor, ele não tem que só passar conteúdos, porque às vezes você conversando com um aluno, você conversando com o pai ou a mãe, você dá um jeito em problemas" (Carvalho, 1999). Esse componente do trabalho das professoras, que resultava em envolvimento emocional com as crianças e trabalho extraclasse, mas também em prazer e realização, não tinha um nome, não era explicitado, nem discutido abertamente. As únicas referências possíveis para abarcar o cuidado, o vocabulário disponível, eram a feminilidade e a maternidade, com as quais as práticas pedagógicas eram correlacionadas de maneira intensa. O estudo indicou que ensino escolar para crianças e maternidade estavam referidos a uma mesma matriz cultural, também historicamente construída.

---

[5] Publicado em 1969, o livro de Luís Pereira resulta de sua tese de doutorado, defendida na Faculdade de Filosofia, Letras e Ciências Humanas (FFLCH) da USP em 1961. O autor informa que a pesquisa de campo foi realizada em 1959.

Dez anos depois, Alves-Mazzotti (2007) pesquisou docentes de escolas públicas do Ensino Fundamental no Rio de Janeiro e identificou o termo "dedicação" como núcleo central da representação social sobre ser professor nos anos iniciais. Embora a autora não faça essa relação, podemos afirmar que este termo está articulado a uma ideia de feminilidade, assim como as demais associações feitas pelas professoras, que incluíam vocação, missão e doação.

As entrevistas realizadas em 2017 trazem indicações de que essa tradição de relacionar o magistério nos anos iniciais do Ensino Fundamental a características socialmente atribuídas à feminilidade não se repete idêntica na contemporaneidade, mas está muito presente e é ressignificada no contexto das novas formas de gestão do trabalho docente.

Professora que cuida: "A galinha e seus pintinhos"

A entrevista concedida pela professora Ester constituiu um marco na construção dessa reflexão. Com 46 anos de idade, Ester somava 28 anos de experiência, sempre na mesma escola. Ela se formou no curso de Magistério em 1989, aos 18 anos já dava aulas e em 2000 fez curso de Pedagogia a distância, em convênio firmado pela Secretaria de Estado da Educação com a USP. Casada com um comerciante, com uma única filha de 20 anos de idade, Ester declarou que seus ganhos como professora serviam principalmente para pagar a faculdade da filha e "alguma coisa do cartão de crédito".

> Na realidade, desde que eu me casei, nunca precisei sustentar a casa, com todas as despesas e tudo. A gente sabe que se for pra você sustentar a casa com o salário que a gente tá ganhando agora é impossível, né? Então, seria, assim, um complemento (Ester).

Ela declarou ter escolhido ser professora porque na sua época esse era "um sonho de toda menina" e descreveu sua relação com os alunos como "de mãezona mesmo. Eu sempre falo para eles, que parece os pintinhos, e eu enfio eles debaixo da asa [risos]." Ester já havia sido convidada para atuar como coordenadora pedagógica e como técnica na Diretoria de Ensino, mas recusou "porque dando aula, você vê o aluno progredindo, você vê a realização no final do ano; e isso eu não troco mesmo, não abro mão". Trata-se de uma narrativa muito semelhante a outras coletadas junto a professoras em estudos realizados há décadas (PEREIRA, 1969; BRUSCHINI; AMADO, 1988), que também falam da vocação de ser professora, da dedicação às crianças e da realização ao ver seus avanços.

Nas falas de Ester ficaram nítidas as marcas de uma feminilidade e o recurso à maternidade para descrever sua prática:

> [O bom professor] em primeiro lugar, ele tem de amar, em primeiro lugar, amar os alunos. [...] Desde os primeiros anos, eu sempre trabalhei com muito coração, né, naquilo que eu faço. Depois que eu tive a minha filha ficou mais presente ainda, porque eu via os alunos como se fossem meus filhos, e sempre pensei assim: eu quero dar o máximo do que eu puder pra eles, porque era como se fosse a minha filha que estava sentada ali naquela carteira (Ester).

Em alguns aspectos, suas palavras remetem aos depoimentos colhidos por Pereira (1969), em que se lê que as mulheres "teriam mais jeito" com as crianças do então chamado curso primário, porque "para um professor homem fica mais difícil, esse acolhimento aos pequenos" (p. 59). Contudo, ideias ligadas ao profissionalismo estão presentes e articuladas à esfera maternal, já que Ester colocava a dedicação aos alunos como fonte de atitudes sistemáticas que valorizava, tais como preparar as aulas e ter objetivos bem definidos. Ela não opunha maternidade a profissionalismo e reconhecia a importância da formação pedagógica:

> Tem que saber: por que você escolheu a profissão? Que a gente sabe que não é pelo dinheiro; então, você escolheu porque você tem uma perspectiva, porque você quer fazer alguma diferença. [...] Escolheu para fazer um bico, ou por uma necessidade, ou foi porque você tinha o ideal a ser cumprido, a ser realizado? O segundo passo é você saber aonde você quer chegar com os alunos. Você preparar as suas aulas para atingir os objetivos que você quer; porque ninguém chega a lugar nenhum se não souber aonde quer ir, né? (Ester).

A professora também declarou que levava sempre trabalho para casa, "pelo menos uma hora e meia por dia pra preparar a aula", e que gastava recursos próprios para oferecer atividades aos alunos: "chego a xerocar lição de casa, imprimir as coisas em casa, do meu bolso" (Ester).

Sem necessidade financeira do bônus – nem mesmo o salário era essencial –, trabalhando por idealismo e amor, com aquilo de que gostava, Ester tinha tudo para ficar alheia aos testes padronizados e ao cumprimento das metas, se o motivo fosse estritamente financeiro. Contudo, ela mostrou ser uma das entrevistadas mais bem informadas sobre a política de bonificação e seus cálculos, as metas de sua escola e do estado, etc.

> Para 2016 já saiu o resultado, a nossa escola tinha que alcançar 7.7. [...] Ele quer chegar na meta 6, em 2030 [meta estadual] e nós já estávamos em 7.6. Mas nós éramos duas classes de 5º ano, não era uma só; então, nós tivemos algum problema. Mas mesmo assim, nós alcançamos 6.1! 6.1 ainda está acima de muita escola, só que nós não atingimos a meta. Então, tem escola, por exemplo, que atingiu a meta de 3.5 que vai receber o bônus e nós que estamos com 6.1, não vamos receber nada (Ester).

A professora também se disse favorável à avaliação externa e às mudanças provocadas pelo sistema de metas:

> Porque você tem que alcançar a meta e aí, queira ou não, tem mais cobrança, né? E aí, queira ou não, a pessoa, mesmo sendo aquela menos incomodada vai ter que se incomodar para fazer alguma coisa. Então, eu vejo positivo, sabe, eu vejo positivo essa avaliação (Ester).

Ao falar de seu trabalho, ela jogou luz sobre a presença da gestão por resultados em sua prática na sala de aula. Como as classes em que Ester lecionava em geral iam bem nos testes, a diretora a pressionava para assumir turmas de 5º ano, que fazem a prova do SARESP. Mas ela não gostava: "é muita pressão", disse. No ano da entrevista estava contente por ter voltado a lecionar para o quarto ano, não por poder dirigir seu trabalho para outros objetivos além do teste, como se poderia supor, mas porque assim teria "dois anos para prepará-los para o SARESP".

Ao mesmo tempo, Ester estava satisfeita com o grau de autonomia que tinha e gostava do currículo e dos materiais da Secretaria de Educação. Dessa forma, Ester personifica uma trabalhadora ideal do ponto de vista da nova gestão pública: ao mesmo tempo adepta dos testes e das metas, satisfeita com um ensino em que executa o que foi definido externamente, ela mantém traços decisivos da antiga professora primária, socialmente identificados à feminilidade, que a levam a ser dedicada, trabalhar em casa sem remuneração, gastar recursos próprios para suprir o que o Estado não fornece e justificar suas atitudes como preocupação com as crianças.

Outros olhares: "Eu não sou mãe de aluno, não sou tia de aluno, não sou madrinha de aluno"

Mas seria esse perfil uma exceção? A fala de Ester continha dois extremos: de um lado mostrava-se favorável ao currículo padronizado, às avaliações de larga escala e às metas; e, de outro, recorria explicitamente a referências à maternidade para descrever seu trabalho. Quanto ao primeiro aspecto, ao contrário de Ester, parte das entrevistadas formulou críticas em diferentes graus a essa padronização e às formas de controle correspondentes, embora todas trabalhassem seguindo esses parâmetros.

Quanto ao segundo ponto, a fala explicitamente maternal também não foi o padrão entre as entrevistadas e estava presente apenas nos argumentos de Zuleica, que tinha 46 anos como Ester, mas, diferentemente, vinha de uma família de baixa renda e, no momento da entrevista, era a única responsável pelo sustento da família.

> O nosso colega lá do 6º ano, ele não vai ter o mesmo tempo que o professor I tem que às vezes a gente se pega até mãezona [...] Eu acho que o desafio tá mais mesmo na vida afetiva da criança, que interfere no cognitivo, querendo ou não. Mas o nosso papel é aí, esse é o desafio, é buscar caminhos para tentar ajudá-los. [...] Uma mãezona, ela tem que ser rígida no momento certo, mas a maior parte da vida ela tem que ter um olhar muito mais carinhoso, mesmo em cima da birra do filho. O professor não é diferente não, porque você vê o aluno encostando na sua carteira, ele chama você de pai, de mãe, de vó. [...] Se ele te vê com essa imagem, é porque ele busca em você algo mais do que você estar ensinando ele a ler e a escrever. Então, tem que ter esse olhar mesmo de mãe (Zuleica).

Como no caso de Ester, essa postura não afastava Zuleica da adesão ao trabalho em função de metas e testes padronizados, que ela achava de grande ajuda e elogiava como "muito bons".

No outro extremo do espectro de falas, temos argumentos contra o modelo maternal, explícitos no caso de Cintia, 38 anos, divorciada, sem filhos ("por opção"):

> Quem tem que acolher é a mãe, quem tem que cuidar é a mãe. Você é professora, você ensina as letras, você ensina conhecimento pra eles. Carinho, afeição, você tem com eles, porque é ser humano, mas isso quem deve dar é a família, professor não é substituto. [...] Porque eu levo assim, minha vida particular da porta pra fora. Eu sou professora da porta pra dentro; das 7 às 11:30 eu sou professora, essa é minha profissão, estudei para isso. Então assim, eu não sou mãe de aluno, não sou tia de aluno, não sou madrinha de aluno (Cintia).

Na mesma direção fala Renata, de 26 anos, casada, na época grávida do primeiro filho. Embora não tenha criticado explicitamente o modelo referido à maternidade como fez Cintia, Renata valorizava o tipo de atuação da diretora de sua escola por permitir que as professoras se concentrassem na transmissão de conteúdo, diferenciando-se da professora que entende o cuidado como parte de seu trabalho, com atenção a todos os aspectos do desenvolvimento de seus alunos:

> Lá [na escola] o professor é visto como autoridade mesmo, você é um *professor*. Quando tem problema de indisciplina, a gente nem sabe o que acontece, você manda para a direção, eles resolvem. O pai jamais chega no professor, eles nunca deixam, você só é tirado da sala de aula lá se realmente for necessário. [...] *o professor é o pedagógico*, a gente está ali *para trabalhar*, cuidar do aprendizado pedagógico; indisciplina, essas coisas, tudo é a gestão, a direção, que cuida (Renata, ênfases na fala).

Entre um extremo e o outro se localizam num contínuo as demais entrevistadas (e entrevistados), cujas falas, embora não lançassem mão de referências à maternidade, incluíam em diferentes graus os elementos do modelo de docência baseado no cuidado, isto é, na atenção individualizada ao desenvolvimento integral da criança. Celina, por exemplo, a professora mais jovem que entrevistamos (23 anos), assim se expressou:

> Eu procuro dar a atenção que eles precisam, dar o carinho, porque, às vezes, *eles sentem muita falta disso*. [...] tem alguns que a gente percebe que são bem carentes *de atenção, de carinho*. E às vezes essa é única atenção que eles têm, aqui com a gente. [...] Quando estamos fazendo alguma atividade que eles têm mais dificuldade, eu pego a cadeira, eu sento junto com ele, vou explicando, vou conversando. Aí, às vezes, a gente entra em questões particulares do aluno, também, que ele acaba contando, se abrindo (Celina, grifos nossos).

A frase grifada traz praticamente os mesmos termos usados por uma professora citada por Pereira (1969), mencionando que os alunos sentem falta de carinho e atenção. Já Marlucy (28 anos) falou do afeto pelo avesso, culpando-se por não o oferecer às crianças como julgava adequado. Mesmo não conhecendo Celina, Marlucy utilizou argumentos muito próximos aos dela, revelando o quanto eles fazem parte de uma cultura escolar em pleno vigor:

> Acho que tem que ter uma coisa que eu não tenho, que é imparcialidade, conseguir ser afetuoso com qualquer aluno independente do comportamento do aluno. Porque, de verdade, essas coisas que a gente vê na Internet, que, às vezes, *o seu aluno, o único lugar que ele tem para ser ouvido, para ter a atenção, é a escola*. É verdade. Quem está lá sabe: tem criança que a impressão que dá é que realmente não tem, não tem isso em casa. E não conseguir dar para alguns alunos, aí me chateia. Eu acho que o professor ideal teria que ter essa inteligência emocional para conseguir suprir essa parte do afeto também (Marlucy, grifos nossos).

Assim, não estavam presentes na maioria das falas referências explícitas à maternidade, mas havia elementos culturalmente associados à feminilidade, que foram atualizados e abordados de forma coerente com as grandes mudanças nos padrões de relações de gênero ocorridas na sociedade brasileira desde os anos 1950, quando da pesquisa de Pereira (1969).

Porém, se as professoras que entrevistamos não falavam em instinto maternal e dons naturais, se muitas não faziam apelos explícitos à "segunda mãe", elas mencionavam a necessidade de dar afeto e atenção, a "inteligência emocional", o desenvolvimento dos alunos para além dos aspectos cognitivos. E mesmo Renata e Cintia, que se posicionaram contra a associação entre professora e mãe, nas práticas observadas revelaram, além de trocas de afeto sistemáticas com os alunos, que elas conheciam detalhadamente, também atenção a aspectos extracognitivos do desenvolvimento. Renata comentou sobre seus gastos próprios com materiais pedagógicos e até mesmo com lembrancinhas para as crianças, revelando as muitas camadas de sua compreensão do que é ser uma professora "voltada para o pedagógico":

> Sempre tem as coisas que a gente tira do bolso para fazer na aula. Fora os agrados, que a gente acaba querendo fazer para eles [alunos]. Se você quiser fazer, você tem que dar. Que nem Páscoa, você quer dar alguma coisinha, você tira do seu bolso; Dia das Crianças, você quer dar alguma coisinha, você acaba tirando do bolso (Renata).

Assim, para além da menção explícita à maternidade, outros elementos do modelo de professora dedicada estavam presentes de forma constante nas falas e nas práticas. A dimensão gratificante do trabalho era uma delas, mas convivia com outros aspectos da chamada feminização do trabalho.

Misturas: uma professora "multiuso"

O fato de que a professora leva trabalho para casa é quase um pressuposto, reconhecido no senso comum e incorporado na definição da jornada de trabalho, a partir de reivindicações da categoria. Todas as nossas entrevistadas reconheceram trabalhar em casa e, além de preparar aulas e corrigir exercícios e provas, também era parte indispensável do trabalho procurar materiais, novidades e informações, pesquisar conteúdos, preencher formulários e fazer cursos, atividades exercidas nos seus horários de lazer, nos fins de semana e nas férias.

As obrigações introduzidas pela nova gestão nas escolas aumentaram esse tempo de trabalho em casa e na escola, além de diversificar as tarefas, seja pelo aumento das exigências burocráticas, com um grande número de planejamentos, planilhas e relatórios a entregar; seja pela obrigatoriedade de fazer cursos, como o que é exigido de quem foi aprovado no concurso público. O programa EMAI, como vimos, também pressupõe a participação considerada voluntária das professoras em reuniões semanais nas escolas, que não estão incluídas no tempo de trabalho pedagógico pago pelo estado.

> O material, ele exige muito estudo. O EMAI trabalha com um grupo colaborativo, onde a gente, os professores que querem participar desse grupo colaborativo, a gente vai mais cedo para a escola, senta junto e estuda. [...] O livro do professor, ele não tem resposta, ele tem um monte de orientações; se você pega o livro do aluno e aplica simplesmente, não dá certo. Então, você tem que estudar (Cecília).

Na prática, os tempos de lazer e de trabalho das professoras historicamente vêm sendo superpostos e misturados, e as novas formas de gestão se valem da tradição feminina da categoria para avançar em direção à flexibilização total do trabalho. O caso da professora Zuleica é emblemático não apenas no que diz respeito à disponibilidade do tempo, mas também quanto à polivalência e à precariedade. Ela descreveu a si mesma como "multiuso", referindo-se a sua tripla jornada de trabalho escolar, pois chegava diariamente à escola onde foi feita a entrevista às 7 da manhã e ficava até 11h45 "na disposição", isto é, a postos para substituir alguma professora que faltasse. Às 12h30 entrava em sala de aula em outra escola, na qual regia uma classe, e à noite voltava à primeira escola, para substituir professores do Ensino Fundamental 2.

> Eu venho na tentativa, porque é mais fácil, né? Trago algumas atividades, e se tiver alguém que falte, estou eu pronta, porque eu gosto de preparar a aula também, qualquer série que eu entro, eu acho que a gente tá aqui para dar o nosso melhor. [...] Porém, por exemplo, se faltou professor de Inglês, é lógico que eu não vou dar Inglês, porque eu não tenho domínio da aula, mas eu procuro dar algo que se aproxime (Zuleica).

Se nenhum colega faltasse, era "um dia dispensado": Zuleica ficava à disposição e não recebia nada. Trata-se de precariedade, polivalência e disponibilidade total que não foram criadas pela nova gestão da rede escolar, mas são inteiramente funcionais a ela e sobrevivem fortalecidas ao lado da modernidade propalada e do aparato técnico mobilizado.

Além do uso do tempo, o trabalho em casa implicava na utilização de equipamentos próprios e em gastos materiais para as professoras, gastos que não são contabilizados, mas são indispensáveis para o funcionamento dos currículos oficiais. Esses aportes estão na prática pressupostos nos planos de gestão que, também nesse caso, se valem de uma tradição preexistente.

> O próprio EMAI, ele fala: "Você tem que dar lição de casa". Eu dou lição de casa para os meus alunos. Quem faz? Sou eu. Quem imprime? Sou eu, eu compro a folha, eu compro tinta (Cecília).

> A gente tem um projeto do jornal no livro [do programa Ler e Escrever]. Só que o governo não manda o jornal para os alunos, a gente que tem que ir atrás do jornal. E jornal é caro, a gente sabe. E tem que ter jornais completos. [...] Olha, eu vou arrecadando aí, eu falo para a minha mãe: "Mãe, tem jornal, guarda". A minha irmã, que trabalha em imobiliária, o patrão dela lê muito jornal; então, ela traz bastante; e aí eu vou guardando, vou juntando, e daí eu faço o projeto com eles (Renata).

Mesmo a informatização, um dos eixos da eficiência pretendida pela Secretaria de Educação, aumentou a quantidade de relatórios e depende do trabalho em casa e dos recursos pessoais das professoras, apesar dos sistemas e processos digitais considerados de última geração:

> Esse fim de semana, eu tenho que lançar nota, o que eles chamam de STED, Sistema Escolar Digital, eu tenho que lançar as notas. [...] E na escola é muito difícil fazer isso, é muito pouco computador, muito professor (Marlucy).

Novas antigas condições de trabalho: "dobrar período", "juntar classes"

Quanto às condições de ensino, são gerais entre as entrevistadas as queixas pela falta de recursos e materiais didáticos, além do grande número de alunos em cada turma e das dificuldades em efetivamente incluir os alunos com necessidades especiais. Se essa precariedade das condições de trabalho não é novidade, cabe destacar o quanto ainda são presentes os argumentos em favor de aceitá-las para o bem das crianças, como nos fala a professora Zuleica:

> O ano passado, por exemplo, a professora que ia dar aula na sala, ela tinha muito problema de saúde e estava em processo de aposentadoria, e os alunos ficavam muito tempo sem aula; e eu fiquei com as duas turmas, que eram quase 50 alunos. Os colegas [...] queriam me matar, porque eles passavam e viam a sala lotada: "Você não pode fazer isso, porque eles que têm que mandar alguém". Mas esquecem que aquela criança que estava ali, vários vinham de ônibus, e os pais não tinham como deixar em casa, e ele tinha que ficar aqui, coitadinho, até as 11h, 11h30, que era o período dele. E eu na minha sala, com os meus alunos. Então, eu olhei assim, e falei: "Não, se eu pegar um, por que não pegar todos?" (Zuleica).

Pressionadas para garantir as metas com essas condições precárias, as professoras davam jeitinhos e avançavam sobre seus recursos e seu tempo livre, desdobrando-se no atendimento aos alunos, o que reproduz e atualiza o modelo de professora dedicada e altruísta no âmbito de uma gestão que fala em eficiência, resultados e profissionalismo, e que responsabiliza individualmente as professoras pelo desempenho dos alunos sem considerar o contexto e as condições de trabalho. De sua parte, as professoras ressignificavam o trabalho flexível e a precarização numa gramática baseada em dedicação e cuidado.

Outra característica do trabalho flexível presente há décadas na categoria docente são os vínculos de trabalho precários. Há indicações de que trabalhar durante anos sem ser efetiva no cargo já era parte da carreira das professoras primárias de escolas estaduais de São Paulo desde os anos 1930 (MOURA, C., 2013). Dados oferecidos por Pereira (1969) apontam que 13,4% dos regentes de classe em atividade nesse segmento de ensino não eram efetivos em 1960, proporção que cresceu muito em todo o país durante a ditadura militar, quando a política de expansão de matrículas no ensino básico deu-se às custas do arrocho salarial e da flexibilização das formas de contratação de professores (PIOVEZAN; DAL RI, 2016; MOURA, 2013). Em 2017, 25,5% do total de professoras estaduais dos anos iniciais do Ensino Fundamental eram contratadas em caráter temporário (INEP, 2018).

Entre as professoras que entrevistamos, Zuleica e Claudia trabalhavam na rede estadual havia 28 e 27 anos, respectivamente, sem nunca terem se efetivado e tendo passado por diversas formas de contrato temporário antes de adquirir estabilidade por força da Constituição de 1988. A grande maioria das entrevistadas que assumiram cargos por meio de concurso público trabalharam anteriormente com contratos precários, durante períodos que variaram de 3 a 10 anos; e somente Manuela e Cecília já começaram no estado como efetivas, após aprovação em concurso.

Outra dimensão antiga da precarização é que os baixos salários empurram as professoras a procurar uma segunda fonte de renda. Entre as professoras primárias das escolas estaduais paulistas pesquisadas por Luís Pereira, 26% tinham outra ocupação remunerada, a grande maioria delas como professoras particulares (PEREIRA, 1969). Hoje, uma das formas mais comuns de ampliação da renda é "dobrar" ou "acumular", isto é, trabalhar em duas redes de ensino, em turnos diferentes, deslocando-se diariamente de uma escola para outra. O duplo vínculo com o serviço público foi permitido para professores em nível nacional a partir de 1998 e dá origem a jornadas de trabalho de até sessenta horas semanais (PIOVEZAN; DAL RI, 2016).

Entre as 12 entrevistadas, somente três não tinham outro trabalho remunerado. Cecília dava aulas em uma faculdade particular à noite; Isac e Zuleica (cuja situação foi detalhada acima), além de suas classes, trabalhavam como eventuais na própria rede estadual, substituindo faltas de colegas em diferentes escolas, uma fonte de renda instável, já que a remuneração é por aula dada. Finalmente, Renata, Manuela, Valter, Marlucy, Claudia e Celina tinham outros cargos em escolas de redes municipais – da capital ou de algum município da região metropolitana. Isso significava que tais professoras e professores se responsabilizavam durante o ano por cinquenta alunos ou mais.

Com jornadas de trabalho tão extensas,[6] ficam reduzidos os tempos das professoras dedicados ao estudo, à formação e ao trabalho coletivo,

---

[6] Sem considerar as tarefas domésticas, que implicavam em mais horas de trabalho em casa para todas, incluindo os dois homens entrevistados.

o que aumenta sua dependência dos materiais apostilados e da ação das coordenadoras, tornando cada vez mais bem-vindas as soluções definidas externamente, aquilo que "te dão pronto, você só tem que aplicar na sala de aula", nas palavras da professora Renata.

Cabe ainda destacar a histórica baixa adesão das professoras dos anos iniciais do Ensino Fundamental às lutas sindicais e às greves da categoria, em geral utilizando como argumento sua preocupação com as crianças.

> Se eu faltar, o que os 26 alunos pequenos vão ficar fazendo na praça? [...] Geralmente, eu não entro em greve, porque eu sempre penso no lado dos meus alunos, os pequenos [...]; eu não entro [nas greves] pensando nos alunos, porque se a gente fosse ver tudo que está errado, teria que entrar, não é? (Ester)

Parece bastante útil para a gestão da escola essa tradição de trabalhar em condições precárias, com contratos temporários, não faltar e não participar dos movimentos coletivos, tradição que, no caso das professoras dos anos iniciais, está associada a um modelo de feminilidade.

A escolha da profissão: "Eu amo isso aqui"

Com apenas uma exceção, as narrativas da escolha da profissão seguem dois roteiros básicos: a escolha vocacionada, que podemos chamar de clássica, em que a entrevistada declara que desde criança sonhou ser professora; e a descoberta da "paixão por ensinar" ao longo do curso de Pedagogia ou no início da carreira, depois de uma escolha motivada por conveniência.

No primeiro caso, encontram-se seis professoras com idades e origens socioeconômicas muito diversificadas. Amanda, coordenadora pedagógica de 51 anos, assim descreveu sua escolha:

> Ah, desde menininha, brincando de boneca e já dando bronca e ensinando as bonecas. A minha tia era da área, trabalhava com Educação Especial, inclusiva. E ela me envolveu bastante nesse assunto; eu acho que foi mais por causa dela mesmo (Amanda).

A narrativa se parece com a de Renata, de 26 anos:

> Eu sempre gostava de ensinar, sabe? Quando eu era pequena. Então, eu não sei também se por ver a minha mãe [professora], eu achava

muito bonito. [...] Eu acho que é que nem a minha mãe fala, é vocação (Renata).

Diferentemente, as histórias contadas por Valter, Isac, Claudia, Marlucy e Cecília falam de escolhas motivadas por necessidades circunstanciais e uma descoberta posterior do amor à profissão. Valter (50 anos) foi bancário enquanto estudava Economia. Ao tentar outro curso, não podia se "dar o luxo de escolher uma carreira concorrida", então escolheu Pedagogia e gostou muito: "Acabei acertando inconscientemente".

Outras circunstâncias levaram Claudia (51 anos) a cursar magistério:

> Eu não queria ser professora, eu queria ser aeromoça. Mas nós somos *em* oito irmãos, e a minha mãe não tinha condições de pagar um curso de inglês para mim, ou uma outra coisa. E também, o Magistério era o único que era durante o dia, não tinha mais nada. E o meu pai não deixava eu estudar à noite.

Assim, para realizar o sonho de fazer faculdade, ela fez o Ensino Médio na modalidade magistério. Mas não pretendia seguir a carreira, tendo se candidatado a uma vaga no Banco Bradesco assim que se formou.

> E aí, no mesmo ano, eu casei. E o meu marido falou: "Ou você dá aula ou fica em casa, empresa você não vai trabalhar". Tinha isso também. Eu falei: "Ai, eu não acredito". [...] Aí, fiquei bem triste, porque eu queria ir para lá; porque eu falei: "Bom, já que eu não vou ser aeromoça, eu vou ser bancária, eu não vou dar aula em hipótese alguma". [...] Mas daí eu comecei a lecionar e fui gostando. E hoje eu falo para você, graças... eu glorifico ao Senhor, eu amo isso aqui, eu amo isso aqui (Claudia).

A exceção a esses dois roteiros foi representada por Cintia,[7] única a relatar uma escolha influenciada pela escola em que estudou e o método pedagógico lá empregado:

> Eu estudei, eu fui alfabetizada na escola Montessori e é uma escola muito diferente do padrão, ela sai dessa coisa do século XVIII e XIX, que a estrutura brasileira escolar é ainda assim. Então quando você entra numa escola Montessori, eu pelo menos ainda tenho essa

---

[7] Cabe destacar que Cintia foi também a professora que falou de forma mais direta contra a associação da docência à maternidade, como visto acima.

> impressão, o ar é diferente, o ambiente é diferente, o acolhimento é diferente, é um ambiente mais tranquilo, as crianças são mais tranquilas, tem uma filosofia de vida mesmo, então você se sente útil para si mesmo e para os outros (Cintia).

Resumindo, encontramos principalmente escolhas profissionais muito próximas à tradição da mulher vocacionada, largamente descrita na literatura sobre as professoras (BRUSCHINI; AMADO, 1988; CARVALHO, 1999), ou então um encontro posterior com o encantamento e a gratificação do trabalho, características também associadas a uma feminilidade, porque são baseadas em sentimentos e na recompensa não financeira.

Exigências emocionais: "Então, é muita coisa, sabe?... e sozinha; geralmente, sozinha"

Para a maioria das entrevistadas, esse tipo de relação com a carreira se desdobrava em práticas plenas de dedicação às crianças, um trabalho marcado por emoções, envolvimento e solidão. Respondendo sobre seu ideal de docência, Amanda enfatizou a importância da empatia, dos sentimentos envolvidos no trabalho de ensinar:

> Eu acho que o professor ideal é o professor que consegue enxergar isso, é o professor que aceita o desafio, e que consegue perceber que aquela atitude estranha que o aluno tem, aquela indisciplina, aquela rejeição, aquele medo que o aluno está mostrando, ele só está gritando "socorro", está pedindo socorro para você. Então, esse é o professor ideal, aquele professor que consegue enxergar isso (Amanda).

E Marlucy falou explicitamente de suas frustrações e da necessidade de apoio psicológico em face das exigências emocionais da docência, vividas de forma solitária:

> Agora mesmo, eu estou com uma sala de alfabetização e tenho um aluno que não alfabetiza, não anda para frente. Eu sento ele do meu lado, faço mil coisas, e eu saio frustrada, eu não consigo mesmo ajudar. E aí a minha terapeuta fala: "Ele é um de 25. E os outros 24?". Não é? "Tem dez alfabéticos, tem outros que já estão ali quase, no alfabético, e você não vê o quanto você fez por essas crianças, você só se preocupa com essa daqui?" Então, é muita coisa, sabe?... e sozinha; geralmente, sozinha (Marlucy).

Não é comum, em especial no âmbito da sociologia da educação, que se tenha atenção para o grau de exigência emocional envolvido no trabalho pedagógico. O estudo de Connell (1985) junto a professores do Ensino Médio australiano é uma exceção, destacando que o ensino pode ser considerado um trabalho leve do ponto de vista físico, mas, em termos de pressão emocional, é um dos mais exigentes. A autora descreve a sala de aula como um ambiente absorvente e mesmo sufocante, pela quantidade de fluxos emocionais e relacionamentos ali envolvidos. Para ela, não se trata de uma escolha do professor ou professora entre envolver-se ou não, mas de uma dimensão inescapável do trabalho pedagógico: "Essas relações *são* seu trabalho, e administrá-las constitui grande parte de seu processo de trabalho" (CONNEL, 1985, p. 117, grifo nosso).

Esse elemento central do trabalho das professoras é historicamente desconsiderado, permanecendo invisível, como parte das capacidades a serem individualmente desenvolvidas por cada docente (CARVALHO, 1999). E muitas vezes, no cotidiano escolar, essa habilidade emocional é atribuída a uma feminilidade, associada à maternidade e percebida como uma característica inerente às mulheres, como fizeram parte das entrevistadas nesta pesquisa. Nos estudos acadêmicos, o trabalho emocional em geral só aparece quando associado ao adoecimento, como nos estudos sobre *burnout* (CODO, 1999; PIOLLI *et al.*, 2015).

Como atestam as muitas falas já citadas, essas dimensões emocionais não desapareceram nas escolas estaduais paulistas, nem com a expansão a partir dos anos 1980, de discursos baseados em uma ideia de profissionalismo, nem com a posterior implantação de uma gestão baseada em metas e em recompensas financeiras. Na verdade, essas dimensões se tornaram apenas mais invisíveis, sem nome, uma vez que não podem ser quantificadas e que o discurso do profissionalismo já dificultava o recurso às metáforas maternais. O gerencialismo tornou o trabalho das professoras de lidar com essas emoções ainda mais solitário, pois, à invisibilidade, soma-se o incentivo ao individualismo e à competição.

Mais ainda, essas dimensões emocionais parecem servir plenamente ao controle do trabalho docente, seja por garantir envolvimento e trabalho extra, seja por abrir caminho para a manipulação da culpa – ambas formas eficientes de fomentar o autocontrole das trabalhadoras. Garcia e Anadon (2009) apontaram que essas formas de controle buscam "gerenciar as professoras de dentro para fora" (p. 79) ao tomarem como seu objeto a subjetividade das educadoras e as emoções no ensino. Trata-se do estímulo a uma "moral de autorresponsabilização e culpa por parte das professoras, que, aliada à deterioração dos salários e das condições de trabalho, vem contribuindo para a intensificação e autointensificação do trabalho docente e para a geração de frustrações e desencantos" (p. 65).

Assim, na rede estadual de São Paulo, as novas formas de gestão do trabalho das professoras se combinaram com características previamente existentes que são associadas a um modelo feminino de trabalho docente. As professoras se preocupam com os alunos, ficam angustiadas com suas dificuldades de aprendizagem e colocam seus sentimentos, seu compromisso e sua responsabilidade social a serviço do cumprimento das metas em testes padronizados, que são percebidos como único indicador de uma educação de qualidade e como sinônimo da realização do direito ao conhecimento.

Esse amálgama se tornou palpável em um caderno que a professora Zuleica mostrou às pesquisadoras, logo após a entrevista, dizendo que o havia preparado para o ano letivo de 2017, que se iniciava. Nas primeiras páginas havia textos sobre a vida da professora, sobre os valores que ela achava importantes, duas fotos dela, o desenho de uma borboleta – que Zuleica disse ter feito porque acreditava que tudo poderia se transformar ao longo da vida –, e uma colagem de trecho de um salmo bíblico. Até esse ponto, o caderno lembrava um diário, forma culturalmente relacionada a tradições femininas de escrita. Mas, depois dessa parte, Zuleica colou a lista com os alunos da turma e na sequência acrescentou uma lista escrita à mão das habilidades que seriam cobradas nas avaliações externas e que deveriam pautar o planejamento das aulas. É como se, viradas as páginas "femininas" do caderno, adentrássemos o modelo de trabalhadora da nova gestão pública, eficiente e focada em resultados mensuráveis.

A mesma combinação de sentimento com gestão pragmática, a interiorização da pressão externa, apareceu na fala de Marlucy:

> É muita culpa mesmo que a gente sente. E a minha terapeuta me falando para não... não ficar trazendo isso, não ficar pegando coisa para mim que não é minha [...]. Mas a pressão vem toda em cima da gente, a gente sabe. O Estado fez um convênio com uma consultoria, eu não sei se vocês já ouviram falar do MMR? É um projeto para melhoria de resultados da rede estadual. E aí essa consultoria pediu para a escola instituir uma Comissão, para discutir e chegar na causa-raiz dos problemas, dos resultados da escola. [...] Aí você pode imaginar qual que foi a conclusão, né? Professor não tem capacitação, professor não faz atividades diferenciadas; sempre caía no professor, sempre. Então, assim, é muita pressão em cima da gente,

por mais que a gente trabalhe isso lá dentro [coloca a mão no peito], é difícil (Marlucy).

Na contramão: "O cuidado de ir lá e saber quem é esse aluno"

Contraditoriamente, esse mesmo compromisso, esse mesmo envolvimento com cada criança, que abrem as portas para a precarização e a intensificação e que historicamente serviram à superexploração das professoras, são fontes de crítica e insatisfação com o sistema de gestão padronizado e controlador. Ao enfatizar sua responsabilidade com as crianças e não com números, ao lembrar a dimensão individual da aprendizagem, ao retomar a ideia de uma educação que não se restringe à transmissão de conteúdos, parte das professoras articulava críticas à gestão em vigor na rede estadual:

> Se você atinge a meta, você ganha bônus, a escola recebe o bônus; se não atinge a meta, não recebe. E tem o fluxo também, se tem algum problema de evasão, não recebe o bônus. Então, é um desespero no Estado, para ir atrás dos alunos que estão faltando. *E não é preocupação com o aluno*, é por causa do bônus (Marlucy, grifo nosso).

> Às vezes, chegam projetos prontos, da Diretoria de Ensino, que eles falam: "Esse projeto é para ajudar os alunos não alfabéticos". Mas, às vezes, é uma coisa que não faz muito sentido para o meu aluno. [...] Porque aquela criança, para a Diretoria de Ensino, ela é só um número, ela é só uma corzinha lá que está dizendo que ela não é alfabética ainda. *A Diretoria de Ensino não tem o cuidado de ir lá e saber quem é esse aluno*, que dificuldade que ele tem, quem é a família desse aluno; então, esse cuidado não tem (Cecília, grifo nosso).

Mesmo quando não formulavam críticas explícitas, professoras diariamente contestavam, em suas práticas, o foco em resultados quantificáveis, ao valorizar as relações afetivas com os alunos e envolver-se com seu desenvolvimento integral, como em tantas situações já citadas. Dessa forma, se historicamente a feminilidade atribuída às professoras foi associada com o não profissionalismo, e se ela tem efetivamente tensões e contradições, essa feminilidade envolve também a aversão à padronização do ensino, à racionalidade concorrencial, à despersonalização das relações e à simplificação decorrente da medição – enfim, à lógica empresarial.

Linhart (2009) adverte sobre a dificuldade de apreender no estudo sociológico as formas de resistência no trabalho, em especial se se procura ir além dos movimentos coletivos como greves e paralisações e das ações individuais mais evidentes como o absenteísmo e a sabotagem. A autora sugere que as análises se debrucem sobre a distância "entre o trabalho prescrito e o trabalho real" (p. 71), interpretada como um espaço de enfrentamento e disputa. Em particular no âmbito das novas formas de regulação do trabalho, as resistências seriam mais individuais e ainda mais invisíveis, com o gerencialismo avançando sobre os conhecimentos práticos e as subjetividades dos trabalhadores e restringindo esse espaço de resistência.

No caso das professoras dos anos iniciais na rede estadual de São Paulo, a gestão tem conseguido padronizar e controlar com eficácia a parte do seu trabalho que envolve a transmissão de conhecimentos. O trabalho prescrito a elas está focado em conteúdos e habilidades cognitivos específicos que serão cobrados nos testes padronizados. Mas muitas insistem – à custa de seu tempo livre, seu sono e até de seu equilíbrio emocional – em cuidar de seus alunos, em atendê-los em vários outros aspectos e em percebê-los como únicos, com ritmos e necessidades que não seguem padrões. Além disso, a carreira prescrita a elas é baseada em metas, resultados mensuráveis e premiação, mas elas insistem em colocar a recompensa financeira em segundo plano, em gostar do seu trabalho e ver no ensino uma forma de modificar a realidade que as cerca. Cabe lembrar que esse conjunto de caraterísticas faz parte de um ideal pedagógico gestado e reproduzido no âmbito escolar – seja nos cursos de formação, seja na cultura escolar – mesmo quando se fala dele a partir da maternidade e da domesticidade.

Considerando as análises que indicam a expansão da lógica de empresa a todas as esferas da vida na contemporaneidade, o pensamento feminista tem destacado que um desses movimentos de expansão é a mercantilização de áreas tidas como femininas e até então pouco tocadas por suas regras e sua lógica, como o cuidado. As práticas de atenção integral e individualizada das professoras podem ser compreendidas nesse contexto como resistência à lógica empresarial e reafirmação de valores tidos como femininos que marcam a docência para crianças há décadas. Muitas vezes são valores contraditórios, atravessados por conservadorismos de gênero e de classe, mas ainda assim são parte de uma recusa, uma forma de resistência, ainda que individual. Enfim, no atual contexto das escolas estaduais de São Paulo, cuidar é marcar distância entre o trabalho docente prescrito e o trabalho real. É uma prática de autonomia, uma forma das professoras não deixarem os mecanismos de uma gestão gerencialista controlarem inteiramente sua subjetividade, na medida em que trabalham por amor, encontram realização em sua atividade, têm esperança e desempenham um trabalho significativo. Uma forma de garantir que o ar da escola ainda seja respirável, para elas e para as crianças.

Conclusões e novas perguntas

Em 1999, a pesquisa realizada pela coordenadora da investigação atual concluía afirmando a necessidade de tornar explícita a prática do cuidado nas escolas como parte intrínseca do trabalho docente. E que pudesse haver uma reflexão crítica coletiva a esse respeito, para que as relações de cuidado fossem deslocadas de sua referência à maternidade e não fossem fonte de opressão ou desqualificação para quem cuida. Mas já previa que essa utopia se tornava cada dia mais distante, em razão da "presente ênfase das políticas educacionais na técnica, na eficiência e competitividade, a serem alcançadas com economia de recursos" (CARVALHO, 1999, p. 235). A sequência de políticas gerencialistas que se seguiu nas escolas estaduais de São Paulo só confirmou esse prognóstico, deslegitimando ainda mais as práticas de cuidado das professoras. Nesse quadro, a reafirmação da dedicação, do trabalho idealista e da atenção integral aos alunos ganha um sentido de resistência que não tinha para as professoras ouvidas por Pereira (1969). E podemos perguntar se as professoras hoje estariam valorizando ainda mais as práticas de cuidado por elas representarem um campo de autonomia.

Por isso mesmo sugerimos que fazem parte de um avanço do gerencialismo sobre essa área de sombra as propostas cada vez mais frequentes de definir competências socioemocionais a serem desenvolvidas num currículo padrão, mensuradas e avaliadas de maneira centralizada nos sistemas públicos de ensino, expandindo a padronização para além dos conteúdos cognitivos.

Esse ensino de habilidades socioemocionais é a tradução pedagógica do tipo de sujeito necessário ao capitalismo contemporâneo, alguém que percebe a si mesmo como capital humano a ser explorado, uma empresa individual em concorrência permanente com todos os demais indivíduos (DARDOT; LAVAL, 2016). Ele visa a construir essa nova subjetividade. Presentes nos setores de recursos humanos de empresas desde meados dos anos 1990, os treinamentos e testes de competências socioemocionais já foram incorporados ao currículo escolar em vários países e vêm sendo inseridos em diferentes sistemas públicos de ensino no Brasil, ou incluídos com outras nomenclaturas em documentos como a Base Nacional Comum Curricular (BNCC), em geral sob os auspícios de organizações e institutos ligados a grandes empresas. Há, assim, indicações de que a disputa em torno dos currículos baseados em competências socioemocionais (ou na chamada formação integral), que transformam o manejo das emoções em habilidades mensuráveis, será decisiva para manter ou não o território de alguma liberdade hoje exercida como prática de cuidado pelas professoras.

Enfim, podemos concluir que, no trabalho docente dos anos iniciais, as dimensões consideradas femininas são antigas, mas ainda muito nítidas; que elas podem tanto dar margem a mecanismos de controle e exploração do trabalho quanto originar resistência. Não se trata nem de uma simples substituição de modelos de trabalho, nem apenas de uma instrumentalização de características tidas como femininas a fim de garantir a superexploração do trabalho das professoras. Trata-se de convivência e combinação desses modelos de trabalho docente, constituindo novas antigas relações de trabalho.

Saber como serão as futuras formas de articulação coletiva e de resistência das professoras está no terreno do imponderável. Mas ousamos dizer que o enfrentamento coletivo ao gerencialismo ganhará muito se não deixar o território do cuidado livre para a manipulação da culpa e da solidão e não permitir que as práticas de cuidado das professoras sejam controladas por meio dos currículos de competências socioemocionais. Enfim, talvez novas formas de ação coletiva possam levar em conta o amor ao ensino e as práticas de cuidado já existentes, e apoiar-se criticamente nessa tradição feminina reinventada.

Referências

ABÍLIO, L. C. *Sem maquiagem: o trabalho de um milhão de revendedoras de cosméticos.* São Paulo: Boitempo, 2014.

ABRAMOVAY, M.; CASTRO, M. G. *Ensino Médio: múltiplas vozes.* Brasília, DF: Unesco; MEC, 2003. Disponível em: <https://bit.ly/304uqbd>. Acesso em: 10 maio 2017.

ABRAMOVAY, M.; CASTRO, M. G.; WAISELFISZ, J. J. *Juventudes na escola, sentidos e buscas: por que frequentam?* Brasília, DF: FLACSO-Brasil, 2015. Disponível em: <https://bit.ly/3eN1RDe>. Acesso em: 10 maio 2017.

ABRAMOWICZ, A. *A menina repetente.* Campinas: Papirus, 1995.

ABRAMOWICZ, A. O direito das crianças à educação infantil. *Pro-Posições,* v. 14, n. 42, p. 13-24, 2003. *Dossiê: Educação infantil e gênero.*

ACRE (Estado). Decreto de Lei n.º 2.965, de 2 de julho de 2015. *Aprova o Plano Estadual de Educação (PEE-AC) e dá outras providências.* Governo do Estado do Acre, 2015.

AFONSO, A. J. Nem tudo o que conta em educação é mensurável e comparável. Crítica à *accountability* baseada em testes estandardizados e *rankings* escolares. *Revista Lusófona de Educação,* Lisboa, v. 13, n. 2, p. 13-29, 2009.

ALAGOAS (Estado). Decreto de Lei n.º 7.795, de 22 de janeiro de 2016. *Aprova o Plano Estadual de Educação (PEE-AL) e dá outras providências.* Governo do Estado de Alagoas, 2016.

ALBRIGHT, M. *Fascismo: um alerta.* Tradução de Jaime Biaggio. São Paulo: Crítica, 2018.

ALMEIDA, A. W. B. Territórios e territorialidades específicas na Amazônia: entre a "proteção" e o "protecionismo". *Caderno CRH,* Salvador, v. 25, n. 64, p. 63-71, jan./abr. 2012.

ALTMANN, H.; MARIANO, M.; UCHOGA, L. Corpo e movimento: produzindo diferenças de gênero na educação infantil. *Pensar a Prática,* v. 15, n. 2, 2013.

ALVES, G. *Trabalho e Subjetividade: o espírito do toyotismo na era do capitalismo manipulatório.* São Paulo: Boitempo, 2011.

ALVES, L. *Ser branco: a brancura no corpo e para além dele.* São Paulo: Hucitec, 2013.

ALVES, N. N. L. Amor à profissão, dedicação e o resto se aprende: significados da docência em Educação Infantil na ambiguidade entre a vocação e a profissionalização. *In*: REUNIÃO ANUAL DA ANPED, 29, 2006, Caxambu. *Anais...* Caxambu: ANPEd, 2006.

ALVES-MAZZOTTI, A. J. Representações da identidade docente: uma contribuição para a formulação de políticas. *Ensaio*, Rio de Janeiro, v. 15, n. 57, p. 579-594, out./dez. 2007.

AMAPÁ (Estado). Decreto de Lei n.º 1.907, de 24 de junho de 2015. *Aprova o Plano Estadual de Educação (PEE-AP) e dá outras providências.* Governo do Estado do Amapá, 2015.

AMARAL, A. J. P. Remanescentes das Comunidades dos Quilombos no interior da Amazônia: conflitos, formas de organização e políticas de direito à diferença. *Cadernos do CEOM,* ano 22, n. 30, 2008.

AMAZONAS (Estado). Decreto de Lei nº 4.183, de 28 de junho de 2015. *Aprova o Plano Estadual de Educação (PEE-AM) e dá outras providências.* Governo do Estado do Amazonas, 2015.

ANDRADE, T. C. B. *Dos temas transversais à apropriação/vivência de valores: uma proposta de qualidade socioeducacional.* Marília: UESP, 2004. Dissertação (Mestrado em Educação) – Faculdade de Filosofia e Ciências, Universidade Estadual Paulista, Marília, 2004.

ANTUNES, R. *Adeus ao trabalho? Ensaio sobre a metamorfose e a centralidade do mundo do trabalho.* São Paulo: Cortez, 2008.

ARENDT, H. *Da violência.* Brasília: Editora da Universidade de Brasília, 1985.

ARENDT, H. *Entre o passado e o futuro.* São Paulo: Perspectiva, 2005.

ARTES, A. C. A. O ensino médio como filtro para o acesso de negros no ensino superior brasileiro. *Revista da Associação Brasileira de Pesquisadores/as Negros/as (ABPN),* v. 8, n. 19, p. 34-51, 2016.

ARTES, A. C. A.; CARVALHO, M. P. de. O trabalho como fator determinante da defasagem escolar dos meninos no Brasil: mito ou verdade? *Cadernos Pagu,* v. 34, jan./jun. 2010.

ARTES, A. C. A.; RICOLDI, A. M. *Mulheres e as carreiras de prestígio no ensino superior brasileiro: o não lugar feminino.* E-book, p. 81-94, 2016.

ARTES, A. C. A.; UNBEHAUM, S. *Escritos de Fúlvia Rosemberg.* São Paulo: Cortez, 2015.

ATKINSON, A. *Desigualdade: o que pode ser feito?* São Paulo: Leya, 2016.

AWKWARD, M. A Black Man's Place in Black Feminist Criticism. *In*: BYRD, R.; GUY-SHEFTALL, B. (Eds.) *Traps: African American Men on Gender and Sexuality.* Indiana: Indiana University Press, 2001. p. 223-235.

AXELROD, P. No Longer a "Last Resort": The End of Corporal Punishment in the Schools of Toronto. *The Canadian Historical Review,* v. 91, n. 2, p. 261–285, 2010. Disponível em: <https://bit.ly/36VZWtf>. Acesso em: 1 jul. 2019.

BAHIA (Estado). Decreto de Lei nº 13.559, de 11 de maio de 2016. *Aprova o Plano Estadual de Educação (PEE-BA) e dá outras providências.* Governo do Estado da Bahia, 2016.

BALIEIRO, F. de F. "Não se meta com meus filhos": a construção do pânico moral da criança sob ameaça. *Cadernos Pagu,* Campinas, n. 53, 2018. Disponível em <https://bit.ly/2AExC2g>. Acesso em: 26 jul. 2019.

BALL, S. Diretrizes políticas globais e relações políticas locais em educação. *Currículo sem Fronteiras,* v. 1, n. 2, p. 99-116, jul./dez. 2001.

BALL, S. *La micropolítica de la escuela: hacia una teoría de la organización escolar.* Barcelona: Paidós, 1989.

BAMBERGER, Y. M. Encouraging Girls into Science and Technology with Feminine Role Model: Does This Work? *Journal of Science Education and Technology,* v. 23, n. 4, p. 549-561, ago. 2014.

BARBIERI, T. Sobre la categoría género: una introducción teórico-metodológica. *Debates en Sociología,* Lima, n. 18, p. 2-19, 1993.

BARBOUR, R. *Grupos focais.* Porto Alegre: Artmed, 2009.

BARDIN, L. *Análise de conteúdo.* Tradução de Luís Antero Reto e Augusto Pinheiro. Lisboa: Edições 70, 2004.

BARROSO, J. Formação, projeto e desenvolvimento organizacional. *In*: CANÁRIO, R. (Org.). *Formação e situações de trabalho.* 2. ed. Tradução de Júlia Ferreira. Porto: Porto, 2003. p. 61-78.

BEAUVOIR, S. *O segundo sexo.* [1949] 2. ed. Rio de Janeiro: Nova Fronteira, 2009. v. 2.

BELOTTI, E. G. *Educar para a submissão: o descondicionamento da mulher.* Rio de Janeiro: Vozes, 1975.

BELTRÃO, K. I.; ALVES, J. E. D. A reversão do hiato de gênero na educação brasileira no século XX. *Cadernos de Pesquisa,* São Paulo, v. 39, n. 136, p. 125-156, abr. 2009.

BELTRÃO, K.; TEIXEIRA, M. de P. *O vermelho e o negro: raça e gênero na universidade brasileira – uma análise da seletividade das carreiras a partir dos censos demográficos de 1960 a 2000.* Rio de Janeiro: IPEA, 2004. Texto para discussão.

BENTO, M. A. S. *Branquitude – o lado oculto do discurso sobre o negro*. Rio de Janeiro: Vozes, 2002.

BERGER, P. *Perspectivas sociológicas: uma visão humanística*. 28. ed. Petrópolis: Vozes, 1983.

BETHENCOURT, F. *Racismos: das cruzadas ao século XX*. São Paulo: Companhia das Letras, 2018.

BILGE, S. Recent Feminist Outlooks on Intersectionality. *Diogenes*, n. 225, p. 58-72, 2010.

BIROLI, F.; MIGUEL, L. F. Gênero, raça, classe: opressões cruzadas e convergências na reprodução das desigualdades. *Mediações*, Londrina, v. 20, n. 2, p. 27-55, jul./dez. 2015.

BITTENCOURT, C. F. *Livro didático e conhecimento histórico: uma história do saber escolar*. Tese (Doutorado em História Social) – Departamento de História da Faculdade de Filosofia, Ciências e Letras, Universidade de São Paulo, São Paulo, 1993.

BLACKMORE, J.; SACHS, J. *Performing and Reforming Leaders: Gender, Educational Restructuring, and Organizational Change*. Albany: State University of New York Press, 2007.

BORDINI, S. C. *Discursos sobre sexualidade nas escolas municipais de Curitiba*. Curitiba: UFP, 2009. Dissertação (Mestrado em Educação) – Programa de Pós-Graduação em Educação, Universidade Federal do Paraná, Curitiba, 2009.

BORGES, Z. N.; MEYER, D. E. Ensaio: Limites e possibilidades de uma ação educativa na redução da vulnerabilidade à violência e à homofobia. *Avaliação e Políticas Públicas em Educação*, v. 16, n. 58, p. 59-76, jan./mar. 2008.

BORRILLO, D. *Homofobia*. Barcelona: Bellaterra, 2001.

BOURDIEU, P. *A dominação masculina*. Rio de Janeiro: Bertrand Brasil, 2002a.

BOURDIEU, P. A ilusão biográfica. *In*: AMADO, J.; FERREIRA, M. M. (Orgs.). *Usos e abusos da história oral*. 8. ed. Rio de Janeiro: FGV, 2006. p. 183-191. Disponível em: <https://bit.ly/3dH5XNb>. Acesso em: 30 maio 2017.

BOURDIEU, P. *Campo de poder, campo intelectual*. Buenos Aires: Montessor, 2002b.

BOURDIEU, P. (1972). Esboço de uma teoria da prática. Tradução de Paula Montero e Alicia Auzmendi. *In*: ORTIZ, R. (Org.). *Pierre Bourdieu: sociologia*. São Paulo: Ática, 1983. p. 46-81.

BOURDIEU, P. O campo científico. *In*: ORTIZ, R. (Org.). *Pierre Bourdieu*. São Paulo: Ática, 1983. p. 122-155. Coleção Grandes Cientistas Sociais. Disponível em: <https://bit.ly/2U8nN3A>. Acesso em: 15 maio 2017.

BOURDIEU, P. *O poder simbólico*. Rio de Janeiro: Bertrand Brasil, 1998.

BOURDIEU, P. *O senso prático*. Petrópolis, RJ: Vozes, 2009.

BRASIL. Câmara Federal. Projeto de Lei nº 2.731, de 2015. Altera a Lei nº 13.005, de 25 de junho de 2014, que estabelece o Plano Nacional de Educação – PNE e dá outras providências. Disponível em: <https://bit.ly/2zNTf0o>. Acesso em: 12 mar. 2020.

BRASIL. Constituição (1988). *Constituição da República Federativa do Brasil*, 1988. Brasília, DF: Senado Federal, [1988] 2001.

BRASIL. Decreto n.º 13.005, de 25 de junho de 2014. Aprova o Plano Nacional de Educação (PNE) e dá outras providências. *Diário Oficial [da] República Federativa do Brasil*, Brasília, DF, n. 120-A, p. 1, 26 jun. 2014.

BRASIL. Decreto n.º 7.352, de 4 de novembro de 2010. Dispõe sobre a política de educação do campo e o Programa Nacional de Educação na Reforma Agrária – PRONERA. Disponível em: <https://bit.ly/36Yvvmf>. Acesso em 12 mar. 2010.

BRASIL. Lei n.º 9.394, de 20 de dezembro de 1996. Estabelece as Diretrizes e Bases da Educação Nacional. *Diário Oficial [da] República Federativa do Brasil*, Brasília, DF, 23 dez. 1996, seção 1, p. 27833-27841.

BRASIL. Ministério da Educação. Fundo Nacional de Desenvolvimento da Educação – FUNDEB. Disponível em: <https://bit.ly/3gOxE8p>. Acesso em: 23 maio 2014.

BRASIL. Ministério da Educação. *Parâmetros Curriculares Nacionais*. Brasília, DF: MEC/SEF, *1997*.

BRASIL. Ministério da Educação. Resolução n.º 2, de 28 de abril de 2008. Estabelece diretrizes complementares, normas e princípios para o desenvolvimento de políticas públicas de atendimento da Educação Básica do Campo. Relator: Clélia Brandão Alvarenga Craveiro. Diário Oficial da União, Brasília, 29 abr. 2008. Seção 1, p. 25. Disponível em: <https://bit.ly/2Xu73Gk>. Acesso em: 12 mar. 2020.

BRASIL. Ministério da Educação. Resolução nº 1, de 3 de abril de 2002. Institui Diretrizes Operacionais para a Educação Básica nas Escolas do Campo. Relator: Francisco Aparecido Cordão. Diário Oficial da União, Brasília, 9 abr. 2002. Seção 1, p. 32. Disponível em: <https://bit.ly/2XrCtwX>. Acesso em: 12 mar. 2020.

BRASIL. Ministério da Educação. Secretaria de Educação Continuada, Alfabetização, Diversidade e Inclusão. Fundo Nacional de Desenvolvimento da Educação. Edital de convocação 05/2011 PNLD Campo. Brasília, DF, 2011.

BRASIL. Ministério da Educação. Secretaria de Educação Continuada, Alfabetização, Diversidade e Inclusão. Fundo Nacional de Desenvolvimento da Educação. *Guia de Livros Didáticos*. PNLD Campo. Brasília, DF, 2013.

BRASIL. Portaria Ministerial nº 2.963, de 29 de agosto de 2005. *Dispõe sobre as normas de conduta para o processo de execução dos Programas do Livro.* Brasília, DF, 2005.

BRASIL. Portaria Normativa n.º 7, de 5 de abril de 2007. *Dispõe sobre as normas de conduta para o processo de execução dos Programas do Livro.* Essa Portaria revoga a Portaria DF, nº 2.963, de 29 de agosto de 2005 e a Portaria MEC nº 806, de 28/03/2006. Brasília, DF, 2007.

BRASIL. Presidência da República. Lei n. 9.394 de 14 de dezembro de 1966. *Dispõe sobre as Diretrizes e Bases da Educação Nacional.* São Paulo: Síntese, 1999.

BRASIL. Programa Nacional do Livro Didático: PNLD/2013/Campo. Brasília, DF, 2013.

BRASIL. Resolução nº 4, de 13 de julho de 2010. Define Diretrizes Curriculares Nacionais Gerais para o conjunto orgânico, sequencial e articulado das etapas e modalidades da Educação Básica, baseando-se no direito de toda pessoa ao seu pleno desenvolvimento, à preparação para o exercício da cidadania e à qualificação para o trabalho, na vivência e convivência em ambiente educativo, e dá outras providências. *Diário Oficial [da] República Federativa do Brasil*, Brasília, DF, seção I, p. 824, 14 jul. 2011.

BRITO, R. dos S. *Significados de Gênero do Fracasso Escolar: quando os modelos polares de sexo não são suficientes.* São Paulo: USP, 2004. Dissertação (Mestrado em Educação) – Faculdade de Educação da Universidade de São Paulo, São Paulo, 2004.

BRUSCHINI, C.; AMADO, T. Estudos sobre mulher e educação: algumas questões sobre o magistério. *Cadernos de Pesquisa*, São Paulo, n. 64, p. 4-13, fev. 1988.

BUSS-SIMÃO, M. B. Gênero como possibilidade ou limite da ação social: um olhar sobre a perspectiva de crianças pequenas em um contexto de Educação Infantil. *Revista Brasileira de Educação*, Florianópolis, v. 18 n. 55, out./dez. 2013.

BUTLER, J. Collected and Fractured: Response to Identities. *In*: APPIAH, K. A.; GATES JR., H. L. (Orgs.). *Identities.* Chicago: The University of Chicago Press, 1995. p. 439-447.

BUTLER, J. *Gender Trouble: Feminism and the Subversion of Identity.* Nova York: Routledge; Londres: Champman & Hall, 1990.

BUTLER, J. Hablando claro, contestando: o feminismo crítico de Joan Scott. *Rey Desnudo*, Buenos Aires (ARG), ano II, n. 4, p. 31-72, outono, 2014.

BUTLER, J. *Problemas de gênero: feminismo e subversão da identidade.* 3. ed. Rio de Janeiro: Civilização Brasileira, 2010.

CAMACHO, L. M. Y. As sutilezas das faces da violência nas práticas escolares adolescentes. *Educação e Pesquisa*, São Paulo, v. 27, n. 1, p. 123-140, jan./jun. 2001.

CAMARGO, S. C. de; SALGADO, R. "Cada um brinca com o que quiser! Isso aí é rachismo!": infâncias, gêneros e sexualidades em debate na Educação Infantil. *In*: SILVA, A. A; FARIA, A. L. G de F.; FINCO, D. (Orgs.). *Feminismo em estado de alerta na educação das crianças pequenas: transformações emancipatórias para pedagogias descolonizadoras.* São Carlos: Pedro & João, 2019. p. 25-42.

CARREIRA, D. *Igualdade e diferenças nas políticas educacionais: a agenda das diversidades nos governos Lula e Dilma.* São Paulo: USP, 2015. Tese (Doutorado em Educação) – Faculdade de Educação, Universidade de São Paulo, São Paulo, 2015.

CARVALHO, M. P. As professoras e o pagamento de bônus por resultado: o caso da rede estadual de São Paulo. *Educar em Revista,* Curitiba, v. 34, n. 72, p. 187-207, dez. 2018.

CARVALHO, M. P. *Avaliação escolar, gênero e raça.* Campinas: Papirus, 2009.

CARVALHO, M. P. *et al.* Cuidado e gerencialismo: para onde vai o trabalho das professoras. *Educação em Revista*, Belo Horizonte, v. 34, 2018.

CARVALHO, M. P. Mau aluno, boa aluna? Como as professoras avaliam meninos e meninas. *In*: SEMINÁRIO INTERNACIONAL GÊNERO E EDUCAÇÃO: EDUCAR PARA A IGUALDADE, São Paulo, 2003. Anais... São Paulo: Coordenadoria Especial da Mulher/Prefeitura do Município de São Paulo, 2003a.

CARVALHO, M. P. *No coração da sala de aula: gênero e trabalho docente nas séries iniciais.* São Paulo: Fapesp/Xamã, 1999.

CARVALHO, M. P. O conceito de gênero: uma leitura com base nos trabalhos do GT Sociologia da Educação da ANPEd (1999-2009). *Revista Brasileira de Educação*, Rio de Janeiro, v. 16, n. 46, p. 99-117, 2011.

CARVALHO, M. P. Sucesso e fracasso escolar: uma questão de gênero. *Educação e Pesquisa*, São Paulo, v. 29, n. 1, p. 185-193, 2003b.

CARVALHO, M. P. Teses e dissertações sobre gênero e desempenho escolar no Brasil (1993-2007): um estado da arte. *Pro-Posições*, Campinas, v. 23, n. 1, p. 147-162, abr. 2012.

CARVALHO, M. P. Um lugar para o pesquisador na vida cotidiana da escola. *In*: ZAGO, N.; CARVALHO, M. P.; VILELA, R. A. T. *Itinerários de pesquisa: perspectivas qualitativas em Sociologia da Educação.* Rio de Janeiro: DP&A, 2003c. p. 207-222.

CASAGRANDE, L. S. *Entre silenciamentos e invisibilidades: relações de gênero no cotidiano das aulas de Matemática.* Curitiba: UTFPR, 2011. Tese (Doutorado em Tecnologia) – Universidade Tecnológica Federal do Paraná, Curitiba, 2011.

CASAGRANDE, L. S.; CARVALHO, M. G. de. Desempenho escolar em Matemática: O que gênero tem a ver com isso? *In*: CASAGRANDE, L. S.; LUZ, N. S. da;

CARVALHO, M. G. de (Orgs.). *Igualdade de gênero: enfrentando o sexismo e a homofobia*. Curitiba: Ed. da UTFPR, 2011. p. 271-308.

CARVALHO, Marília Pinto de. Sucesso e fracasso escolar: uma questão de gênero. *Educ. Pesqui.,* São Paulo, v. 29, n. 1, p. 185-193, 2003.

CASSETARI, N. *Remuneração variável para professores: revisão da literatura e desdobramento no estado de São Paulo*. São Paulo: FEUSP, 2010. Dissertação (Mestrado em Educação) – Faculdade de Educação, Universidade de São Paulo, 2010.

CASTELLANOS, D. A discriminação do negro em Cuba: causas e consequências. *Lugar Comum*, Rio de Janeiro, n. 29, p. 99-116, 2009.

CASTELLS, M. *A era da informação: economia, sociedade e cultura*. São Paulo: Paz e Terra, 1999. p. 169. v. II.

CASTELLS, M. *Ruptura: La crisis de la Democracia Liberal*. Madrid: Alianza, 2017.

CASTRO, J. A. Avaliação do processo do gasto público do Fundo Nacional de Desenvolvimento da Educação (FNDE). *Planejamento e Políticas Públicas*, Brasília, DF, n. 24, p. 53-187, dez. 1996.

CASTRO, M. G.; ABRAMOVAY, M.; SILVA, L. B. *Juventudes e sexualidades*. Brasília, DF: Unesco Brasil, 2004.

CAVALEIRO, M. C. *Feminilidades homossexuais no ambiente escolar: ocultamentos e discriminações vividas por garotas*. 2009. Tese (Doutorado em Educação) – Faculdade de Educação, Universidade de São Paulo, São Paulo, 2009.

CEARÁ (Estado). Decreto de Lei nº. 16.025, de 30 de maio de 2016. *Aprova o Plano Estadual de Educação (PEE-CE) e dá outras providências*. Governo do Estado do Ceará, 2016.

CERQUEIRA, C. C. S. de. *Relação genótipo-fenótipo e a pigmentação humana: aspectos evolutivos e sua implicação na genética forense*. Porto Alegre: UFRS, 2013. Tese (Doutorado em Genética e Biologia Ortomolecular) – Instituto de Biociências, Universidade Federal do Rio Grande do Sul, 2013.

CHAMBOREDON, J.-C.; PRÉVOT, J. O "ofício de criança": definição social da primeira infância e funções diferenciais da escola maternal. *Cadernos de Pesquisa*, São Paulo, n. 59, p. 32-56, nov. 1986.

CHAN, A. K. W. Feminising and Masculinising Primary Teaching: A Critical Examination of The Interpretive Frameworks of Male Primary School Principals in Hong Kong. *Gender and Education*, v. 23, n. 6, p. 745-759, 2011.

CHARLOT, B. A violência na escola: como os sociólogos franceses abordam essa questão. *Sociologias*, Porto Alegre, ano 4, n. 4, p. 432-443, jul./dez. 2002.

CHARLOT, B. *Da relação com o saber: elementos para uma teoria*. Porto Alegre: Artes Médicas, 2000.

CHOPPIN, A. História dos livros e das edições didáticas: sobre o estado da arte. Tradução de Maria Adriana C. Cappello. *Educação & pesquisa*, São Paulo, v. 30, n.3, p. 549-566, set./dez. 2004.

CITELI, M. T. Fazendo diferenças: teorias sobre gênero, corpo e comportamento. *Revista Estudos Feministas*, Florianópolis, v. 9, p. 131-145, 2001.

CODO, W. (Coord.). *Educação: carinho e trabalho*. Petrópolis: Vozes, 1999.

COLETIVO COMBAHEE RIVER. Manifesto do Coletivo Combahee River. *PLURAL*: USP, São Paulo, v. 26, n.1, p. 197-207, 2019.

COLLARES, A. C. M. Uma questão de método: desafios da pesquisa quantitativa na sociologia. *Ideias*, Campinas, p. 109-135, 2013. Edição especial.

COLLINS, P. H. *Black Feminist Thought: Knowledge, Consciousness and the Politics of Empowerment*. Nova York: Routledge, 2000.

COLLINS, P. H. Em direção a uma nova visão: raça, classe e gênero como categorias de análise e conexão. *In*: MORENO, R. (Org.) *Reflexões e práticas de transformação feminista*. São Paulo: SOF, 2015a. p. 13-42.

COLLINS, P. H. Intersectionality's Definitional Dilemmas. *Annual Review of Sociology*, Palo Alto, n. 41, p. 1-20, 2015b.

COLLINS, P. H. Se perdeu na tradução? Feminismo negro, interseccionalidade e política emancipatória. *Parágrafo*, São Paulo, v. 5, n. 1, jan./jun. 2017.

CONGREGAÇÃO para a Doutrina da Fé. *Carta aos Bispos da Igreja Católica sobre a Colaboração do Homem e da Mulher na Igreja e no Mundo*. Roma, 31 maio 2004. Disponível em: <https://bit.ly/2XWmJkr>. Acesso em: 12 mar. 2020.

CONNELL, R. *Gender and Power: Society, the Person and Sexual Politics*. Califórnia: Stanford University Press, 1987.

CONNELL, R. La organización de la masculinidad. *In*: VALDÉS, T.; OLAVARRÍA, J. (Orgs.). *Masculinidad/es: poder y crisis*. Santiago do Chile: Ediciones de las Mujeres, 1997. p. 31-48.

CONNELL, R. *Masculinities*. (1995). 2. ed. Berkeley; Los Angeles: University of California Press, 2005.

CONNELL, R. Políticas da Masculinidade. *Educação e Realidade*, Porto Alegre, v. 20, n. 2, p. 185-206, 1995.

CONNELL, R. *Teacher's Work*. Sidney; Londres; Boston: George Allen & Unwin, 1985.

CONNELL, R. The Question of Gender. *In*: *Gender in a World Perspective*. Cambridge (RU): Polity Press, 2009. p. 1-12.

CONNELL, R.; PEARSE, R. *Gênero: uma perspectiva global*. São Paulo: Versos, 2015.

CONRADO, M.; RIBEIRO, A. Homem negro, negro homem: masculinidades e feminismo negro em debate. *Revista de Estudos Feministas*, Florianópolis, v. 25, n. 1, p. 73-97, abr. 2017.

CORNEJO-VALLE, M.; PICHARDO, J. I. La "ideología de género" frente a los derechos sexuales y reproductivos. El escenario español. *Cadernos Pagu*, Campinas, n. 50, 2017.

CORRÊA, M. Bourdieu e o sexo da dominação. *Novos Estudos CEBRAP*, São Paulo, v. 54, p. 43-53, 1999. Disponível em: <https://bit.ly/2U8emkL>. Acesso em: 12 mar. 2020.

CORREA, S. A "política do gênero": um comentário genealógico. *Cadernos Pagu*, Campinas, n. 53, 2018. Disponível em: <https://bit.ly/2MrSz3q>. Acesso em: 6 jun. 2019.

CORSARO, W. A. Culturas de pares de crianças e reprodução interpretativa. *In*: *Sociologia da Infância*. 2. ed. Porto Alegre: ArtMed, 2011. p. 127-152.

CRENSHAW, K. A intersecionalidade na discriminação de raça e gênero. *In*: VV. AA. *Cruzamento: raça e gênero*. Brasília, DF: Unifem, 2004. p. 7-16.

CRENSHAW, K. Beyond Entrenchment: Race, Gender and The New Frontiers of (Un)Equal Protection. *In*: TSUJIMURA, M. (Ed.). *International Perspectives on Gender Equality & Social Diversity*. Sendai: Tohoku University Press, 2010.

CRENSHAW, K. Demarginalizing the Intersection of Race and Sex: A Black Feminist Critique of Antidiscrimination Doctrine, Feminist Theory and Antiracist Politics. *University of Chicago Legal Forum*, Chicago, Iss. 1, Article 8, 1989.

CRENSHAW, K. Documento para o encontro de especialistas em aspectos da discriminação racial relativos ao gênero. *Estudos Feministas*, Florianópolis, v. 10, n. 1, p. 171-188, 2002.

CRENSHAW, K. Mapping The Margins: Intersectionality, Identity Politics And Violence Against Women of Color. *Stanford Law Review*, Palo Alto, v. 43, p. 1241-1299, jul. 1991.

CUNHA, E. M. G. P. Brasil está reduzindo suas disparidades raciais? *In*: ENCONTRO NACIONAL DE ESTUDOS POPULACIONAIS, 18, 2012, Águas de Lindoia. *Anais...* Águas de Lindoia, SP: Abep, 2012.

CUNHA, L. A. As agências financeiras internacionais e a reforma brasileira do Ensino Técnico: a crítica da crítica. *In*: ZIBAS, D. M. L.; AGUIAR, M. A. S.; BUENO, M. S. S. (Orgs.). *O ensino médio e a reforma da educação básica*. Brasília, DF: Plano, 2002. p. 103-134.

DAL'IGNA, M. C. *"Há diferença?": Relações entre desempenho escolar e gênero*. Porto Alegre: UFRS, 2005. Dissertação (Mestrado em Educação) – Faculdade de Educação da Universidade Federal do Rio Grande do Sul, Porto Alegre, 2005.

DARDOT, P.; LAVAL, C. *A nova razão do mundo: ensaio sobre a sociedade neoliberal*. São Paulo: Boitempo, 2016.

DAVIS, A. *Mulheres, raça e classe*. São Paulo: Boitempo, 2016.

DE CASTRO CAVALCANTI, M. L. V. Preconceito racial de marca e preconceito racial de origem: sugestão de um quadro de referência para a interpretação do material sobre relações raciais no Brasil. *Tempo Social*, São Paulo, v. 19, n. 1, p. 287-308, 2007.

DEBARBIEUX, E. Prefácio. *In*: ABRAMOVAY, M. *Cotidiano das escolas: entre violências*. Brasília, DF: UNESCO; Observatório de Violências nas Escolas; Ministério da Educação, 2005.

DESLANDES, K. *Formação de professores e Direitos Humanos: construindo escolas promotoras da igualdade*. Belo Horizonte: Autêntica, 2017.

DEWEY, J. *The Sources of a Science of Education*. Nova York: Liveright, 1929.

DISTRITO FEDERAL (DF). Decreto de Lei nº 5.499, de 14 de julho de 2015. *Aprova o Plano Distrital de Educação (PDE) e dá outras providências*. Governo do Distrito Federal, 2015.

DUARTE, G. P. *As relações de gênero no currículo de uma escola profissionalizante: estudo de caso dos cursos técnicos de mecânica e química*. Belo Horizonte: CEFET-MG, 2009. Dissertação (Mestrado em Educação Tecnológica) – Centro Federal de Educação Tecnológica de Minas Gerais, Belo Horizonte, 2009.

DUBET, F.; MARTUCCELLI, D. *À l'école: sociologie de l'experience scolaire*. Paris: Seuil, 1996.

DULAC, E. B. F. *Sexualidades e Escola: considerações e questões levantadas pelos/as participantes de um curso voltado à educação para a diversidade*. Porto Alegre: UFRS, 2009. Tese (Doutorado em Educação) – Faculdade de Educação, Universidade Federal do Rio Grande do Sul, Porto Alegre, 2009.

ELIAS, N. *Introdução à sociologia*. 3. ed. Lisboa: Edições 70, 2011.

ESPÍRITO SANTO (Estado). Decreto de Lei nº 10.382, de 25 de julho de 2015. *Aprova o Plano Estadual de Educação (PEE-ES) e dá outras providências*. Governo do Estado do Espírito Santo, 2015.

EVANGELISTA, S. T.; VALENTIM, I. V. L. Remuneração Variável de Professores: controle, culpa e subjetivação. *Educação & Realidade*, Porto Alegre, v. 38, n. 3, p. 999-1018, jul./set. 2013.

FARIA, A. L. G. de. Pequena infância, educação e gênero: subsídios para um estado da arte. *Cadernos Pagu*, Campinas, n. 26, p. 279-287, 2006.

FAUSTO, R. *Caminhos da esquerda: elementos para uma reconstrução*. São Paulo: Companhia das Letras, 2017.

FAUSTO-STERLING, A. Dualismos em duelo. *Cadernos Pagu*, n. 17-18, p. 9-79, 2001.

FAUSTO-STERLING, A. *Sexing the body: gender politics and the construction of sexuality.* Nova York: Basic Books, 2000.

FERNANDES, F. *A integração do negro na sociedade de classes.* 3. ed. São Paulo: Ática, 1978.

FERNANDES, F. B. M. *Agenda anti-homofobia na educação brasileira (2003-2010).* Florianópolis: UFSC, 2011. Tese (Doutorado em Ciências Humanas) – Centro de Filosofia e Ciências Humanas, Universidade Federal de Santa Catarina, Florianópolis, 2011.

FERRÁNDEZ, L. F. A.; KRADOLFER, S. Race, Ethnicity and National Censuses in Latin American States: Comparative Perspectives. *In*: FERRÁNDEZ, L. F. A.; KRADOLFER, S. (Ed.). *Everlasting Countdowns: Race, Ethnicity and National Censuses in Latin American States.* Newcastle: Cambridge Scholars, 2012. p. 1-40.

FERRARO, A. R. Escolarização no Brasil: Articulando as perspectivas de gênero, raça e classe social. *Educação e Pesquisa,* São Paulo, v. 36, n. 2, p. 505-526, maio/ago. 2010.

FERREIRA, M. *"A gente gosta é de brincar com os outros meninos!": relações sociais entre crianças num Jardim de Infância.* Porto: Afrontamento, 2004.

FERREIRA, M. *Trabalho de fronteira nas relações entre géneros como processo estruturante de identidades homo e heterossociais de género ocorridas nas brincadeiras entre crianças em espaços de "brincar ao faz de conta" num JI.* 2003.

FINCO, D. A educação dos corpos femininos e masculinos na Educação Infantil. *In*: FARIA, A. L. G. de (Org.). *O coletivo infantil em creches e pré-escolas: falares e saberes.* São Paulo: Cortez, 2007.

FINCO, D. *Educação infantil, espaços de confronto e convívio com as diferenças: análise das interações entre professoras e meninas e meninos que transgridem as fronteiras de gênero.* São Paulo: USP, 2010. Tese (Doutorado em Educação) – Faculdade de Educação da Universidade de São Paulo, São Paulo: USP, 2010.

FINCO, D. *Faca sem ponta, galinha sem pé, homem com homem, mulher com mulher: relações de gênero nas relações de meninos e meninas na pré-escola.* Campinas: Unicamp, 2004. Dissertação (Mestrado em Educação) – Faculdade de Educação, Universidade Estadual de Campinas, Campinas, 2004.

FINCO, D. Relações de gênero e as brincadeiras de meninos e meninas na Educação Infantil. *Pro-Posições,* n. 42, p. 89-101, dez. 2003. Dossiê Gênero e Infância.

FONSECA, D. J. A (re)invenção do cidadão de cor e da cidadania. *Cadernos do CEAS,* Salvador: CEAS, n. 210, p. 65-83, mar./abr. 2004.

FORMOSINHO, J. *Formação de professores: aprendizagem profissional e acção docente.* Porto: Porto, 2009.

FOUCAUT, M. *Vigiar e Punir: história da violência nas prisões.* [1987]. 28. ed. Petrópolis: Vozes, 2004.

FRANÇA. L da S. *Educação Sexual: uma análise da concepção dos professores de duas escolas estaduais do ensino fundamental de Curitiba*. Tuiuti: UTP, 2008. Dissertação (Mestrado em Educação) – Faculdade de Educação, Universidade Tuiuti do Paraná, Tuiuti, 2008.

FRANKENBERG, R. *White Women, Race Matters – The Social Construction of Whiteness*. Minnesota: University of Minnesota Press, 1993.

FREITAS, J. B. de. *Desigualdades em distâncias: gênero, classe, humilhação e raça no cotidiano do emprego doméstico*. São Paulo: USP, 2010. Dissertação (Mestrado em Educação) – Faculdade de Filosofia, Letras e Ciências Humanas, Universidade de São Paulo, São Paulo, 2010.

FREITAS, L. C. Os reformadores empresariais da educação e a disputa pelo controle do processo pedagógico na escola. *Educação & Sociedade*, Campinas, v. 35, n. 129, p. 1085-1114, out./dez., 2014.

FRIGOTTO, G. (Org.). *Escola "Sem" Partido: esfinge que ameaça a educação e a sociedade brasileira*. Rio de Janeiro: LPP/UERJ, 2017.

FULLAN, M. *O significado da mudança educacional*. 4. ed. Tradução de Ronaldo Cataldo Costa. Porto Alegre: Artmed, 2009.

FULLAN, M.; HARGREAVES, A. *Por que é que vale a pena lutar? O trabalho de equipa na escola*. Tradução de Jorge Ávila de Lima. Porto: Porto, 2001. Coleção Currículo, Políticas e Práticas.

FUNES, E. Mocambos: natureza, cultura e memória. *Revista História*: Unisinos, Belo Horizonte, v. 13, n. 2, p. 146-153, maio/ago. 2009.

GARCIA, M. M. A; ANADON, S. B. Reforma educacional, intensificação e autointensificação do trabalho docente. *Educação e Sociedade*, Campinas, v. 30, n. 106, p. 63-85, jan./abr. 2009.

GATES JR., H. L. Thirteen Ways of Looking at a Black Man. *In*: BYRD, R.; SHEFTALL, B. G. (Eds.). *Traps: African American Men on Gender and Sexuality*. Bloomington: Indiana Univ. Press, 2001. p. 223-235.

GATTI JR., D. *Livro didático e ensino de história: dos anos sessenta aos nossos dias*. 1998. São Paulo: PUC-SP, 1998. Tese (Doutorado em Educação) – Programa de Estudos Pós-Graduados em Educação: História, Política e Sociedade, Pontifícia Universidade Católica de São Paulo, São Paulo, 1998.

GILROY, P. *Entre campos: nações, culturas e o fascínio da raça*. São Paulo: Annablume, 2007.

GOIÁS (Estado). Decreto de Lei nº 18.969, de 22 de julho de 2015. *Aprova o Plano Estadual de Educação (PEE-GO) e dá outras providências*. Governo do Estado de Goiás, 2015.

GOLDTHORPE, J. H. *La sociología como ciencia de la población*. Madrid: Alianza, 2017.

GOMES, F. dos S. *Mocambos e Quilombos: uma história do campesinato negro no Brasil*. São Paulo: Companhia das Letras, 2015.

GONZALEZ, R. K. *Educação especial e processos de encaminhamento para salas de recursos: relações de gênero e cor/raça*. São Paulo: USP, 2013. Tese (Doutorado em Educação) – Faculdade de Educação, Universidade de São Paulo, São Paulo, 2013.

GRAY, H. Black Masculinity and Visual Culture. *Callaloo*, Baltimore, v. 18, n. 2, p. 401-405, Spring 1995.

GUIMARÃES, A. S. A. *Classes, raças e democracia*. São Paulo, 34, 2002.

GUIMARÃES, A. S. A. Depois da democracia racial. *Tempo Social*, São Paulo, v. 18, n. 2, p. 269-287, 2006.

GUIMARÃES, A. S. A. Raça, racismo e grupos de cor no Brasil. *Estudos Afro-Asiáticos*, v. 27, p. 45-63, 1995.

GUIMARÃES, A. S. A. (1997). *Racismo e antirracismo no Brasil*. 3. ed. São Paulo: 34, 2009.

GUNDERSON, E. *et al*. The Role of Parents and Teachers in the Development of Gender-Related Math Attitudes. *Sex Roles*, n. 66, p. 153-166, 2012.

HALL, S. *Identidade cultural na pós-modernidade*. 10. ed. Rio de janeiro: DP&A, 2005. p. 13.

HALL, S. Quem precisa de identidade? *In*: HALL, S.; WOODWARD, K. (Orgs.). *Identidade e diferença: a perspectiva dos Estudos Culturais*. Rio de Janeiro: Vozes, 2000.

HARAWAY, D. "Gênero" para um dicionário marxista: a política sexual de uma palavra. *Cadernos Pagu*, Campinas, n. 22, p. 201-246, 2004.

HARGREAVES, A. *Changing Teachers, Changing Times: Teachers Work and Culture In The Post-Modern Age*. Nova York: Teachers College Press, 1994.

HARRIS, A. From Color Line to Color Chart: Racism and Colorism in the New Century. *Berkeley Journal of African-American Law & Policy*, v. 10, p. 53-69, 2008.

HASENBALG, C. *Discriminação e desigualdades raciais no Brasil*. Rio de Janeiro: Graal, 1979.

HIRATA, H. Gênero, classe e raça: interseccionalidade e consubstancialidade das relações sociais. *Tempo Social*, São Paulo, v. 26, n. 1, p. 61-73, jun. 2014.

HIRATA, H.; KERGOAT, D. A classe operária tem dois sexos. *Estudos Feministas*, Florianópolis, v. 2, n. 3, p. 93-100, 1994.

HOFBAUER, A. Racismo na Índia? Cor, raça e casta em contexto. *Revista Brasileira de Ciência Política*, Brasília, DF, n.16, jan./abr. 2015.

hooks, b. *We Real Cool: Black Man and Masculinity*. Nova York: Routledge, 2004.

HULL, G. T; SCOTT, P. B.; SMITH, B. *All the Women Are White, All the Blacks Are Men, But Some of Us Are Brave: Black Women's Studies*. Old Westbury, NY: The Feminist Press, 1982.

HUNTER, M. The Persistent Problem of Colorism: Skin Tone, Status, and Inequality. *Sociology Compass*, n. 1, V. 1, p. 237-254, 2007. [online].

IKARD, D. Love Jones: A Black Male Feminist Critique of Chester Himes's If He Hollers Let Him Go. *African American Review*, Baltimore, v. 36, n. 2, p. 299-310, 2002.

INSTITUTO BRASILEIRO DE GEOGRAFIA E ESTATÍSTICA – IBGE. *Censo 2019*. Brasília, DF, 2019.

INSTITUTO BRASILEIRO DE GEOGRAFIA E ESTATÍSTICA – IBGE. *Estatísticas de gênero: uma análise dos resultados do Censo Demográfico 2010*. Rio de Janeiro, 2014.

INSTITUTO NACIONAL DE ESTUDOS E PESQUISAS EDUCACIONAIS ANÍSIO TEIXEIRA – INEP. *Censo Escolar 2017*. Brasília, DF, 2018.

IZQUIERDO, M. J. Uso y abuso del concepto de género. *In*: VILANOVA, M. (Org.). *Pensar las diferencias*. Barcelona: [s.n.], 1994. p. 31-53.

JACKSON, R.; DANGERFIELD, C. Defining Black Masculinity as Cultural Property: Toward an Identity Negotiation Paradigm. *In*: JACKSON, R. (Ed.). *African American Communication and Identities*. Thousand Oaks (CA): SAGE, 2004. p. 197-208.

JAMES, A. Agency. *In*: QVORTRUP, J.; CORSARO, W. A.; HONIG, M.-S. *The Palgrave Handbook of Childhood Studies*. Londres: Palgrave, 2009. p. 35-45.

JOÃO PAULO II. *Léxicon de Termos Ambíguos e Discutidos sobre a Vida Familiar e Ética*. Roma: [s.n.], 2003.

JONES, Al.; EUBANKS, V.; SMITH, B. (Eds.). *Ain't Gonna Let Nobody Turn Me Around: Forty Year of Movement Building With Barbara Smith*. Nova York: State University of New York Press, 2014.

JUNQUEIRA, M. O. IDESP, bônus e acompanhamento das escolas com pior desempenho. *Gestão Pública*, São Paulo: Centro Paula Souza, [s.d.].

JUNQUEIRA, R. D. "Ideologia de gênero": a gênese de uma categoria política reacionária ou a promoção dos direitos humanos se tornou uma "ameaça à família natural"? *In*: RIBEIRO, P. R. C.; MAGALHÃES, J. C. (Orgs.). *Debates contemporâneos sobre educação para a sexualidade*. Rio Grande: Ed. da FURG, 2017. p. 25-52.

KAHNEMAN, D. *Rápido e devagar: duas formas de pensar*. Tradução de Cássio Arantes de Leite. São Paulo. Objetiva; Companhia das Letras, 2011.

KERGOAT, D. Dinâmica e consubstancialidade das relações sociais. *Novos Estudos*, v. 86, mar. 2010.

KERGOAT, D. O cuidado e a imbricação das relações sociais. *In*: ABREU, A. R. de P.; HIRATA, H.; LOMBARDI, M. R. (Orgs.). *Gênero e trabalho no Brasil e na França: perspectivas interseccionais*. São Paulo: Boitempo, 2016.

KOENIG, K; HANSON, M. Fueling Interest in Science: An After-School Program Model That Works. *Science Scope*, v. 32, n. 4, p. 48-51, dez. 2008.

LAQUEUR, T. *Inventando o sexo: corpo e gênero dos gregos a Freud*. Rio de Janeiro: Relume Dumará, 2001.

LAYMON, K. *How to Slowly Kill Yourself and Others in America*. Chicago: Bolden, 2013.

LEVITSKY, S.; ZIBLATT, D. *Como as democracias morrem*. Tradução de Renato Aguiar. Rio de Janeiro: Zahar, 2002.

LIMA, S. F. *Relações entre professores e materiais curriculares no ensino de números naturais e sistema de numeração decimal*. São Paulo: PUC, 2014. Dissertação (Mestrado Profissional em Educação Matemática) – Pontifícia Universidade Católica de São Paulo, São Paulo: PUC, 2014.

LINHART, D. Les conditions paradoxales de la résistance au travail. *Nouvelle revue de psychosociologie*, v. 1, n. 7, p. 71-83, 2009.

LOURO, G. L. *Currículo, gênero e sexualidade*. Porto: Porto, 1999.

LOURO, G. L. *Gênero, sexualidade e educação: uma perspectiva pós-estruturalista*. São Paulo: Vozes, 1997.

LOURO, G. L. *O corpo educado: pedagogias da sexualidade*. Belo Horizonte: Autêntica, 1999.

LOURO, G. L. *Um corpo estranho: ensaio sobre sexualidade e teoria queer*. Belo Horizonte: Autêntica, 2006.

LUGONES, M. Colonialidad y género. *Tabula rasa*, Bogotá, n. 9, p. 73-101, 2008.

LUNA, N. A criminalização da "ideologia de gênero": uma análise do debate sobre diversidade sexual na Câmara dos Deputados em 2015. *Cadernos Pagu*, Campinas, v. 50, 2017.

MAHONY, P.; HEXTALL, I.; MENTER, I. Threshold Assessment and Performance Management: Modernizing or Masculinizing Teaching in England? *Gender and Education*, v. 16, p. 131-49, 2004.

MARANHÃO (Estado). Decreto de Lei nº 10.099, de 11 de junho de 2014. *Aprova o Plano Estadual de Educação (PEE-MA) e dá outras providências*. Governo do Estado do Maranhão, 2014.

MARITHEW, C. W. Making the Italian Other: Blacks, Whites and the In between in the 1895 Spring Valley, Illinois, Race Riot. *In*: GUGLIELMO, J.; SALERNO, S. (Orgs.). *Are Italians White?* Londres: Routledge, 2003.

MATO GROSSO (Estado). Decreto de Lei nº 10.111, de 06 de junho de 2014. *Aprova o Plano Estadual de Educação (PEE-MS) e dá outras providências.* Governo do Estado do Mato Grosso, 2014.

MATO GROSSO DO SUL (Estado). Decreto de Lei nº 4.621, de 22 de dezembro de 2014. *Aprova o Plano Estadual de Educação (PEE-MS) e dá outras providências.* Governo do Estado do Mato Grosso do Sul, 2014.

MATOS, M. Pierre Bourdieu e o gênero: possibilidades e criticas. *Série de Estudos*, Rio de Janeiro, v. 1, n. 1, p. 3-49, 1997.

MATOS, S. Artefatos de gênero na arte do barro: masculinidades e femininidades. *Revista Estudos Feministas,* Florianópolis, v. 9, n. 1, p. 56-81, 2001.

MAUSS, M. As técnicas do corpo. *Sociologia e Antropologia,* São Paulo: Cosac e Naify, 2003. p. 401-422.

MAWASHA, P. *et al.* Girls Entering Technology, Science, Math and Research Training (GET SMART): A Model for Preparing Girls in Science and Engineering Disciplines. *Journal of Women and Minorities in Science and Engineering*, v. 7, n. 1, p. 49-57, 2001.

MCBRIDE, A.; HEBSON, G.; HOLGATE, J. Intersectionality: Are We Taking Enough Notice in The Field of Work and Employment Relations? Work, Employment and Society, v. 29, n. 2, p. 331-341, 2014.

MINAS GERAIS (Estado). Decreto de Lei nº 23197, de 27 de dezembro de 2018. *Institui o Plano Estadual de Educação (PE-EMG) para o período de 2018 a 2027 e dá outras providências*. Governo do Estado de Minas Gerais, 2018.

MISKOLCI, R. Exorcizando um fantasma: os interesses por trás do combate à "ideologia de gênero". *Cadernos Pagu,* Campinas, n. 53, 2018. Disponível em: <https://bit.ly/2AEHqJC>. Acesso em: 30 maio 2019.

MISKOLCI, R.; CAMPANA, M. "Ideologia de gênero": notas para a genealogia de um pânico moral contemporâneo. *Soc. estado*, Brasília, DF, v. 32, n. 3, p. 725-748, dez. 2017. Disponível em: <https://bit.ly/2Mpn2iD>. Acesso em: 7 jun. 2019.

MOORE, C. *Racismo e Sociedade: novas bases epistemológicas para entender o racismo.* Belo Horizonte: Mazza, 2007.

MOREIRA, A. F. B. Multiculturalismo, currículo e formação de professores. *In*: SEMINÁRIO ESTADUAL DE EDUCAÇÃO BÁSICA, 2, 1998, Santa Cruz do Sul. *Anais...* Santa Cruz do Sul: EDUNISC, 1998. p. 15-30.

MORENO, M. *Como se ensina a ser menina: o sexismo na escola.* São Paulo: Moderna; Campinas: Unicamp. 1999.

MORINI, C. A feminilização do trabalho no capitalismo cognitivo. *Lugar Comum*, Rio de Janeiro, n. 23-24, p. 247-265, 2008.

MOSCHKOVICH, M. B. F. G. *Feminist Gender Wars: The Reception of The Concept of Gender in Brazil (1980s-1990s) and the Global Dynamics of Production and Circulation of Knowledge.* Campinas: Unicamp, 2018. Tese (Doutorado em Educação) – Faculdade de Educação, Universidade Estadual de Campinas, Campinas, 2018.

MOTT, L.; MICHELS, E. *Mortes violentas de LGBT no Brasil relatório – 2017.* Salvador: Grupo Gay da Bahia, 2018.

MOURA, C. B. *A precarização do trabalho docente nas escolas estaduais paulistas.* São Paulo: UNESP, 2013. Dissertação (Mestrado em Educação) – Universidade Estadual Paulista, Faculdade de Filosofia e Ciências, 2013.

MOURA, N. C. *Análise de livros didáticos de língua portuguesa na perspectiva da ideologia de gênero. In*: REUNIÃO NACIONAL DA ANPED, 36, 2013, Goiânia. *Anais...* Goiânia: UFG, 2013.

MOURA, N. C. *Relações de gênero em livros didáticos de Língua Portuguesa: permanências e mudanças.* São Paulo: PUC, 2007. Tese (Doutorado em Psicologia social) – Faculdade de Ciências Humanas e da Saúde, Pontifícia Universidade Católica de São Paulo, São Paulo, 2007.

MOYSÉS, M. A. A. *A institucionalização invisível: crianças que não aprendem na escola.* Campinas: Mercado das Letras/FAPESP, 2001.

MUNAKATA, K. O livro didático como mercadoria. *Pro-Posições,* p. 51-66, 2012.

MUNANGA, K. Uma abordagem conceitual das noções de raça, racismo, identidade e etnia. *In*: SEMINÁRIO NACIONAL RELAÇÕES RACIAIS E EDUCAÇÃO – PENESB, 3, 2003, Rio de Janeiro. Disponível em: <https://bit.ly/2MCYkLP>. Acesso em: 22 mar. 2020.

NEIVA, K. M. C. *et al.* Um estudo sobre a maturidade para escolha profissional de alunos do Ensino Médio. *Revista Brasileira de Orientação Profissional*, Florianópolis, v. 6, n. 1, p. 1-14, 2005. Disponível em:<https://bit.ly/304drWs>. Acesso em: 5 jun. 2017.

NEVES, P. R. da C. *"As meninas de agora estão piores do que os meninos": gênero, conflito e violência na escola.* São Paulo: USP, 2008. Dissertação (Mestrado em Educação) – Faculdade de Educação, Universidade de São Paulo, São Paulo, 2008.

NEVES, P. R. da C. *Disposições de gênero e violências escolares: entre traições e outras estratégias socializadoras utilizadas por jovens alunas de uma instituição privada do município de São Paulo.* São Paulo: USP, 2014. Tese (Doutorado em Educação) – Faculdade de Educação, Universidade de São Paulo, São Paulo, 2014.

NICHOLSON, L. Interpretando o gênero. *Estudos Feministas*, Florianópolis, v. 8, n. 2, p. 9-42, 2000.

NOGUEIRA, O. Preconceito racial de marca e preconceito racial de origem: sugestão de um quadro de referência para a interpretação do material sobre relações raciais no Brasil. *Tempo social*, v. 19, n. 1, p. 287-308, 2007.

NOGUEIRA, O.; DE CASTRO CAVALCANTI, M. L. V. *Preconceito de marca: as relações raciais em Itapetininga*. São Paulo: Edusp, 1998.

NOVAES, L. C. Os impactos da política educacional paulista na prática docente e na organização do trabalho pedagógico nas escolas estaduais paulistas na perspectiva dos professores. *Jornal de Política Educacional*, n. 5, p. 13-6, jan./jun. 2009.

OLIVEIRA, E. R. B. de. *Sexualidade, maternidade e gênero: experiências de socialização de mulheres jovens de estratos populares*. São Paulo: USP, 2007. Dissertação (Metrado em Educação) – Faculdade de Educação, Universidade de São Paulo, São Paulo, 2007.

OLIVEIRA, M. M. M. Pierre Bourdieu e o gênero: possibilidades e críticas. *Série de Estudos*, Rio de Janeiro, v. 1, n.1, p. 3-49, 1997.

OLIVEIRA-FORMOSINHO, J. Desenvolvimento Profissional dos Professores. *In*: OLIVEIRA-FORMOSINHO, J. (Coord.). *Formação de Professores: aprendizagem profissional e acção docente*. Porto: Porto, 2009. p. 221-284.

OSÓRIO, R. G. *O sistema classificatório de "cor e raça" do IBGE*. Rio de Janeiro: Ipea, 2003.

PAIS, J. M. *Ganchos, tachos e biscates: jovens, trabalho e futuro*. Porto: AMBAR, 2001.

PAIXÃO, M. J. de P.; GIACCHERINO, I. R. Levantamento das fontes de dados estatísticos sobre a variável cor ou raça no Brasil contemporâneo: terminologias classificatórias, qualidade das bases de dados e implicações para as políticas públicas. *In*: ENCONTRO ANUAL DA ANPOCS, 35, 2011, Caxambu. *Anais...* Caxambu: ANPOCS, 2011. v. 35.

PAIXÃO, M. J. de P.; GIACCHERINO, I. R. (Orgs.). *Relatório Anual das Desigualdades Raciais no Brasil: 2007-2008*. Rio de Janeiro: UERJ, 2008.

PARÁ (Estado). Decreto de Lei nº 8.186, de 23 de junho de 2015. *Aprova o Plano Estadual de Educação (PEE-PA) e dá outras providências*. Governo do Estado do Pará, 2015.

PARAÍBA (Estado). Decreto de Lei nº 10.488, de 23 de junho de 2015. *Aprova o Plano Estadual de Educação (PEE-PB) e dá outras providências*. Governo do Estado do Paraíba, 2015.

PARANÁ (Estado). Decreto de Lei nº 18.492, de 24 de junho de 2015. *Aprova o Plano Estadual de Educação (PEE-PR) e dá outras providências*. Governo do Estado do Paraná, 2015.

PATTO, M. H. S. *A produção do fracasso escolar: histórias de submissão e rebeldia*. 2. ed. São Paulo: Casa do Psicólogo, 1999.

PENNA, P. M. *Cenas do cotidiano escolar: visibilidades e invisibilidades*. São Paulo: USP, 2009. Dissertação (Mestrado em Educação) – Faculdade de Educação, Universidade de São Paulo, São Paulo, 2009.

PEREIRA, F. H. Aulas de Língua Portuguesa e Matemática nos anos iniciais: meninas e meninos aprendendo seu "ofício de aluno". *In*: ANJOS, C. I.; FARIA, A. L. G. de; ARELARO, L. R. G. *Infância e Resistência*. Maceió: Edufal. No prelo.

PEREIRA, F. H. *Configurações do ofício de aluno: Meninos e meninas na escola*. São Paulo: USP, 2015. Tese (Doutorado em Educação) – Faculdade de Educação, Universidade de São Paulo, São Paulo, 2015.

PEREIRA, F. H. *Encaminhamentos a Recuperação Paralela: um olhar de gênero*. São Paulo: USP, 2008. Dissertação (Mestrado em Educação) – Faculdade de Educação, Universidade de São Paulo, São Paulo, 2008.

PEREIRA, L. *O magistério primário numa sociedade de classes*. São Paulo: Pioneira, 1969.

PERNAMBUCO (Estado). Decreto de Lei nº 15.533, de 23 de junho de 2015. *Aprova o Plano Estadual de Educação (PEE-PE) e dá outras providências*. Governo do Estado de Pernambuco, 2015.

PERRENOUD, P. *Ofício de aluno e sentido do trabalho escolar*. Porto: Porto, 1995.

PETRUCCELLI, J. L. *A cor denominada: estudos sobre a classificação étnico-racial*. Rio de Janeiro: DP&A/UERJ/LPP, 2007. Políticas da Cor.

PETRUCCELLI, J. L. Raça, identidade, identificação: abordagem histórica conceitual. *In*: PETRUCCELLI, J. L. ; SABOIA, A. L. (Orgs.). *Características étnico-raciais da população: classificações e identidades*. Rio de Janeiro: IBGE, 2013. n. 2.

PETRUCCELLI, J. L.; SABOIA, A. L. (Ed.). *Características étnico-raciais da população: classificações e identidades*. Brasília, DF: IBGE, 2013.

PIAUÍ (Estado). Decreto de Lei nº 6.733, de 17 de dezembro de 2015. *Aprova o Plano Estadual de Educação (PEE-PE) e dá outras providências*. Governo do Estado de Piauí, 2015.

PIERUCCI, A. F. *Ciladas da diferença*. São Paulo: Editora 34, 1999.

PINAZZA, M. A. Desenvolvimento profissional em contexto: estudo de condições de formação e mudança. *In*: KISHIMOTO, T. M.; OLIVEIRA-FORMOSINHO, J. *Em busca da pedagogia da infância: pertencer e participar*. Porto Alegre: Penso, 2013.

PINAZZA, M. A. *Formação de profissionais de Educação Infantil em contextos integrados: informes de uma investigação-ação*. São Paulo: USP, 2014. Tese (Livre

Docência em Educação) – Faculdade de Educação, Universidade de São Paulo, São Paulo, 2014.

PINTO, C. R. J. O feminismo bem-comportado de Heleieth Saffioti (presença do marxismo). *Estudos Feministas*, Florianópolis, v. 22, n. 1, p. 416, jan./abr. 2014.

PIOLLI, E. *et al*. Plano Nacional de Educação, autonomia controlada e adoecimento do professor. *Cadernos CEDES*, Campinas, v. 35, n. 97, p. 589-607, dez. 2015.

PIOVEZAN, P. R.; DAL RI, N. M. A precarização do trabalho docente no estado de São Paulo: vinte anos de reformas. *ETD - Educação Temática Digital*, Campinas, v. 18, n. 1, p. 178-197, abr. 2016.

PIZA, E.; ROSEMBERG, F. Cor nos censos brasileiros. *In*: CARONE, I; BENTO, M. A. S. (Orgs.). *Psicologia social do racismo: estudos sobre branquitude e branqueamento no Brasil*. Petrópolis: Vozes, 2012. p. 91-120.

PIZA, E.; ROSEMBERG, F. Cor nos censos brasileiros. *Revista USP*, n. 40, p. 122-137, 1999.

PNAD: um registro histórico da Pesquisa Nacional por Amostra de Domicílios: 1967-2015. Rio de Janeiro: IBGE, 2015.

POLLACK, W. *Meninos de verdade: conflitos e desafios na educação de filhos homens*. São Paulo: Alegro, 1999.

PRADO, M. A. M.; CORRÊA S. Retratos transnacionais e nacionais das cruzadas antigênero. *Psicologia Política*, v. 18, n. 43, p. 444-448, 2018.

PRADO, P. D. *Educação e cultura infantil em creche: um estudo sobre as brincadeiras de crianças pequeninas em um CEMEI de Campinas/SP*. São Paulo: Unicamp, 1998. Dissertação (Mestrado em Educação) – Faculdade de Educação, Universidade Estadual de Campinas, 1998.

RAMIRES NETO, L. *Habitus de gênero e experiência escolar: jovens gays no ensino médio em São Paulo*. São Paulo: USP, 2006. Dissertação (Mestrado em Educação) – Faculdade de Educação, Universidade de São Paulo, São Paulo, 2006.

RATZINGER, J. A. *La sal de la tierra*. Madrid: Libros Palabra, 1997.

RAVICHT, D. *Vida e morte do grande sistema escolar americano: como os testes padronizados e o modelo de mercado ameaçam a educação*. Porto Alegre: Sulina, 2011.

REICHMANN, R. A mulher negra brasileira um retrato. *Revista Estudos Feministas*, Florianópolis, v. 3, n. 2, 1995.

REIS, M. C. D. *Tessitura de destinos: mulher e educação*. São Paulo: PUC, 1991. Dissertação (Mestrado em História) – Programa de Pós-Graduação em História, Pontifícia Universidade Católica de São Paulo, São Paulo, 1991.

REIS, T.; EGGERT, E. Ideologia de gênero: uma falácia construída sobre os Planos de Educação Brasileiros. *Educação & Sociedade,* Campinas, v. 38, n. 138, p. 9-26, jan./mar. 2017.

REZNIK, G. *et al.* Como adolescentes apreendem a ciência e a profissão de cientista? *Revista Estudos Feministas,* Florianópolis, v. 25, n. 2, p. 829-855, maio/ago. 2017. Disponível em: <https://bit.ly/2MsOsUJ>. Acesso em: 13 jun. 2017.

RIBEIRO, A. Blackness: identidades, racismo e masculinidades em bell hooks. *In:* SEMINÁRIO INTERNACIONAL FAZENDO GÊNERO, 10, Florianópolis, 2012. Anais... Florianópolis: UFSC, 2012.

RIBEIRO, A. Homens Negros, Negro Homem: sob a perspectiva do feminismo negro. *Revista de Estudos e Investigações Antropológicas,* Recife, ano 2, v. 2, n. 2, p. 66, 2015.

RIBEIRO, A. *Masculinidades, Raça e Classe: trajetórias sociais e desempenho acadêmico de estudantes quilombolas.* Projeto de Pesquisa. Pró-reitoria de Pesquisa, Pós-graduação e Inovação Tecnológica (PROPPIT), Universidade Federal do Oeste do Pará (UFOPA), 2018.

RIBEIRO, A. *Masculinidades, Raça e Classe: trajetórias sociais e desempenho acadêmico de estudantes quilombolas.* Relatório de Projeto de Pesquisa. Pró-reitoria de Pesquisa, Pós-graduação e Inovação Tecnológica (PROPPIT), Universidade Federal do Oeste do Pará (UFOPA), 2019.

RIBEIRO, A.; FAUSTINO, D. Negro Tema, Negro Vida, Negro Drama: estudos sobre masculinidades negras na Diáspora. *TransVersos,* Rio de Janeiro, n. 10, 2017.

RIBEIRO, D. *O que é lugar de fala?* Belo Horizonte: Letramento, 2017. Coleção Feminismos Plurais.

RIBEIRO, M. S. *Relações de Gênero e idade em discursos sobre sexualidade veiculados em livros didáticos brasileiros de Ciências Naturais.* São Paulo: PUC, 2013. Dissertação (Mestrado em Psicologia) – Programa de Pós-Graduação em Psicologia Social, Pontifícia Universidade Católica de São Paulo, São Paulo, 2013.

RIGOLON, W. O. *O que muda quando tudo muda? Uma análise da organização do trabalho de professores alfabetizadores.* Campinas: Unicamp, 2013. Tese (Doutorado em Educação) – Faculdade de Educação, Universidade Estadual de Campinas, Campinas, 2013.

RIO GRANDE DO NORTE (Estado). Decreto de Lei nº 10.049, de 27 de janeiro de 2016. *Aprova o Plano Estadual de Educação (PEE-RN) e dá outras providências.* Governo do Estado do Rio Grande do Norte, 2016.

RIO GRANDE DO SUL (Estado). Decreto de Lei nº 14.705, de 25 de junho de 2015. *Aprova o Plano Estadual de Educação (PEE-RS) e dá outras providências.* Governo do Estado do Rio Grande do Sul, 2015.

ROBERT, S. A. Incentives, Teachers, and Gender at Work. *Education Policy Analysis Archives,* Tempe (Arizona), v. 21, n. 31, 2013.

ROEDIGER, D. *The Wages of Whiteness.* Nova York: Verso, 2007.

RONDÔNIA (Estado). Decreto de Lei nº 3.565, de 3 de junho de 2015. *Aprova o Plano Estadual de Educação (PEE-RO) e dá outras providências.* Governo do Estado de Rondônia, 2015.

RORAIMA (Estado). Decreto de Lei nº 1.008, de 3 de setembro de 2015. *Aprova o Plano Estadual de Educação (PEE-RR) e dá outras providências.* Governo do Estado de Roraima, 2015.

ROSADO-NUNES, M. J. F. A "ideologia de gênero" na discussão do PNE: a intervenção da hierarquia católica. *Horizonte,* Belo Horizonte, v. 13, n. 39, p. 1237-1260, jul./set. 2015.

ROSEMBERG, F. Educação Formal, Mulher e Gênero no Brasil Contemporâneo. *Estudos Feministas,* Florianópolis, v. 9, n. 2, p. 515-540, 2001.

ROSEMBERG, F. Educação infantil: classe, raça e gênero. *Cadernos de Pesquisa,* n. 96, p. 58- 65, fev. 1996.

ROSEMBERG, F.; ARTES, A. O rural e o urbano na oferta de educação para crianças de até 6 anos: oferta e demanda de educação infantil no campo. *Evangraf,* Porto Alegre, p. 13-69, 2012.

ROSEMBERG, F.; MADSEN, N. Educação formal, mulheres e gênero no Brasil contemporâneo. In: BARSTED, L. L.; PITANGUY, J. (Orgs.). *O progresso das mulheres no Brasil 2003-2010.* Rio de Janeiro: CEPIA; Brasília, DF: ONU Mulheres, 2011. p. 390-434.

ROSEMBERG, F.; MOURA, N. C. de; SILVA, P. V. B. Combate ao sexismo em livros didáticos: construção da agenda e sua crítica. *Cadernos de Pesquisa,* v. 39, n. 137, p. 489-519, maio/ago. 2009.

RUBIN, G. *O tráfico de mulheres: notas sobre a "economia política do sexo"* [1975]. Recife: SOS Corpo, 1993.

SAFFIOTI, H. *A mulher na sociedade de classes: mito e realidade.* São Paulo: Expressão Popular, 2013.

SAFFIOTI, H. (1969). *Gênero patriarcado violência.* São Paulo: Expressão Popular, 2015.

SANCHEZ, M. M. (Ed.). *Projeto Buriti Multidisciplinar.* v. 5, 1. ed. São Paulo: Moderna, 2012.

SANTA CATARINA (Estado). Decreto de Lei nº 16.794, de 14 de dezembro de 2015. *Aprova o Plano Estadual de Educação (PEE-SC) e dá outras providências.* Governo do Estado de Santa Catarina, 2015.

SÃO PAULO (Estado). Decreto de Lei nº 16.279, de 8 de julho de 2016. *Aprova o Plano Estadual de Educação (PEE-SP) e dá outras providências.* Governo do Estado de São Paulo, 2016.

SAYÃO, D. T. Cabeças e corpos, adultos e crianças: cadê o movimento e quem separou tudo isso? *Revista Eletrônica de Educação,* São Carlos, v. 2, n. 2, 2008.

SAYÃO, D. T. *Relações de gênero e trabalho docente na educação infantil: um estudo de professores de creche.* Florianópolis: UFSC, 2005. Tese (Doutorado em Comunicação) – Centro de Comunicação e Expressão, Universidade Federal de Santa Catarina, Santa Catarina, 2005.

SCALA, J. *Ideologia de Gênero: o neototalitarismo e a morte da família.* São José dos Campos, SP: Katechesis, 2015.

SCOTT, J. W. *A cidadã paradoxal: as feministas francesas e os direitos do homem.* Tradução de Élvio Antônio Funck. Florianópolis: Mulheres, 2002.

SCOTT, J. W. Feminist Reverberations. *In*: The Fantasy of Feminist History. *Brown University and Differences,* v. 13, Fall, 2011a.

SCOTT, J. W. *Gender and the Politics of History.* [1988]. Ed. rev. Nova York: Columbia University Press, 1999.

SCOTT, J. W. Gender: Still a Useful Category of Analysis? *Diogenes,* Paris, n. 225, p. 7-14, 2010.

SCOTT, J. W. Género: todavía uma categoria útil para el análisis. *La manzana de la discordia,* v. 6, n. 1, p. 95-101, enero-junio, 2011b.

SCOTT, J. W. Gênero: uma categoria útil de análise histórica. *Educação & Realidade.* Porto Alegre, v. 16, n. 2, p. 5-22, jul./dez. 1990.

SCOTT, J. W. Gênero: uma categoria útil de análise histórica. *Educação & Realidade,* Porto Alegre, v. 20, n. 2, p. 71-99, 1995.

SCOTT, J. W. Prefácio a *Gender and Politics of History. Cadernos Pagu,* n. 3, 1994.

SENKEVICS, A. S. *Gênero, família e escola: Socialização familiar e escolarização de meninas e meninos de camadas populares de São Paulo.* São Paulo: USP, 2015. Dissertação (Mestrado em Educação) – Faculdade de Educação, Universidade de São Paulo, São Paulo, 2015.

SENKEVICS, A. S.; MACHADO, T. de S.; OLIVEIRA, A. S. A cor ou raça nas estatísticas educacionais: uma análise dos instrumentos de pesquisa do Inep. *Série Documental INEP,* v. 41, p. 1-48, 2016.

SERGIPE (Estado). Decreto de Lei nº 8.025, de 4 de setembro de 2015. *Aprova o Plano Estadual de Educação (PEE-SE) e dá outras providências.* Governo do Estado de Sergipe, 2015.

SETTON, M. das G. J. A particularidade do processo de socialização contemporâneo. *Tempo Social*, São Paulo, v. 17, n. 2, p. 335-350, 2005.

SETTON, M. das G. J. A teoria do *habitus* em Pierre Bourdieu: uma leitura contemporânea. *Revista Brasileira de Educação*, Rio de janeiro, n. 20, p. 60–70, 2002a.

SETTON, M. das G. J. Família, escola e mídia: um campo com novas configurações. *Educação e Pesquisa*, São Paulo, v. 28, n. 1, p. 107-116, jan./jun. 2002b.

SILVA, A.; CÉSAR, M. R. A. A emergência da "ideologia de gênero" no discurso católico. *InterMeio*, Campo Grande, v. 23, n. 46, p. 193-213, jul./dez. 2017.

SILVA, C. et al. Meninas bem-comportadas, boas alunas, meninos inteligentes, mas disciplinados. *Cadernos de Pesquisa*, São Paulo, n. 107, p. 207-225, jul. 1999.

SILVA, C. R. da. *A igualdade ainda vai chegar: desafios para a construção da "cultura do respeito" aos direitos de cidadania do segmento LGBTT em uma escola pública do município de São Paulo*. São Paulo: USP, 2010. Tese (Doutorado em Educação) – Faculdade de Educação, Universidade de São Paulo, São Paulo, 2010.

SILVA, F. F.; RIBEIRO, P. R. C. Trajetórias de mulheres nas ciências: "ser cientista" e "ser mulher". *Ciência & Educação*, Bauru, v. 20, n. 2, p. 449-466, 2014.

SILVA, N. do V. Aspectos demográficos dos grupos raciais. *Estudos afro-asiáticos*, v. 23, n. 12, p. 7-15, 1992.

SILVA, P. L. *A educação básica, avanços e desafios*. Brasília, DF, 2010. Disponível em: <https://bit.ly/301ZXdK>. Acesso em: 23 mar. 2020.

SILVA, P. V. B. *Relações raciais em livros didáticos de língua portuguesa*. São Paulo: PUC, 2005. Tese (Doutorado em Psicologia) – Programa de Pós-Graduação em Psicologia Social, Pontifícia Universidade Católica de São Paulo, São Paulo, 2005.

SILVA, T. D. Mulheres negras, pobreza e desigualdade de renda. *In*: MARCONDES, M. (Org.). *Dossiê Mulheres Negras: retrato das condições de vida das mulheres negras no Brasil*. Brasília, DF: IPEA 2013.

SIROTA, R. Le Métier d'Élève. *Revue Française de Pédagogie*, n. 104, p. 85-108, out. 1993.

SOARES, C. L. (Org.). Apresentação. *Pro-Posições*, Campinas, v. 14, n. 2, p. 41, maio/ago. 2003. *Dossiê: A Visibilidade do Corpo*.

SOARES, C. L. Cultura de movimento. *Corpo, Prazer e Movimento*, São Paulo, p. 15-23, jan. 2002.

SORJ, B. Dois olhares sobre Heleieth Saffioti. *Estudos Feministas*, Florianópolis, v. 3, n. 1, p. 156-158, 1995.

SOUSA SANTOS, B. *Um discurso sobre as ciências*. 5. ed. São Paulo: Cortez, 2008.

SPIVAK, G. C. *Pode o subalterno falar?* Belo Horizonte: Ed. da UFMG, 2010.

SSCHWARCZ, L. *O Espetáculo das Raças: Cientistas, Instituições e Questão Racial no Brasil 1870-1930*. São Paulo: Companhia das Letras, 1993.

STEYN, M. Novos matizes da "branquidade": a identidade branca numa África do Sul multicultural e democrática. *In*: WARE, V. (Org.) *Branquidade: identidade branca e multiculturalismo*. Rio de Janeiro: Garamond, 2004.

STOLCKE, V. Sexo está para gênero assim como raça para etnicidade? *Estudos Afro-Asiáticos*, v. 20, p. 101-119, jun. 1990.

STRATHERN, M. Necessidade de pais, necessidade de mães. *Estudos Feministas*, Florianópolis, n. 2, 1995.

STROMQUIST, N. Qualidade de ensino e gênero nas políticas educacionais contemporâneas na América Latina. *Educação e Pesquisa*, São Paulo, v. 33, n. 1, p. 13-25, jan./abr. 2007.

TELLES, E. O. Inclusão e relações de gênero na escola: uma discussão possível e necessária. *In*: NAKAYAMA, A. M.; RANGNI, R. (Orgs.). *Rumos da educação inclusiva*. São Paulo; Prismas, 2019. p. 111-136.

TELLES, E. O. *Inovação de práticas, mudança educativa e o uso de computadores portáteis na escola pública: a visão dos professores*. São Paulo: USP, 2016. Tese (Doutorado em Educação) – Faculdade de Educação, Universidade de São Paulo, São Paulo, 2016.

TELLES, E. O. *O verso e o reverso das relações escolares: um olhar de gênero sobre os usos dos tempos em uma escola municipal da cidade de São Paulo*. São Paulo: USP, 2005. Dissertação (Mestrado em Educação) – Faculdade de Educação, Universidade de São Paulo, São Paulo, 2005.

TELLES, E. O. Significados de gênero nos brinquedos e brincadeiras infantis: uma proposta de intervenção nas séries iniciais do ensino fundamental. *In*: FAZENDO GÊNERO, 9, 2010, Florianópolis. *Anais...* Florianópolis: UFSC, 2010.

THOMPSON, J. B. *Ideologia e cultura moderna: teoria social crítica na era dos meios de comunicação de massa*. Tradução do Grupo de Estudos sobre Ideologia, Comunicação e Representações Sociais da PUCRS. Petrópolis: Vozes, 1995.

THORNE, B. Editorial. From Silence to Voice: Bringing Children More Fully Into Knowledge. *Childhood*, Londres, v. 9, n. 3, p. 251-254, 2002.

THORNE, B. *Gender Play: Girls and Boys in School*. Nova Brunswick/Nova Jersey: Rutgers University Press, 1993.

TOCANTINS (Estado). Decreto de Lei nº 2.977, de 8 de julho 2015. *Aprova o Plano Estadual de Educação (PEE-TO) e dá outras providências*. Governo do Estado do Tocantins, 2015.

VASCONCELOS, M. N. M. *Relações de gênero, interseccionalidades e formação docente.* São Paulo: PUC, 2018. Dissertação (Mestrado em Educação) – Programa de Pós-Graduação em Educação, Pontifícia Universidade Católica, São Paulo, 2018.

VELHO, G. *Individualismo e Cultura: notas para uma antropologia das sociedades contemporâneas.* 7. ed. Rio de Janeiro: Jorge Zahar, 2004.

VIANNA, C. P. *Gênero e Diversidade sexual: desafios para a prática docente.* 2012. Disponível em: <https://bit.ly/3eMPvem>. Acesso em: 30 jul. 2019.

VIANNA, C. P.; FINCO, D. Cognição, comportamento e habilidades entre meninos e meninas: será que o sexo biológico faz mesmo diferença? *Revista Corpo e Mente,* São Paulo, p. 22-30, 2006.

VIANNA, C. P.; FINCO, D. Meninas e meninos na Educação Infantil: uma questão de gênero e poder. *Cadernos Pagu,* p. 265-284, 2009.

VIANNA, C. P.; RAMIRES, L. A eloquência do silêncio: gênero e diversidade sexual nos conceitos de família veiculados por livros didáticos. *Revista Psicologia Política,* São Paulo, v. 8, n.16, dez. 2008.

VIANNA, C. P.; UNBEHAUM, S. Contribuições da produção acadêmica sobre gênero nas políticas educacionais: elementos para repensar a agenda. *In*: CARREIRA, D. et al. (Orgs.). *Gênero e Educação; fortalecendo uma agenda para as políticas educacionais.* São Paulo: Ação Educativa/Cladem/Ecos/Geledés/Fundação Carlos Chagas, 2016. p. 55-120.

VIANNA, C. P.; UNBEHAUM, S. Gênero na educação básica: quem se importa? Uma análise de documentos de políticas públicas no Brasil. *Educação e Sociedade,* Campinas, v. 27, n. 95, p. 407-428, maio/ago. 2006. Disponível em: <https://bit.ly/2XrN8ri>. Acesso em: 2 out. 2016.

VIANNA, C. P.; UNBEHAUM, S. O gênero nas políticas públicas de educação. *Cadernos de Pesquisa,* São Paulo, v. 34, n. 121, p. 77-104, 2004.

VIANNA, C. *Políticas de educação, gênero e diversidade sexual: breve história de lutas, danos e resistências.* Belo Horizonte: Autêntica. 2018.

VIANNA, C.; BORTOLINI, A. Discurso antigênero e agendas feministas e LGBT nos planos estaduais de educação: tensões e disputas. *Educação e Pesquisa,* São Paulo, 2020 (no prelo).

VIANNA, C.; CAVALEIRO, M. C. Políticas Públicas de Educação e Diversidade: gênero e (homo) sexualidades. *Gênero,* v. 12, p. 27-45, 2012.

VIEIRA, E. *Os direitos sociais e a política social.* São Paulo: Cortez, 2007.

VIEIRA, R. A.; FINCO, D. "Sinto falta de uma menina para acalmar esses garotos": a importância de refletir sobre gênero na educação infantil. *In*: SILVA, A. A.;

FARIA, A. N. G. de F.; FINCO, D. (Orgs.). *Feminismo em estado de alerta na educação das crianças pequenas: transformações emancipatórias para pedagogias descolonizadoras.* São Carlos: Pedro & João, 2019. p. 121-144.

VIGOYA, M. V. La interseccionalidade: uma aproximación situada a la dominación. *Debate Feminista,* Florianópolis, v. 52, p. 1-17, 2016.

VILANOVA, M. Mujeres, género y poder. *In*: VILANOVA, M. (Org.). *Pensar las diferencias.* Barcelona: [s.n.], 1994. p. 13-18.

WALKERDINE, V. Ciência, razão e a mente feminina. *Educação & Realidade,* Porto Alegre, v. 32, n. 1, p. 7-24, jan./jun. 2007. Disponível em: <https://bit.ly/3cvYPBN>. Acesso em: 10 mar. 2017.

WALKERDINE, V. O raciocínio em tempos pós-modernos. *Educação & Realidade,* Porto Alegre, v. 20, n. 2, p. 207-226, jul./dez. 1995. Disponível em: <https://bit.ly/2XWwHlR>. Acesso em: 10 mar. 2017.

WENETZ, I.; STIGGER, M. P.; MEYER, D. As relações de gênero no espaço cultural do recreio. *Revista Digital,* Buenos Aires, ano 10, n. 90, nov. 2005.

WEST, C. Black Sexuality: the Taboo Subject. *In*: BYRD, R.; GUY-SHEFTALL, B. (Eds.). *Traps: African American Men on Gender and Sexuality.* Indiana: Indiana University Press, 2001. p. 301-307.

WEST, C. *Keeping Faith: Philosophy ad Race in America.* Nova York: Routledge, 1993.

WHITTY, G. Autonomia da escola e escolha parental: direitos do consumidor versus direitos do cidadão na política educativa contemporânea. *Educação, Sociedade e Culturas,* Porto, n. 6, p. 117-141, 1996.

ZATTI, A. M. *Avaliação do desempenho docente nas redes públicas estaduais de ensino do Brasil e sua relação com a remuneração.* Guarulhos: UNIFESP, 2017. Dissertação (Mestrado em Educação) – Escola de Filosofia, Letras e Ciências Humanas, Universidade Federal de São Paulo, 2017.

Sobre os autores e as autoras

Adriano Souza Senkevics é pesquisador do Instituto Nacional de Estudos e Pesquisas Educacionais Anísio Teixeira (INEP). Concluiu seu mestrado pela Universidade de São Paulo (USP), com estágio na Universidade de Sydney, Austrália, tendo sua pesquisa agraciada com a 10ª edição do Prêmio Construindo a Igualdade de Gênero. Atualmente é doutorando pela USP em intercâmbio com bolsa Capes na Universidade de Toronto, Canadá. Dedica-se ao estudo de desigualdades educacionais, políticas de ação afirmativa e metodologias mistas.

Alan Augusto Ribeiro é professor da Universidade Federal do Oeste do Pará (UFOPA). Mestre em Antropologia pela Universidade Federal do Pará (UFPA) e doutor em Educação pela Universidade de São Paulo (USP). É autor de artigos sobre masculinidades negras, identidades raciais e racismo na escola. Pesquisa raça, masculinidades e desempenho acadêmico entre estudantes quilombolas e insultos raciais entre estudantes de escolas de Santarém. É autor do livro *Os jogos: insultos verbais entre estudantes* (Appris, 2019).

Alexandre Bortolini é pedagogo e Comunicador Social. Doutorando em Educação Universidade de São Paulo (USP). Visiting Research Scholar no PhD Program in Sociology da City University of New York. Mestre em Educação pela Pontifícia Universidade Católica do Rio de Janeiro (PUC-Rio). Integrou a equipe da Coordenação-Geral de Direitos Humanos do Ministério da Educação (2013-2015), atuando com foco em políticas educacionais em gênero e sexualidade, formação continuada, socioeducação, direitos de crianças e adolescentes e educação em direitos humanos.

Amélia Artes é doutora em Educação, mestre em Sociologia da Educação e graduada em Psicologia e Pedagogia pela Universidade de São Paulo (USP). Mestre em Sociologia da Educação pela Faculdade de Educação da USP. Graduação em Psicologia e Pedagogia pela USP. Pesquisadora do Departamento de Pesquisas Educacionais da Fundação Carlos Chagas (DPE/FCC). Integra o Grupo de Gênero, Raça/Etnia, Educação, Trabalho e Direitos Humanos. Tem publicações sobre: relações raciais, gênero e utilização de bases de dados, entre outros temas.

Ângela Esteves Modesto é doutora em Educação pela Universidade de São Paulo (USP), mestre pela mesma instituição e graduada em Psicologia pela Universidade Estadual Paulista (UNESP/Bauru). É professora no curso de Psicologia do Centro Universitário das Faculdades Metropolitanas Unidas (FMU) na área de Psicologia Escolar, em que também supervisiona estágios. Atualmente pesquisa a temática de gênero na formação em Psicologia.

Cinthia Torres Toledo é doutoranda em Educação pela Universidade de São Paulo (USP), mestre e licenciada em Pedagogia pela mesma instituição. Bolsista da Fundação de Amparo à Pesquisa do Estado de São Paulo (FAPESP), pesquisa sobre masculinidades e escolarização, com enfoque na articulação entre gênero e raça. Realizou estágio de pesquisa no Ontario Institute for Studies in Education, da Universidade de Toronto.

Cláudia Pereira Vianna é professora e pesquisadora sênior no Programa de Pós-Graduação da Faculdade de Educação da Universidade de São Paulo (FEUSP), com ênfase em Política Educacional, Relações de Gênero e Diversidade Sexual. Possui doutorado e livre-docência em Educação, ambos pela USP, e pós-doutorado em Sociologia e Gênero na Universidad Autónoma de Madrid. Além de diversos artigos, é autora de *Os nós do nós: crise e perspectivas da ação coletiva docente em São Paulo* (Xamã, 1999) e *Políticas de Educação, Gênero e Diversidade Sexual: breve história de lutas, danos e resistências* (Autêntica, 2018).

Cláudio Marques da Silva Neto é doutor e mestre em Educação pela Universidade de São Paulo (USP). No mestrado, pesquisou as temáticas da indisciplina e da violência escolar, e no doutorado, investigou principalmente as relações de gênero na indisciplina escolar a partir do conceito de masculinidades. Além dos artigos que tem publicados, é autor do livro *Indisciplina e violência escolar: dilemas e possibilidades*

(Porto de Ideias, 2017). Atualmente é diretor de escola na rede municipal de São Paulo.

Daniela Finco é professora do Departamento de Educação da Escola de Filosofia, Letras e Ciências Humanas da Universidade Federal de São Paulo (EFLCH/UNIFESP) e doutora em Educação pela Universidade de São Paulo (USP). Realizou estágio de doutorado no Instituto de Estudos da Criança (IEC) da Universidade do Minho/Braga, Portugal, e pós-doutorado na Università degli Studi di Milano-Bicocca, Itália. É líder do Grupo de Pesquisa Gênero, Educação da Pequena Infância, Cultura e Sociedade (UNIFESP).

Edna de Oliveira Telles é graduada em Pedagogia, mestre em Sociologia da Educação e doutora em Didática, Teorias de Ensino e Práticas Escolares pela Faculdade de Educação da Universidade de São Paulo (FEUSP). Fez estágio doutoral na Universidade Católica Portuguesa, em Lisboa, Portugal, sob orientação do professor João Manuel Formosinho. Atua há 23 anos na Educação Básica da rede municipal de ensino de São Paulo, pela qual foi professora das séries iniciais do Ensino Fundamental e coordenadora pedagógica. Atualmente é supervisora escolar.

Elisabete Regina Baptista de Oliveira (*in memoriam*) foi doutora e mestre em Educação pela Faculdade de Educação da Universidade de São Paulo (FEUSP) e pesquisadora nas áreas de gênero e sexualidade em suas intersecções com a educação. Foi a primeira pesquisadora no Brasil a propor uma discussão acadêmica sobre a assexualidade, objeto de sua tese de doutorado.

Fábio Hoffmann Pereira é professor da Universidade Federal de Alagoas (UFAL). É graduado em Pedagogia (2004), mestre (2008) e doutor (2015) em Educação pela Universidade de São Paulo (USP). Por vinte anos, atuou na Educação Básica como professor dos anos iniciais do Ensino Fundamental, coordenador pedagógico e diretor de escola. Tem se dedicado aos Estudos da Infância e Relações de Gênero na Educação Infantil.

Ivana Gonçalves de Oliveira é mestre em Educação pela Faculdade de Educação da Universidade de São Paulo (FEUSP). Pedagoga com especialização em Gestão Escolar e Gestão de Políticas Públicas de Gênero e Raça. Atua como professora das séries iniciais do Ensino Fundamental na rede pública do Distrito Federal. Já atuou como professora da Educação Infantil e em projetos educacionais de formação de professores.

Keila Deslandes é professora titular de Psicologia na Universidade Federal de Ouro Preto (UFOP). Graduada e mestre em Psicologia Social pela Universidade Federal de Minas Gerais (UFMG). Doutora em Psicologia Clínica pela Universidade de Paris 7. Tem pós-doutorado em Psicologia do Desenvolvimento pela Universidade Federal do Rio de Janeiro (UFRJ) e pós-doutorado em Educação pela Universidade de São Paulo (USP). Pesquisa nas áreas de feminismos e relações de gênero, saúde mental e políticas públicas. É coordenadora da série Cadernos da Diversidade. Consultora *ad hoc* do CNPq, FAPEMIG e FINEP.

Luciana Alves é graduada em Pedagogia (2005) e mestre em Educação (2010) pela Universidade de São Paulo (USP). Atualmente cursa doutorado na Universidade Estadual de Campinas (Unicamp). É autora do livro *Ser branco* (HUCITEC, 2013), de capítulo do livro *Diferenças e desigualdades na escola* (Papirus, 2012) e de artigos publicados em periódicos científicos. Exerce a função de diretora na escola de Educação Básica da UNIFESP e de consultora em Educação para as Relações Étnico-Raciais no Centro de Estudos das Relações de Trabalho e Desigualdades (CEERT).

Marília Pinto de Carvalho é professora sênior no Programa de Pós-Graduação da Faculdade de Educação da Universidade de São Paulo (FEUSP), onde também concluiu seu doutorado e livre docência. Pesquisa as relações de gênero na educação escolar, em especial as diferenças de desempenho entre meninas e meninos e o trabalho docente no Ensino Fundamental 1. Publicou diversos artigos e capítulos, além dos livros *No coração da sala de aula* (Xamã/Fapesp, 1999) e *Avaliação escolar, gênero e raça* (Papirus, 2009).

Neide Cardoso de Moura é professora associada da Universidade Federal da Fronteira Sul (UFFS/Campus Chapecó-SC). Mestre em Psicologia da Educação e doutora em Psicologia Social pela Pontifícia Universidade Católica de São Paulo (PUC-SP). Os temas de suas pesquisas em andamento são relações de gênero em livros didáticos e dança clássica. É coordenadora do Grupo de Estudos de Gênero e Educação na Universidade Federal da Fronteira do Sul (UFFS).

Paulo Rogério da Conceição Neves é cientista social, mestre e doutor em Educação pela Universidade de São Paulo (USP). Pesquisa sobre violência e gênero no ambiente escolar. É pesquisador autônomo, tendo trabalhado com diversas organizações não governamentais como Cenpec, Ação Educativa, Cidade Escola Aprendiz, ECOS – Educação e Sexualidade. Além do EdGES, também integra o Grupo de Pesquisa Práticas de Socialização da Faculdade de Educação da Universidade de São Paulo (FEUSP).

Sandra Unbehaum é graduada em Sociologia pela Universidade Estadual de Londrina (UEL, 1991), mestre em Sociologia pela Universidade de São Paulo (USP, 2000) e doutora em Educação pela Pontifícia Universidade Católica de São Paulo (PUC-SP). Desde 1995 atua como pesquisadora da Fundação Carlos Chagas (FCC), onde também coordena, desde 2009, o Departamento de Pesquisas Educacionais (DPE). Pesquisa e atua no campo dos estudos das relações de gênero com enfoque na área de educação.

Thais Gava é graduada em Psicologia pela Pontifícia Universidade Católica de São Paulo (PUC-SP, 2001) e mestra em Saúde Coletiva pela Universidade Federal de São Paulo (UNIFESP, 2013). Atualmente é doutoranda na Faculdade de Educação na Universidade de São Paulo (FEUSP). Pesquisa as áreas de gênero, sexualidade, direitos sexuais e direitos reprodutivos em suas intersecções com a educação. Participa como pesquisadora do Grupo de Pesquisa Gênero, Raça/Etnia e Direitos Humanos do Departamento de Pesquisas Educacionais da Fundação Carlos Chagas (DPE-FCC).

Este livro foi composto com tipografia Minion Pro e impresso
em papel Off-Set 70 g/m² na Formato Artes Gráficas.